CONCOURS DES GRANDES ÉCOLES SCIENTIFIQUES
2020-2021

20 dissertations

avec analyses et commentaires

sur le thème

La force de vivre

Victor Hugo – *Les Contemplations*
Alexievitch – *La Supplication*
Nietzsche – *Le Gai Savoir*

Sous la coordination de
Géraldine Deries, François Tenaud et Morgan S. Trouillet

Par

Matthieu Bennet
professeur agrégé de philosophie
ancien élève de l'ENS Lyon

Jacques Bianco
professeur agrégé de lettres modernes

Quentin Delayen
professeur de lettres modernes

Géraldine Deries
professeur agrégé de lettres modernes
ancienne élève d'HEC
docteur en lettres

Philippe Goulais
professeur agrégé de philosophie

Tristan Isaac
professeur agrégé de lettres classiques
interrogateur en CPGE

Paul-Joseph Michel
professeur agrégé de lettres modernes

Lydie Niger
professeur agrégé de lettres classiques
interrogateur en CPGE

Marie Patout
professeur de lettres modernes

Nicolas Patout
professeur de lettres modernes

Damien Simon
professeur agrégé de philosophie

François Tenaud
professeur agrégé de philosophie

Morgan S. Trouillet
professeur agrégé de lettres modernes
interrogateur en CPGE

Gabrielle Veillet
professeur agrégé de lettres modernes

Les indications de pages dans cet ouvrage renvoient aux éditions suivantes. Ces renvois sont destinés à faciliter votre recherche ; ils ne doivent pas figurer dans vos dissertations.

Victor Hugo
Les Contemplations
GF-Flammarion

Alexievitch
La Supplication
J'ai Lu

Nietzsche
Le Gai Savoir
GF-Flammarion

L'ÉPREUVE DE FRANÇAIS AUX CONCOURS

Concours	Exercices (3 h ou 4 h)	Coef.	Maths(*)	
Centrale	dissertation + résumé	17	17	
Mines	dissertation	5	5	
CCINP	dissertation + résumé	9	14	
e3a	dissertation	5	9	
X-ENS	dissertation	6	9	
PT	dissertation + résumé	17	8	(Centrale)
SCAV	dissertation	4	4	
G2E	dissertation	5	5	

(*) Coefficient le plus élevé d'une épreuve de mathématiques, toutes filières confondues

ISBN : 978-2-35141-368-5
ISSN : 1952-2282

Mode d'emploi

Un bon ingénieur, comme son titre l'indique, est ingénieux, il possède un génie certain pour mettre en place des projets au sein de son entreprise. Mais outre la conception de ces projets, il doit savoir les exposer, convaincre, et pour cela s'exprimer avec précision et élégance, argumenter et illustrer son point de vue. L'exercice de la dissertation met en œuvre ces facultés, et c'est la raison de sa présence parmi les épreuves de recrutement des grandes écoles.

Objectif de cet ouvrage

L'ouvrage que vous tenez entre les mains entend vous former pour cet exercice, qui paraît n'être qu'académique et qui est pourtant la manifestation d'une certaine capacité à réfléchir et à exposer son argumentation, si toutefois on en connaît les règles. « Vous former », c'est-à-dire vous conduire à savoir faire cet exercice par vous-même le jour du concours. Pour cela, il ne s'agit pas d'apprendre par cœur les plans et encore moins les dissertations proposées – même si cela est tentant ! Il s'agit de vous préparer de manière raisonnée et rigoureuse.

Aucun livre ne peut se substituer à une étude personnelle des œuvres ni aux cours de votre professeur. Mais il peut les compléter et vous montrer comment en tirer le meilleur parti. C'est pourquoi vous trouverez dans cet ouvrage tout ce dont vous avez besoin pour aborder les concours en toute confiance :

- une méthode claire et efficace ;
- une présentation des auteurs et des œuvres au programme ;
- une réflexion sur les principaux enjeux du thème de l'année ;
- vingt dissertations étudiées et corrigées en détail ;
- des analyses fouillées des passages clés des œuvres ;
- des citations prêtes à l'emploi.

Quand et comment utiliser cet ouvrage

Le secret, c'est qu'il n'y a pas de secret : il faut travailler régulièrement et intelligemment, comme en sciences. Reste à savoir ce que cela veut dire à propos du français... La démarche que nous vous proposons ci-dessous n'est pas la seule possible, mais elle vous garantit une progression continue, un bon niveau final et un excellent rapport note au concours / temps investi.

Pendant l'été

Commencez bien sûr par lire les œuvres au programme. Cette première étape doit déjà être rentabilisée : au fil de la lecture, réfléchissez aux liens que chaque œuvre entretient avec le thème de l'année, aux diverses façons dont elle l'illustre. Soulignez les passages qui vous semblent importants et les citations que vous souhaitez retenir. Aidez-vous pour cela de ceux que nous avons sélectionnés, ce sont de bons repères, mais ne négligez pas les extraits qui vous plaisent ou vous frappent. Une lecture personnelle est tout à fait valorisée.

Étudiez ensuite les parties de ce manuel qui présentent les auteurs, les œuvres et le thème. Vous aurez ainsi une bonne vue d'ensemble du programme qui vous permettra de recevoir dans de bonnes conditions les cours de votre professeur.

Pendant l'automne

Travaillez les extraits commentés de ce manuel. Pour chacun, relisez le passage dans les œuvres, ainsi que quelques pages avant et après, puis demandez-vous (pendant environ cinq minutes) pourquoi il est important et ce que vous diriez à son sujet. Lisez ensuite l'analyse. Ceci vous aidera à constituer un bagage de références et d'exemples précis. Apprenez les citations au fur et à mesure, en sachant les situer aussi précisément que possible dans les œuvres.

En parallèle, lisez une fois la méthode, puis lisez une dissertation chaque semaine en panachant les parties du manuel, soit dix dissertations avant Noël – ne travaillez pas pendant les vacances. Vous devez chercher à comprendre (pendant une demi-heure, lecture comprise) comment la réflexion préparatoire est menée, comment la méthode est appliquée et enfin comment la dissertation est constituée, puis rédigée. La structure est pour l'instant plus importante que le détail de la rédaction. Inutile à ce stade de disserter vous-même : commencez par apprendre en observant. Les exercices demandés par votre professeur suffisent – n'hésitez d'ailleurs pas à le solliciter en cas de problème avec la méthode.

Pendant l'hiver

Il est temps de passer à la pratique. Relisez la méthode puis, chaque semaine, choisissez un libellé parmi les dix restants et consacrez-lui une heure de la manière suivante. Travaillez le sujet pendant vingt minutes en suivant les mêmes étapes que nous : analyse du sujet, confrontation aux œuvres, construction d'une problématique. Lisez ensuite l'analyse que nous proposons. Passez dix minutes à élaborer un plan détaillé, sans oublier les transitions, puis confrontez-le au nôtre. Enfin, consacrez une demi-heure à un essai de rédaction : faites systématiquement une introduction et, en alternance, une conclusion ou une sous-partie.

Maintenant que vous cernez bien le sujet, lisez la dissertation corrigée. Elle n'est pas la seule manière de traiter le sujet, mais elle constitue un exemple de bonne copie. Portez une attention particulière à la manière dont les exemples sont exploités dans l'argumentation, et retenez-les si vous ne les avez pas encore rencontrés. Soyez également attentif à la langue, à la syntaxe, à l'orthographe de certains termes clés.

Ne négligez pas les annexes *Éviter le hors-sujet* : elles déminent l'une des principales difficultés de l'exercice. Chaque sujet est différent et doit être traité dans sa singularité. Gare au copier-coller.

Pendant le printemps

Si vous êtes en spé, il ne reste que quatre semaines avant les écrits : contentez-vous de réviser les citations et les textes commentés. Si vous avez travaillé régulièrement, cela suffit. Mais lorsque vous « bouquinez », choisissez un livre « utile » : les œuvres au programme si vous ressentez le besoin de vous les remettre en mémoire, ou un livre de réflexion sur le thème de l'année en général. Évitez les autres œuvres des mêmes auteurs : d'une part vous risquez de confondre les intrigues, d'autre part vous ne devez utiliser que les œuvres au programme dans vos copies.

Si vous êtes en sup, il faut entretenir votre niveau pour éviter de revenir à la case départ l'année suivante. Pour cela, travaillez selon le programme d'hiver cinq des dix libellés dont vous aviez lu le corrigé pendant l'automne.

Et n'oubliez pas...

Votre emploi du temps réserve deux heures chaque semaine pour l'étude du français : essayez d'en tirer le meilleur parti. En premier lieu, écoutez attentivement le cours. C'est toujours la base. Mais ne vous contentez pas de noter docilement tout ce qui est dit : gardez un esprit critique et, au besoin, entamez un dialogue avec votre professeur pendant le cours ou après. Pratiquées dans les limites du bon sens, ces questions contribuent à rendre le cours vivant et stimulant pour tout le monde. Un bon élève n'est plus, comme au lycée, celui qui sait le mieux répondre aux questions, mais celui qui pose les meilleures questions.

L'ensemble de l'équipe vous souhaite
une belle réussite aux concours.

Sommaire

Force de vivre, forces de la nature

FORCE DE VIVRE ET SENS DE LA VIE

La méthode
pour réussir ses dissertations

La dissertation possède une réputation redoutable, qui n'est pas sans fondement. Elle n'est pas pour autant hors de votre portée ; cette méthode vous montrera comment faire. Il nous faut cependant préciser d'emblée un point : nous pouvons vous expliquer ce qui est attendu, vous montrer des exemples réussis, vous mettre en garde contre les erreurs fréquentes, mais pas disserter à votre place. Votre apprentissage doit donc passer par la théorie (ce chapitre) mais aussi par la pratique (à votre bureau), en utilisant les corrigés de ce livre comme guides.

I But du jeu

1 Pourquoi une épreuve de français ?

Un bon ingénieur est polyvalent. Il doit comprendres les sciences, maîtriser des techniques, imaginer des solutions, exposer ses projets, souder une équipe... Les écoles recherchent donc en priorité des candidats capables de montrer plusieurs facettes. À votre niveau d'étude, cela se traduit par des épreuves de français et de langue en plus des épreuves scientifiques[1].

Les épreuves de français aux concours sont conçues pour évaluer des capacités proches de celles exigées en science : rigueur, compréhension en profondeur, créativité, qualité de la communication. La dissertation est un exercice bien adapté pour évaluer ces compétences[2], nous vous montrerons pourquoi.

2 Qu'est-ce qu'une dissertation ?

Le français peut, en droit, donner lieu à des exercices très divers : la récitation d'une épopée[3], la mise en scène d'une pièce de théâtre, la dictée, le commentaire de texte, l'écriture de poèmes... Les concours ont sélectionné celui des exercices qui est le mieux adapté à vos qualités : la dissertation. Elle est la mise en scène d'un raisonnement, c'est-à-dire d'une forme de discours.

---

[1] Tout au long de ce chapitre, les notes de bas de page sont des passages extraits des rapports des jurys des principaux concours : Polytechnique, Mines-Ponts, Centrale-Supélec, CCP, E3A, Banque PT. [2] « Les qualités qui assurent la réussite dans cette épreuve sont celles que l'on attend d'un futur ingénieur, discernement, approche méthodique, bon usage du doute et juste appréciation des risques avant de prendre une décision, mais aussi rapidité et fermeté. » [3] « Avec la récitation d'un cours, on est aux antipodes de la dissertation. »

De là découlent plusieurs observations. Un bon discours doit parler d'un problème réel et intéressant, ce que l'on appellera la problématique. Il comporte une entrée en matière (l'introduction) qui capte l'attention, et aboutit à une position claire (la conclusion). Entre les deux, on chemine linéairement (pas d'anticipation, pas de flash-back), à pas relativement lents, de manière raisonnée, en passant par des étapes bien identifiées (les parties et sous-parties) qui associent les idées et les exemples.

Selon votre sensibilité, vous pourrez préférer avoir à l'esprit l'analogie, moins précise mais peut-être plus parlante, avec une pièce de théâtre dont vous seriez l'auteur. Son intrigue se développe autour d'un problème central (la problématique), avec des temps bien déterminés, les actes et les scènes (les parties et sous-parties). Elle progresse d'une entrée en matière qui éveille l'attention du spectateur (l'introduction) à un dénouement (la conclusion) qui démêle le nœud central.

La dissertation est un discours d'un type particulier puisqu'elle est écrite pour être évaluée et corrigée. Outre les contraintes sur l'objectif (on vous demande un raisonnement, pas un livret d'opéra), on introduit des contraintes formelles (analogues aux règles d'unité de temps, lieu et action au théâtre). Elles vous aident en fournissant un cadre et en limitant l'arbitraire du correcteur ; elles plaisent aussi à ce dernier car ces règles sont choisies pour donner à la dissertation une forme bien adaptée à sa nature. Ces règles, nombreuses, sont exposées dans ce chapitre.

À grands traits, on peut dire que la dissertation part d'un problème, contenu implicitement dans le sujet, auquel elle apporte une réponse organisée et argumentée, progressant du simple au complexe. Les professeurs de français utilisent souvent le terme « raisonnement » pour caractériser ce cheminement[4], ce qui est correct. En revanche, un doute s'installe lorsque « démonstration », « preuve » ou « rigueur » est employé[5].

Ainsi, quand un professeur de français dit qu'un exemple constitue une preuve, un professeur de maths soulève un sourcil dubitatif : ne serait-ce pas seulement un cas particulier ? Pour lever l'incompréhension mutuelle entre ces deux mondes, il faut passer au niveau d'abstraction supérieur : que ce soit en maths ou en français, on peut produire des discours dont l'objectif est de convaincre son interlocuteur. Les domaines étant différents, les méthodes sont différentes, même si l'on emploie les mêmes termes. Dans la mesure où un exemple bien choisi et bien expliqué suffit à convaincre de la justesse d'un argument (« Dans les années 1970, *Orange mécanique* était considéré comme ultraviolent » soutient l'idée que « Le cinéma est devenu plus violent »), on peut dire

---

[4] « On a apprécié les raisonnements sans contradictions logiques, absurdités, obscurités diverses. » [5] « Les exemples devraient servir non de vignettes décoratives, mais de preuves, indispensables à un exercice de démonstration. »

qu'il remplit la fonction d'une « preuve » (convaincre), et que celle-ci s'insère donc dans une « démonstration » « rigoureuse », sans contradiction[6].

Une autre difficulté liée à la nature même de l'exercice est de bien comprendre qui s'exprime dans une dissertation, car vous êtes placé dans une situation paradoxale. À première vue, en effet, c'est l'auteur de la copie qui s'exprime. Parce que c'est vous qui rédigez, bien sûr, et aussi parce que l'on attend que vous ayez une lecture *personnelle* des œuvres au programme. Mais surtout parce que votre dissertation doit avoir l'audace de contredire l'auteur de la citation du libellé, ou au moins de nuancer son propos (aux concours, l'immense majorité des sujets s'appuient sur une citation). On vous demande de discuter[7] la citation, fût-elle d'un auteur intimidant comme Platon[8]. Il faut donc vous engager[9].

Cependant, une dissertation n'est pas non plus l'occasion de donner libre cours à votre créativité, puisque des formes sont imposées. Même au sein de ces formes, on attend que votre devoir varie les points de vue, donc que vous développiez des idées qui ne sont pas forcément les vôtres. D'ailleurs, lorsque vous exposez l'idée d'un auteur au programme, il faut toujours le faire loyalement, comme cet auteur l'aurait fait lui-même, quitte à ce que vous apportiez plus loin des arguments qui dépassent cette idée. Enfin, on vous demande d'apporter une réponse claire à la question posée, en prenant le risque de ne pas penser comme l'auteur de la citation, mais dans le fond il n'est pas exigé que cette réponse coïncide avec votre avis véritable.

On aperçoit ainsi une dimension supplémentaire à l'idée que la dissertation est une forme de discours : sous certains aspects, elle s'apparente à une plaidoirie d'avocat. Comme cette dernière, la dissertation a plusieurs voix et elle ne peut pas compter sur un hypothétique droit au respect du moi-je-pense-que puisqu'elle est soupesée et jugée.

Les lignes précédentes, consacrées à comprendre ce qu'est une dissertation, vous ont donné un aperçu d'une démarche qui est appréciée dans une dissertation : il faut montrer que votre pensée se cherche, qu'elle se construit peu à peu, qu'elle s'engendre elle-même. En sciences, vous le faites au brouillon et, au final, vous ne montrez dans votre copie que ce qui marche, en reproduisant seulement les étapes nécessaires ; en français, c'est pareil, avec toutefois la difficulté supplémentaire que les mots

---

6 « Crainte de déplaire, ignorance méthodologique ? Certaines conclusions vont dans le sens de la citation alors même que les derniers développements l'avaient à juste titre mise en défaut... » 7 « Un très grand nombre de candidats ne *discutent* pas le sujet, comme le libellé le demandait pourtant expressément. » 8 « On demandait aux candidats d'oser penser contre la formule du libellé. » 9 « La plupart des dissertations s'évertuent à donner raison à l'auteur, au prix parfois d'argumentations aberrantes, et la question des conséquences d'une telle thèse n'est que très rarement posée. »

ont en général plusieurs interpétations possibles, de sorte que votre dissertation doit mettre en scène le raffinement progressif de votre réflexion via une compréhension de plus en plus aiguë des notions en jeu.

3 Comment une copie est-elle évaluée ?

En science, il y a parfois dix manières de démontrer la même chose, mais toutes (si elles sont justes) aboutissent au même résultat. En français, pas du tout. D'abord parce que le point de départ n'est pas forcément le même puisqu'à partir de la citation on peut a priori construire plusieurs problèmes réels et intéressants[10], c'est-à-dire plusieurs problématiques[11]. Ensuite parce que selon les termes de Protagoras (le personnage historique), qui en savait long sur les plaidoiries, « Sur chaque chose, il y a deux discours. » Il y a donc, pour un même libellé, une foule de bonnes dissertations possibles[12].

Il y a aussi cependant bien des manières de rater sa dissertation. Cela commence avec le premier coup d'œil sur la copie, qui influence l'humeur du correcteur[13] : est-elle propre ou sale[14], claire ou désordonnée, équilibrée ou pas ? L'introduction est-elle divisée en plusieurs paragraphes ? Des transitions sont-elles ménagées entre les parties, avec des lignes blanches avant et après[15] ? Bref, la copie est-elle écrite pour être lue et corrigée ?

Après cet aperçu visuel vient la lecture de l'introduction qui, bien souvent, donne une bonne idée de ce que sera la suite car elle indique le niveau de compréhension du sujet ; en complément, on peut passer directement à la conclusion et voir si une réponse claire est apportée.

Peut-on espérer de cette copie qu'elle rompe la litanie monotone des devoirs qui disent tous la même chose ? Ou le candidat a-t-il respecté les règles formelles mais négligé d'introduire une pensée véritable[16] ?

Voici un guide approximatif proposé par un rapport :

---

[10] « Nous ne croyons pas qu'il existe « une » « vérité » d'un sujet. » [11] « Les correcteurs étaient prêts à accepter toutes les perspectives, même incomplètement explorées, offertes par le sujet ; ils étaient disposés à manifester la plus grande bienveillance à toute interprétation, fût-elle contestable et partielle, des formules de l'auteur – pourvu que ledit sujet fût *effectivement* pris en considération, analysé et exploité. » [12] « Les correcteurs n'attendent pas l'impossible. Ils sont prêts à valoriser toute copie qui présente un travail engagé, personnel, témoignant d'une pensée en éveil, soucieuse de se confronter au point de vue d'autrui et de proposer une démarche pertinente. » [13] « La mise en forme d'un devoir, organisée, claire et lisible, témoigne du souci de communiquer efficacement. » [14] « Un correcteur qui s'arrache les yeux sur une copie mal écrite abandonne rapidement l'effort et sanctionne lourdement. » [15] « Trop de copies négligent la typographie du texte, qui permet de repérer le raisonnement. » [16] « Les candidats considèrent peut-être que le simple respect des « règles du jeu » de la méthode permet de jouer correctement la partie. »

Copie très courte et n'évoquant qu'à peine la citation du sujet et les œuvres au programme	< 5
Copie juxtaposant des développements sur le thème et/ou les œuvres mais sans jamais établir de lien réel avec le sujet	< 8
Copie ayant tenté de prendre en compte le sujet mais en le limitant à une seule notion, avec trop de superficialité ou de maladresses méthodologiques (pauvreté des exemples, déséquilibre entre les parties ou les œuvres)	< 11
Absence de maladresses méthodologiques, approfondissement de la réflexion, introduction à une dimension critique, pertinence des exemples	⩾ 11

Un autre rapport, à l'occasion de la présentation d'une bonne copie, indique cette liste de points positifs :

L'**introduction** respecte bien les 3 étapes (accroche ; reproduction de la citation et analyse précise des termes ; problématique et annonce de plan)	✓
La citation est au cœur de la réflexion, elle est reprise par fragments dans la problématique et chaque partie de l'annonce de plan	✓
La copie nuance, voire critique la thèse de la citation	✓
La troisième partie dépasse la citation, sans perdre de vue le sujet par une généralisation excessive	✓
L'introduction est (relativement) longue	✓
Le **développement** comporte des sous-parties construites autour d'un argument (et non d'une œuvre)	✓
Les trois œuvres sont utilisées dans chaque partie	✓
Les œuvres sont confrontées et non juxtaposées	✓
On observe de fréquents retours à la citation et aux termes précis qu'elle utilise	✓
Les affirmations sont illustrées d'un exemple ou d'une citation	✓
Chaque partie et chaque sous-partie annonce explicitement la direction qu'emprunte la réflexion	✓
Des transitions sont ménagées entre les parties	✓
La **conclusion** reprend les termes de la citation et répond à la question posée en introduction	✓
Elle s'achève par une tentative d'élargissement de la réflexion	✓

Voyons maintenant comment vous préparer pendant l'année.

II Le travail pendant l'année

1 Le thème et les œuvres

Quand on lit un théorème de maths, on fait attention à tout. Chaque mot a une portée très précise et ne peut pas être remplacé par un autre. On cherche des exemples où le théorème s'applique, ou ne s'applique pas. On vérifie stylo en main, sur un exemple simple, que l'on a compris. Bref, on travaille. À l'inverse, un magazine people peut être lu rapidement sans perte de sens. Une œuvre au programme est entre les deux. Matériellement, en prépa, on ne peut pas soupeser chaque paragraphe avec autant d'attention que s'il s'agissait d'un théorème ; mais on ne fait pas non plus son travail si l'on se contente de lire un mot après l'autre[17].

On attend de vous un « dialogue » avec les œuvres, c'est-à-dire de vous arrêter à certains moments pour comparer deux passages, comprendre un personnage, réagir à une idée... Les œuvres ne sont pas des textes sacrés à contempler sans poser de question, mais des occasions d'alimenter votre propre réflexion sur le thème au programme. *Votre* perception *personnelle* des œuvres sera *très* valorisée aux concours[18]. Pour capitaliser sur votre travail, soulignez les passages qui vous ont frappé, pour les retrouver plus facilement.

Enfin, il n'y a pas que des œuvres au programme, mais aussi un thème. Lors de votre lecture des œuvres, vous devez vous demander ce qu'elles vous disent sur le thème. Ce dernier peut aussi être travaillé en dehors des œuvres, tout au long de l'année : que vous évoque-t-il ? Quels échos trouve-t-il dans votre vie privée, dans les événements que vous avez vécus ? Quels grands problèmes lui sont reliés, et quelle position adoptez-vous ? Cette réflexion éminemment *personnelle* vous sera d'un grand secours pour aborder les sujets et développer une pensée qui ne soit pas naïve, convenue[19] ou banale[20].

2 Les rapports du jury

Via le site `www.scei-concours.fr`, vous pouvez télécharger les rapports de tous les concours. Vous y trouverez des renseignements précieux :

---

[17] « « Lire » ne signifie pas mémoriser mécaniquement le contenu de surface d'un texte, « lire », dans toute sa puissance et dans toute sa vitalité, signifie décryter sous les mots particuliers d'un texte toute l'acuité du regard sur le monde que son écriture contient et présuppose. » [18] « Les devoirs tout juste dans la moyenne (à 9–10) proposent une analyse du sujet, des illustrations correctes, mais ils correspondent précisément souvent aux travaux « standardisés » qui, faute d'une lecture vraiment précise et personnelle des œuvres et d'une analyse très exigeante du sujet, développent une réflexion souvent acceptable mais convenue. » [19] « L'épreuve valorise ceux qui possèdent vraiment leur savoir et leur pensée, qui n'essaient pas d'éblouir par de fausses richesses, empruntées puis étalées sans discernement. » [20] « La plupart du temps, on ramène tout le débat à un lieu commun, à une question banale traitée en classe. »

ce que les correcteurs attendent ou regrettent, ce qui les agace ou les intéresse, des critiques précises, des échelles de notes, des copies réelles données en exemple... Accessoirement, vous pourrez aussi, à travers le style de l'auteur du rapport, vous faire idée du type de personne qui corrigera votre copie. Certains rapports sont pompeux, d'autres bienveillants, ou féroces par endroits...

Les rapports disent à peu près la même chose d'un concours à l'autre, à une exception près : comment considérer, dans une copie, un exemple tiré d'une œuvre qui n'est pas au programme mais qui est bien exploité ? Certains jurys le valorisent, d'autres le pénalisent[21], d'autres encore refusent de valoriser ou de pénaliser... Dans le doute, abstenez-vous[22].

III Avant de rédiger

La durée de l'épreuve varie, selon les concours, de 2h30 à 4 heures. Il faut vous y préparer pendant l'année, car les exigences ne sont pas deux fois moindres pour une épreuve deux fois plus courte. On attendra plutôt de vous que vous travailliez deux fois plus vite.

1 **La découverte du sujet** (quelques minutes)

Le sujet pourra, à première vue, vous sembler facile, déroutant ou effrayant. Dans tous les cas, pas de précipitation[23]. Paradoxalement, c'est devant un sujet en apparence facile que vous êtes le plus en danger, en particulier s'il semble proche d'un sujet traité pendant l'année car vous risquez de passer à côté de sa spécificité[24].

Il faut savoir prendre son temps, s'ouvrir au sujet et rester humble : puisque le sujet est posé, il est approprié, donc ni évident, ni inabordable. Il peut être soumis à une réflexion intelligente et donner lieu à une dissertation de qualité. Vérifiez que vous comprenez bien le sens apparent de la citation[25], cherchez-en d'autres, notez les premières pensées qui vous viennent, et abstenez-vous pour le moment de recourir à votre mémoire, c'est trop tôt.

Quelle que soit la difficulté apparente, la méthode est la même et commence par l'analyse terme à terme.

---

21 « L'exercice est une dissertation sur programme et non un exposé de culture générale. » 22 « Nous acceptons bien évidemment l'absence totale de références extérieures. » 23 « Certains seront surpris, après avoir couvert des pages sans prendre le temps de réfléchir, d'obtenir une note très faible. » 24 « Le nombre important de copies faiblement notées, pourtant bien rédigées et abondamment illustrées, s'explique par le refus d'analyser le sujet, conduisant à l'accumulation de paragraphes pré-écrits, dans un plan prêt-à-l'emploi qui rate les véritables enjeux. » 25 « Un grand nombre de candidats n'ont tout simplement pas compris les propos de l'auteur, qui ont fait l'objet de paraphrases erronées. »

2 Les mots du sujet

Cette étape est simple mais cruciale[26], ne la négligez pas. Avec la suivante, elle doit occuper un quart du temps de l'épreuve. Trop de candidats croient que les mots ont un seul sens, évident[27], ce qui les empêche de construire ensuite un raisonnement nuancé. Vous aurez besoin dans le développement de vous appuyer sur des sens de plus en plus raffinés des termes du sujet[28].

D'abord, deux « trucs ». Si la citation comporte des points de suspension entre crochets (« [...] »), il suffit de faire comme s'ils n'existaient pas. Ensuite, recopiez l'énoncé sur votre brouillon. En effet, l'esprit passe trop rapidement sur certains mots tandis que la main doit peiner lettre à lettre, ce qui vous oblige à faire attention à chaque terme.

Pour chaque mot porteur de sens, considérez-le comme s'il ne faisait pas partie de la citation. Il a peut-être plusieurs sens très différents (comme « révolution »). Pour chaque sens du mot, il faut rechercher les sous-sens possibles : le « travail » n'est pas le même selon qu'il est manuel ou intellectuel, ou qu'il est effectué par un salarié, un entrepreneur ou un serf. Ce n'est pas fini : pour bien le situer, recherchez des termes de la même famille (terre, Terre, terreau, enterrer, territoire, extra-terrestre, etc.), des expressions qui l'utilisent (mettre un genou à terre, remuer ciel et terre, être terre à terre, etc.), des proverbes ou citations, des homonymes, synonymes, et son étymologie. Inversement, recherchez des antonymes et dites en quoi le mot diffère des termes proches. Cette phase d'association libre des idées, moment de passivité active, ne donnera rien pour certaines catégories, trop pour d'autres. Ce n'est pas grave.

L'étape précédente a ouvert de nombreuses pistes d'interprétation des termes du sujet. Mais elles ne sont pas toutes pertinentes, car la citation prise dans son ensemble circonscrit les sens possibles ; les autres fonctionnent mal et doivent être écartés. C'est le moment du tri.

À l'issue de ce travail, votre compréhension du libellé s'est enrichie. Vous distinguez peut-être plusieurs champs d'application (moral, religieux, politique...), vous comprenez mieux ce qu'il peut avoir de provocant, ironique ou paradoxal, et quels sont ses sens implicites (quand Darth Vader dit « Je suis ton père », il espère *implicitement* que sa paternité biologique se prolongera en une paternité spirituelle).

Attention toutefois, ceci n'est pas une invitation à remplacer un mot du sujet par un autre qui vous conviendrait mieux. Ne transformez pas

---

[26] « Il est indispensable d'analyser méticuleusement les termes de la citation. »
[27] « Rares sont les candidats qui interrogent les termes clés de la formule proposée, et comprennent qu'il faut y voir autant de variables à paramétrer et à tester avant de pouvoir apprécier la validité d'un jugement. Trop partent de l'idée que le sens des mots est clair, en tout cas univoque. » [28] « Le premier travail des candidats était d'élucider le vocabulaire utilisé par l'auteur de la citation, afin d'analyser précisément sa pensée. »

le sujet. Tout votre devoir doit être fidèle à ses mots, à sa formulation (pourquoi celle-là et pas une autre ?), à sa logique interne. Il détermine ce sur quoi vous allez réfléchir. Et pour bien convaincre votre correcteur que vous l'avez toujours gardé à l'esprit, réutilisez ses termes dans l'introduction, dans l'annonce des parties et dans la conclusion, en faisant évoluer les sens que vous leur donnez.

3 La convocation des œuvres

La compréhension du libellé n'est pas encore complète. Vous l'enrichissez en examinant si les différents sens du sujet trouvent, ou non, un écho dans les œuvres au programme. Pour cela, soyez systématique : vous pouvez prendre un à un les personnages, les lieux, les temps forts, les grandes idées et tout particulièrement les moments qui vous ont personnellement marqué. Vous aurez alors plus de matériau que vous ne pourrez en utiliser dans votre copie, mais le tri ne viendra qu'au moment de rédiger le plan détaillé.

4 Construire votre problématique

L'analyse des termes et la convocation des œuvres vous ont permis de dégager de grands thèmes. Premier problème : vous en avez trop, et il ne va pas suffire d'en garder trois et de les enchaîner plus ou moins adroitement pour élaborer votre dissertation[29].

Imaginez qu'au lieu d'une dissertation, on vous demande un scénario, et que le sujet soit : « La fille d'un riche est amoureuse d'un pauvre. » Vous avez travaillé les termes (fille naturelle ? bâtarde ? adoptée ? cachée ? chérie ou mal-aimée ?... riche héritier ? entrepreneur ? souverain ?... amour ? passion ? attirance ?...), convoqué des œuvres (comme *L'Avare*) pour enrichir vos idées, imaginé diverses bribes d'histoire. Si vous cousez ensemble ces bribes éparses, l'histoire n'aura ni queue ni tête. Si vous vous contentez d'illustrer littéralement le sujet, vous obtiendrez seulement un film de vacances, ennuyeux et sans relief. Bref, vous ne vous en tirerez pas sans faire l'effort d'exploiter la tension latente entre amour filial, sentiment amoureux et richesse, ce qui sera le nœud que votre intrigue devra peu à peu serrer puis dénouer. Et vous devrez prendre garde à ne pas dénaturer le sujet, qui n'est pas « Le fils d'un riche est amoureux d'une pauvre », « La fille d'un riche veut s'occuper des pauvres » ni « Une fille riche est amoureuse d'un garçon pauvre ».

De la même manière, pour construire votre dissertation vous devez déceler ce qui fait implicitement problème dans le libellé[30], ce que l'au-

[29] « La dissertation ne peut se limiter à une question de cours, à un simple étalage de connaissances, même quand elles sont réelles et intéressantes. » [30] « Proposer une problématique, ce n'est pas faire semblant de poser une question ; c'est soulever ce qui *fait* question. »

teur de la citation suppose évident et qui ne l'est pas forcément. Vous ne parviendrez peut-être à saisir que certaines facettes du problème, ce qui donnera une copie plus ou moins ambitieuse, pouvant prétendre à une note plus ou moins élevée. Le problème tel que vous l'aurez compris et clairement formulé dans l'introduction sera votre *problématique*, qui doit être conforme au libellé.

Lorsque vous avez entrevu le problème qui est implicite dans le sujet, vous devez le travailler : d'où vient-il ? en quels termes se pose-t-il vraiment ? quels sens donner à ces termes pour montrer que le problème se pose vraiment ? Vous devez parvenir à une formulation courte, synthétique, précise[31], que vous reprendrez telle quelle dans l'introduction.

Cette étape et la suivante occupent conjointement un quart du temps.

5 Construire votre plan

Votre problématique a posé une question. Votre conclusion devra y apporter des réponses claires et fermes. Pour que celles-ci soient convaincantes, elles doivent venir couronner un raisonnement, qui s'insère entre l'introduction et la conclusion et constitue donc le corps de la dissertation. Votre plan est constitué des grandes étapes de votre raisonnement.

Il nous faut préciser ce que l'on entend par des « réponses » aux questions. En science, les conclusions doivent répondre de manière exacte et complète au problème. En français-philosophie, une telle ambition serait illusoire. Vingt-cinq siècles de philosophie et de littérature n'ont pas mis fin au problème ; votre copie ne le fera pas non plus. Toute réponse dépend de présupposés, d'hypothèses, de définitions, de sorte qu'elle ne peut pas clore le sujet ; elle vient l'éclairer, l'exposer, l'expliquer. Vous proposez une réponse possible, personnelle, jamais une réponse définitive. C'est normal et ce n'est pas le signe que vous n'avez pas atteint l'objectif de l'exercice : la vérité d'une dissertation n'est pas la vérité définitive du problème posé.

Du moment qu'il s'agit d'un raisonnement (logique, convaincant, progressif) qui mène proprement de la problématique à la conclusion, votre plan est sur la bonne voie. Si en plus il s'éloigne des banalités, il vous distingue du lot[32]. Il doit mettre en situation les idées, auxquelles il va arriver quelque chose dans l'espace de la dissertation, et passer par des moments de tension critique, au bon tempo (donner du temps à chaque étape, ne pas tuer le suspense), ce qui fait appel à votre talent narratif autant qu'à votre talent discursif.

---

[31] « La problématisation ne se confond pas avec une succession décousue d'interrogatives, et elle ne se ramène pas forcément non plus à une seule question. » [32] « Faute d'oser réellement discuter la citation, les candidats sont restés dans un schéma moyen, ce qui, au final, donne un ensemble de copies moyennes, c'est-à-dire ni bonnes, ni mauvaises mais identiques. Le jury a souvent l'impression d'une succession de « clones ». »

Par convention[33], et parce que la durée de l'épreuve est limitée, il doit s'articuler en trois[34] parties.

Un plan qui n'est pas un raisonnement est gravement fautif, par exemple s'il s'appuie successivement sur trois termes de la citation, s'il consacre une partie à chaque œuvre au programme ou s'il se contredit sans nuances.

En pratique, le schéma de plan suivant est souvent utilisé. Ne le considérez pas comme une obligation, mais comme un guide.

La **première partie** expose une thèse. En particulier, lorsque le libellé est une citation qui affirme quelque chose, on ne peut pas faire comme si cette affirmation était auto-évidente (sinon, elle n'aurait pas constitué un sujet de dissertation). Il faut commencer par la développer et l'illustrer.

Dans une **deuxième partie**, on prend ses distances avec la thèse précédente en montrant trois de ses limites (en trois sous-parties) selon une progression logique. Ce n'est pas une « antithèse » car il ne s'agit pas d'une réfutation de la première partie, seulement d'éclairages différents.

Dans une **troisième partie**[35], on passe au niveau d'abstraction supérieur, qui permet d'absorber sans contradiction à la fois la thèse et ses limites (« La poule précède l'œuf » et « L'œuf précède la poule » sont compatibles en temps fini aussi bien dans « Et Dieu créa la poule » que dans « Et Darwin fit descendre la poule des molécules organiques autoréplicantes de la soupe primitive »). Cette étape suppose de revisiter les termes du libellé pour leur donner, avec nuance, un sens qui justifie le changement de niveau d'abstraction[36].

À l'issue de cette étape, vous avez fait le plus dur : le sujet est compris, vous savez de quoi vous allez parler et dans quel ordre. Avant de rédiger, il ne reste plus qu'à mettre noir sur blanc votre feuille de route.

6 Rédiger un plan détaillé

Votre développement sera constitué de trois parties, chacune constituée de deux, trois ou quatre sous-parties (de préférence, trois). Puisque les parties sont les grandes étapes de votre raisonnement, les sous-parties sont des sous-étapes du raisonnement. N'oubliez pas que celui-ci doit, c'est la règle du jeu, être linéaire. Vous ne pouvez donc pas simplement juxtaposer[37] trois arguments.

---

[33] « Peu de candidats sérieux se risquent à n'écrire que deux parties. » [34] « Les rares plans binaires s'avèrent souvent lacunaires ou inconsistants. » [35] « La troisième partie n'est pas l'espace où l'on donne son avis personnel. » [36] « D'abord l'illustration de la thèse, puis une réflexion nuancée permettant des mises à distance et enfin une reformulation de la thèse initiale à partir de ses termes originaux réappropriés par le candidat. » [37] « Le jury attend que le développement se présente comme un raisonnement suivi, où chaque paragraphe a sa place propre et ne pourrait pas être déplacé. Comme un puzzle, la dissertation saura convaincre si tous les arguments s'emboîtent logiquement. »

Schéma de principe d'une dissertation

un cadre = un paragraphe

Introduction

- Amorce
- Sujet, analyse, problématique
- Annonce du plan

Sauter des lignes

Thèse de la partie I Annonce des sous-parties	Thèse de la partie II Annonce des sous-parties	Thèse de la partie III Annonce des sous-parties
Phrase d'annonce de l'argument Développement de l'argument Un exemple développé Un ou deux exemples rapides Récapitulation (si utile) Phrase de lien avec la sous-partie suivante	Phrase d'annonce de l'argument Développement de l'argument Un exemple développé Un ou deux exemples rapides Récapitulation (si utile) Phrase de lien avec la sous-partie suivante	Phrase d'annonce de l'argument Développement de l'argument Un exemple développé Un ou deux exemples rapides Récapitulation (si utile) Phrase de lien avec la sous-partie suivante
Phrase d'annonce de l'argument Développement de l'argument Un exemple développé Un ou deux exemples rapides Récapitulation (si utile) Phrase de lien avec la sous-partie suivante	Phrase d'annonce de l'argument Développement de l'argument Un exemple développé Un ou deux exemples rapides Récapitulation (si utile) Phrase de lien avec la sous-partie suivante	Phrase d'annonce de l'argument Développement de l'argument Un exemple développé Un ou deux exemples rapides Récapitulation (si utile) Phrase de lien avec la sous-partie suivante
Phrase d'annonce de l'argument Développement de l'argument Un exemple développé Un ou deux exemples rapides Récapitulation (si utile)	Phrase d'annonce de l'argument Développement de l'argument Un exemple développé Un ou deux exemples rapides Récapitulation (si utile)	Phrase d'annonce de l'argument Développement de l'argument Un exemple développé Un ou deux exemples rapides Récapitulation (si utile)
Sauter des lignes	*Sauter des lignes*	
Transition entre les parties I et II	Transition entre les parties II et III	

Sauter des lignes

Conclusion

- Reprise de l'articulation de la démonstration
Réponse à la problématique
- Ouverture

Chaque sous-partie sera constituée de l'énoncé d'une idée simple et de 2 ou 3 exemples, occupant respectivement, grosso modo, 20 % et 80 % des mots.

Donnez des titres aux parties et aux sous-parties : si votre raisonnement est clair dans votre esprit, les titres viendront aisément ; sinon, retravaillez ce que vous voulez dire. Leur formulation n'a pas besoin d'être finement ciselée car ils n'apparaîtront pas dans votre copie, de la même manière que l'on enlève les échafaudages avant de livrer une maison. Ils doivent néanmoins être clairs, car étant donné la place allouée à l'exposition des idées, l'énonciation de l'une d'elles n'occupera que quelques phrases et sera donc proche du titre.

Une astuce : mettez devant vous une feuille blanche par partie et tracez cinq rectangles, un petit en haut dans lequel vous écrivez le titre de la partie (il deviendra l'exposition de l'idée) ; trois grands au milieu pour les sous-parties, dans lesquels vous écrivez les titres et les exemples à utiliser ; un petit en bas pour la transition (sauf après la troisième partie).

Rédigez dès cette étape, au brouillon mais avec les mots définitifs, l'introduction, les deux transitions et la conclusion. Le développement, lui, sera rédigé directement au propre.

IV Écrire une dissertation (la moitié du temps de l'épreuve)

1 L'expression

S'agissant d'une épreuve de français, votre note reflétera notamment la qualité de votre expression[38]. Faites de votre mieux pour écrire lisiblement, sauter des lignes, indenter les paragraphes et corriger vos fautes[39] (il vaut mieux se relire à la fin de chaque partie qu'à la toute fin de l'épreuve). Le correcteur se sentira offensé si vous vous trompez sur l'orthographe du nom d'un personnage[40]. Les titres des œuvres doivent être systématiquement soulignés et les abréviations (« Dans ÀLRDTP, Proust... ») sont interdites[41] ; cependant, des raccourcis sont autorisés pour les titres longs (« Dans la Recherche, Proust... »).

Le correcteur s'attend à ce que vous fassiez attention au sens des mots que vous utilisez (un « gentilhomme » n'est pas un « honnête homme ») ; parfois, préférez une répétition à un synonyme approximatif. Il s'attend aussi à ce que vous ayez assimilé quelques termes associés au programme de l'année. Ne versez pas dans l'excès, l'usage maniéré d'un jargon[42] ou

[38] « Rappelons que la correction de l'expression et de l'orthographe sont pris en compte dans l'évaluation. » [39] « Le fossé se creuse entre les copies correctement rédigées et les devoirs tragiquement fautifs. » [40] « Rien de plus irritant que les fautes sur les noms des personnages des œuvres ! » [41] « Il est malvenu d'utiliser des abréviations pour les titres des œuvres. » [42] « Certaines copies sont pompeuses, alambiquées, « puantes » selon quelques correcteurs ; tout ceci est de la mauvaise poudre aux yeux. »

la copie fleuve[43]. L'idéal est un style simple et précis au service d'idées claires[44].

2 L'introduction

Dans le temps de l'épreuve, vous n'aurez pas la possibilité de soupeser chaque mot de votre copie. En revanche, il faut prendre ce temps pour la rédaction de l'introduction. Vous n'avez qu'une chance de faire une bonne première impression.

L'introduction comporte trois temps en autant de paragraphes[45], descendant du général au particulier (on évoque souvent l'image d'un entonnoir).

Le premier s'appelle l'« amorce » ou l'« accroche ». Sa fonction est de transformer votre lecteur, supposé ne pas avoir connaissance du sujet, en une personne qui a tout à coup envie de savoir ce qui va suivre. Vous l'amenez brutalement de rien à une curiosité avide pour le sujet (qui ne sera exposé que dans le paragraphe suivant). Il faut donc frapper fort – d'autant qu'en pratique, la succession des cinq cents copies que chaque correcteur doit relire tend à émousser son intérêt. Pour placer un bon *punch* d'entrée, vous pouvez par exemple commencer par une remarque paradoxale et incisive, ou par la présentation soignée d'une situation, ou, mais c'est plus délicat[46], par une citation frappante. Une seule phrase peut suffire. Évitez bien entendu les platitudes[47] et les affirmations creuses...

Le deuxième paragraphe entre dans le cœur du sujet. Il contient quatre éléments :

- Une liaison logique avec le paragraphe d'amorce.
- La citation qui fait l'objet du sujet[48]. Vous devez la réécrire telle quelle, in extenso[49], sans aucune modification. S'il elle s'avérait trop longue pour que ce soit raisonnable, vous pouvez la condenser en ne citant que les passages clés et en résumant le reste.

---

[43] « Certaines copies sont interminables, verbeuses, aussi indigestes et lourdes que du porridge anglais : la copie n'est pas évaluée au poids ni à la quantité de cours restituée. »
[44] « Il ne suffit pas d'une débauche de termes rares ou d'une syntaxe ampoulée pour impressionner le correcteur. Il convient de construire des phrases simples, bien ponctuées, en utilisant un vocabulaire précis. » [45] « L'introduction doit compter quinze à vingt lignes pour amener et citer le sujet, dégager les notions clés et ouvrir une perspective critique, puis annoncer le plan. » [46] « Le jury ne considère pas comme une méthode judicieuse de citer un autre énoncé que le sujet en introduction et préférerait même que seule la citation du sujet s'y trouvât. Il est préférable de partir d'un des termes exacts de la citation pour introduire le sujet. » [47] « L'accroche ne doit consister ni en une singerie convenue, ni en un collage de citations, ni en un fatras de généralités stupides. »
[48] « Malheureusement, certains ne citent même pas le sujet. » [49] « La reformulation succincte de la citation réduit considérablement les enjeux et limite la réflexion. »

- Une analyse de la citation, qui doit montrer la richesse de cette dernière (évitez par conséquent de réduire sa portée) et mettre en évidence la spécificité du sujet. Si cette analyse est ensuite reprise et développée dans les parties, vous pouvez vous contenter d'analyser les termes clés[50].
- La formulation claire[51] et succincte[52] de votre problématique, en utilisant dès que possible les termes clés du sujet. C'est la mise en crise du sujet, présentée sous une forme dramatisée. Il faut exposer la tension, la contradiction apparente, la chose qui mérite réflexion, en prenant soin de montrer qu'elle naît logiquement du sujet.

  Comme c'est là que vous montrez au correcteur que vous avez exhibé un vrai problème, il ne faut pas hésiter à être scolaire dans la formulation. Inversement, c'est là que le correcteur se fait une première opinion sur votre niveau de compréhension du problème.

  Rappelons que la ou les questions posées par la problématique devront trouver leur réponse dans la conclusion. Elles ne sont donc pas des formules décoratives mais des promesses.

Le troisième paragraphe annonce le plan que vous allez suivre, c'est-à-dire l'idée principale de chaque partie. Comme le correcteur s'en servira comme d'une carte pour naviguer dans votre développement, ce n'est pas le moment de faire assaut d'élégance, préférez une phrase par partie, ou une seule phrase comportant trois temps bien identifiés, par exemple séparés par des point-virgules. Le correcteur appréciera que vous employiez des termes du sujet lors de cette annonce.

L'ensemble doit occuper entre quinze et vingt lignes environ : plus courte, elle serait creuse ; plus longue, vous empiéteriez sur la suite.

3 Les parties

Chaque partie commence par un bref paragraphe qui expose la thèse qui sera développée[53]. Le lien avec le sujet doit toujours être mis en évidence[54], et à cette occasion n'omettez pas d'utiliser les termes clés du sujet, dont le sens se raffine peu à peu, car d'une part cela vous forcera à ne jamais le perdre de vue, d'autre part vous montrerez au correcteur que

---

[50] « La reproduction de la citation dans l'introduction est impérative mais non suffisante. Elle doit s'accompagner d'une analyse qui peut être rapide si elle est reprise de manière plus approfondie dans la suite du devoir, ou plus longue, mais dans ce cas l'analyse doit préciser des termes du sujet. » [51] « Trop de phrases interrogatives tuent la véritable réflexion problématique en lui faisant perdre sa logique argumentative. » [52] « La problématique ne saurait se confondre avec une accumulation de questions disparates. » [53] « Nous exigeons que toute grande partie commence par l'énoncé d'une thèse. » [54] « Un bon développement doit commencer par formuler le titre de la partie, expliquer son lien avec le sujet, puis annoncer des sous-parties. »

vous avez été fidèle au sujet tout au long de votre copie[55]. Vous pouvez employer des synonymes s'ils permettent de déployer les différents sens des termes clés. Achevez le paragraphe par l'annonce des sous-parties.

4 Les sous-parties

Une sous-partie contient une seule idée et se compose d'un unique paragraphe. Elle commence par énoncer son argument[56], qui doit s'articuler logiquement avec ce qui précède. Puis elle développe cet argument[57], sans oublier de montrer en quoi il fait avancer la réflexion. Elle introduit un, deux ou trois exemples (de préférence trois[58], mais deux suffisent, et pas plus d'un par auteur) qui sont analysés[59] (et pas simplement énoncés). Le paragraphe se termine par la récapitulation de ce qui a été montré (si c'est utile) et l'annonce du paragraphe suivant. Convenons que le principe est plutôt lourd, voire « bourrin » : à vous de trouver le moyen de rendre votre copie agréable à lire.

La principale difficulté réside dans l'exploitation des exemples. Insistons sur le fait que l'exemple ne remplace pas l'argument ; on ne peut pas se réfugier derrière un auteur (« Platon dit que »), tout auréolé soit-il. C'est votre copie, votre pensée, votre responsabilité.

Au contraire, l'exemple est le complément indispensable de l'argument, auquel il donne chair et profondeur. Il a pleinement son rôle à jouer dans le raisonnement comme élément de « vérification » de la justesse de l'argument. Le choix d'un exemple doit par conséquent être soigné, car s'il ne permet pas de se convaincre que l'argument est juste, l'ensemble du raisonnement vacille.

Il est aussi conseillé de choisir des exemples qui sortent des lieux communs de l'œuvre, pour de nombreux motifs. Le premier, c'est qu'il n'y a pas de raison en général pour que tel lieu commun soit le plus adapté à votre argument, ni même qu'il fonctionne bien. Ensuite, si vous ne connaissez que les points saillants d'une œuvre, vous vous retrouverez rapidement à court d'exemples : si 9 sous-parties utilisent chacune 2 exemples, chaque œuvre doit être utilisée au moins 6 fois. Une méconnaissance d'une œuvre a aussi l'effet pervers de vous inciter à choisir des

---

[55] « Trop de candidats omettent, après l'introduction, de revenir sur les termes clés et d'en faire progresser l'analyse tout au long de la dissertation. » [56] « Nous exigeons que tout paragraphe commence par la formulation d'un argument. » [57] « Toutes les idées importantes doivent être argumentées. Il ne suffit pas d'affirmer une notion de manière abrupte puis d'aligner des exemples censés l'illustrer. » [58] « Dans l'idéal, les trois œuvres devraient être convoquées pour chaque argument. Mais ce n'est pas une obligation. » [59] « Les sous-parties doivent expliquer leur argument, l'illustrer par un ou des exemples, analyser ces exemples puis montrer quel est leur lien avec le sujet et en quoi ils permettent d'apporter une réponse à la problématique. »

sous-parties qui fonctionnent avec vos exemples, ce qui risque de déformer votre plan. Vous laissez également penser à votre correcteur que vous ne vous êtes pas réellement approprié les œuvres[60]. Enfin, rendez service à votre correcteur, il vous en sera reconnaissant : s'il lit 500 copies × 18 exemples par copie = 9 000 exemples, il n'a pas envie que ce soient toujours les mêmes qui reviennent.

Vous pouvez légitimement vous demander pourquoi il faut au moins deux exemples par sous-partie puisque d'un point de vue logique, un seul suffit à soutenir un argument. Il ne faut pas perdre de vue toutefois que l'on fait du français, pas des maths, donc deux vérifications valent mieux qu'une. Cela vous évite aussi d'être tenté de consacrer une sous-partie à chaque œuvre, procédé qui serait immédiatement sanctionné. Surtout, cela vous donne l'occasion de faire dialoguer les œuvres entre elles, ce qui, à son tour, permet à la réflexion de progresser[61]. La juxtaposition ne suffit pas. Cependant, en raison des contraintes de temps, il est possible de ne développer longuement qu'un seul exemple par sous-partie et d'être plus allusif pour le ou les autres. Comme signalé plus haut, abstenez-vous d'utiliser un exemple en dehors des œuvres au programme[62].

Enfin, comment exposer un exemple ? Il faut raconter le passage, puis montrer comment il illustre l'argument. L'exposition du passage ne nécessite pas forcément une citation[63]. Si vous utilisez une citation, ne considérez pas qu'elle vous dédouane de l'analyse[64], sinon vous faites parler l'auteur à votre place. Et dans tous les cas, n'abusez pas des citations[65].

5 Les transitions

Les transitions remplissent le rôle humble et simple de faire brièvement le lien entre deux parties. Le correcteur y apporte néanmoins une attention particulière car c'est à ces charnières qu'il est facile de voir si votre plan est, ou n'est pas, un raisonnement[66]. Pas de fausse liaison

---

60 « Les exemples sont toujours les mêmes, souvent les plus simplistes ; sont valorisées les copies qui témoignent d'une connaissance *intime* de l'œuvre. » 61 « La confrontation des auteurs est capitale, il ne faut pas se contenter de leur simple juxtaposition. » 62 « Les références à d'autres œuvres que celles au programme sont souvent une manière de « caser » plus ou moins judicieusement des citations et/ou de fuir la référence aux œuvres au programme. » 63 « La citation n'est pas une nécessité, surtout lorsqu'elle se substitue à l'analyse. » 64 « Une citation ne prouve rien en soi, elle ne doit pas devenir un argument d'autorité ; il faut la commenter et l'articuler avec l'idée que l'on développe. » 65 « Les citations sont souvent bien trop nombreuses et apparaissent comme des boules de Noël surchargeant un sapin : ça brille, mais c'est clinquant et ça masque le sapin... » 66 « Certains se bornent à juxtaposer des rubriques décousues, sans projet argumentatif clair. »

logique[67], pas de tour de passe-passe : si les transitions ne s'imposent pas d'elles-mêmes sous votre plume, votre plan est à revoir.

6 La conclusion

La conclusion est symétrique de l'introduction. Elle se compose de deux temps, en deux paragraphes.

Le premier commence par un bilan qui retrace le chemin parcouru, en essayant du mieux possible de ne pas répéter tel quel ce qui a déjà été dit dans l'annonce du plan et dans le paragraphe d'introduction de chaque partie, tout en conservant les mêmes articulations. C'est un exercice de style qui permet d'amener la partie intéressante, à savoir votre réponse, explicite, claire et engagée, quoique nuancée, à la question posée dans la problématique[68]. Cette réponse doit s'appuyer sur votre raisonnement, sans lequel elle n'aurait pas été bien comprise ; en particulier, n'introduisez pas ici d'idée nouvelle : soit elle aurait dû figurer dans le développement, soit elle est hors sujet. Il est bon d'employer, une nouvelle fois, les termes clés du sujet, tant pour vous forcer à lui être fidèle que pour montrer au correcteur que vous l'avez été. Pas de panique si votre réponse n'est pas tout à fait aussi ambitieuse que la question posée, puisque l'on ne vous demande pas d'apporter une solution définitive au problème sous-jacent. La dissertation impose davantage une obligation de moyen que de résultat...

Le deuxième paragraphe, plus délicat, est une ouverture. L'idée est que le problème qui est contenu dans le sujet est contraint par le sujet ; on l'a en quelque sorte projeté et il lui manque des dimensions. Dans toute la copie, vous avez joué le jeu et travaillé dans l'espace image ; dans ce dernier paragraphe, vous exposez – brièvement – comment se formulerait le problème avec une ou plusieurs dimensions de plus[69] (« La fille d'un riche est amoureuse d'un pauvre » est un cas particulier de « Un amour contrarié »). Attention, cela ne doit pas vous conduire à énoncer un problème vague (« Ce qu'il advient en cas d'opposition »), ou non problématique car trop général (« L'amour »). Les erreurs les plus classiques sont l'ouverture « cheveu sur la soupe », qui n'a pas vraiment de rapport (« Les ravages de la finance ») et « faux suspense » (« Quand l'argent cessera-t-il de s'opposer au bonheur ? »).

---

67 « Le « donc » devient le mot-sésame qui dédouane de toute réflexion. » 68 « Trois lignes de conclusion sont tout à fait insuffisantes. Une dissertation se propose de répondre à une question posée en introduction (la problématique), la conclusion devrait être l'occasion d'y répondre, et ce, de manière nuancée en fonction des œuvres. » 69 « La conclusion, point d'aboutissement d'un raisonnement, doit impérativement revenir sur la problématique et répondre à la question posée en introduction, avant de proposer d'éventuelles échappées possibles, toujours en lien avec l'enjeu central de la dissertation. »

V Disserter en nombre limité de mots

Le concours Centrale-Supélec exige un résumé puis une dissertation de « deux ou trois parties » qui soit « courte (au maximum 1800 mots) ».

Réussir une dissertation en deux parties est possible, mais demande un entraînement spécifique pour que le raisonnement dialectique reste efficace. Nous ne proposons pas d'exemple dans ce manuel et à moins que votre professeur ne vous ait spécifiquement habitué à cet exercice, nous vous le déconseillons. Viser deux parties ne doit pas être un moyen de réduire le nombre de mots.

Pour réussir Centrale, vous devez apprendre à mesurer la longueur de vos textes et à rédiger de manière synthétique.

Compter les mots

Il serait vain de compter pendant l'année une moyenne de mots par ligne : cela dépend du type de copie utilisé et de l'humeur du jour. Il faut donc une méthode pour évaluer la longueur pendant le concours.

- Prenez votre résumé : comptez le nombre de mots et le nombre (décimal) de lignes.
- Vous en déduirez, par une règle de trois, le nombre de lignes que vous pourrez vous autoriser dans la dissertation.
- Répartissez-les environ comme suit :

introduction	15 %
une partie	25 %
conclusion	10 %

Rédigez intrégralement l'introduction et la conclusion au brouillon puis comptez leurs mots. Avant d'écrire une sous-partie, délimitez sur votre copie (au crayon à papier) l'espace qui lui est accordé.

Être concis

Pour être bref, l'essentiel est de se concentrer sur le sens et la logique du propos. On évite de gaspiller des mots en maîtrisant son style : éviter les tournures orales ou rhétoriques, ne conserver que les adjectifs et les adverbes indispensables. N'employez pas des mots compliqués en croyant qu'ils en économiseront plusieurs autres : faites simple, précis et clair. La concision est une invitation à cultiver l'essentiel.

Au terme de cette présentation, nous espérons vous avoir convaincu que la dissertation est un exercice intéressant, porteur de sens, qui valorisera votre travail et votre sensibilité singulière – et qui est à votre portée, maintenant que vous en connaissez les codes. Passons à la pratique !

Le thème
et ses principaux enjeux

Le thème « la force de vivre » dégage, dans sa formulation même, une énergie qui interdit tout questionnement purement spéculatif ou théorique. Certes, « la vie » est une notion scientifique au croisement des sciences de la nature, comme la biologie, la médecine et la chimie. Mais les méthodes scientifiques décrivent les formes du vivant davantage que la vie elle-même qui demeure, à cet égard, énigmatique. On peut connaître la structure fondamentale de la matière, l'ADN des cellules primitives, les fonctions métaboliques des organismes, mais la vie ne se réduit pas à cela ; ce n'en est pas non plus la somme. Alors qu'est-ce que c'est et d'où tire-t-elle sa « force » ? (partie I)

Face à ces interrogations, on a très rapidement recours à des images pour évoquer la vie. Métaphore du jaillissement, de la gerbe, de la source. De la force aussi. On peut facilement imaginer, à partir de notre perception de l'effort musculaire ou intellectuel, l'énergie qu'il faut dépenser pour s'arracher à la passivité. Et cette énergie n'étant pas continue, on se dit que la force va inexorablement décliner. La pente est glissante, et c'est la mort qui est au bout. Comment expliquer alors qu'on trouve la force de se maintenir en vie, voire de décupler plus de force encore pour faire quelque chose de cette vie ? (partie II)

Mais alors on est incliné à concevoir la force de vivre comme un principe spirituel qui s'oppose à la matière et à installer un dualisme qui donne la primauté à la conscience sur la matière, à l'homme sur la nature. Le thème peut, au contraire, nous inciter à reprendre le questionnement à la base, sans ces présupposés philosophiques : dans « la force de vivre », « vivre » est complément du nom « force ». La force est donc première et ne contient rien de spirituel. On se souvient alors de l'origine naturelle de l'homme, dont le corps et ses besoins forment la trace la plus sensible : et si la force de vivre relevait de pulsions, de désirs et même d'instincts nous poussant à agir malgré nous, à décupler nos forces et à ne plus voir de limites sous le ciel et sur terre ? (partie III)

En effet, il existe des forces qui ne produisent pas la vie. Il s'agit avant tout d'une notion physique, et non d'une valeur morale. C'est pourquoi il ne faut pas considérer trop vite la vie comme relevant d'une éthique. Mais la force de vivre manifeste, de façon irréductible, l'expression d'un élan dont il faut rendre compte. Si la force de vivre peut se comprendre à partir de la nature et se déployer sans autre logique que l'expansion mécanique, elle peut aussi s'accomplir comme destinée humaine, aux confins de la philosophie, de la littérature ou de la religion chargées d'en manifester la signification la plus haute (partie IV).

Les trois auteurs s'engagent sur des voies distinctes dans lesquelles la force de vivre est questionnée intensément, face à l'absurdité de la mort pour celui qui porte le deuil, face à la maladie, face à la catastrophe, face à tout ce qui est extraordinaire et nous fait comprendre « Je suis en vie ».

I Aux sources de la force de vivre

Les causes de la vie

Le sens premier de la « force de vivre », c'est une quantité d'énergie disponible pour préserver et perpétuer la vie. Mais cette énergie ne peut rendre compte d'elle-même. Par exemple, la flamme ne peut ni rendre compte de la lumière qu'elle produit, ni s'empêcher de la produire. De la même façon, les causes qui maintiennent le corps en vie ne sont pas toujours justifiables même si elles sont l'expression de lois naturelles (sujets 1, 2 et 4). La vie peut ainsi se manifester dans l'effort contre la maladie ou la mort (sujets 1, 3 et 4). C'est pourquoi la force de vivre est souvent l'expérience d'un combat dont la finalité est incertaine (sujets 3 et 5) : parfois la force de vivre offre de la force mais pas de sens, comme si nous pouvions nous consumer en nous préservant (sujets 2 et 4).

Mais la force de vivre est aussi un foyer originel, un élan à partir duquel un ensemble de causes se déploient : de ce point de vue elle est un mystère car si la vie jaillit ainsi de ce foyer initial, quelle est l'origine de ce dernier ? La force de vivre devient synonyme d'élan créateur mystérieux, dont tout dépend mais qui n'a lui-même pas de cause (sujets 17 et 18).

Les raisons de vivre

La force de vivre permet donc de faire échapper la vie au seul registre des causes et des effets pour envisager d'autres raisons (sujets 2 et 5). Par exemple, l'énergie déployée dans une œuvre collective (sujet 5), ou le souvenir d'instants de grâce (sujet 3) peuvent fournir des raisons de vivre. Les raisons de vivre permettent aussi d'espérer que la mort ne rend pas tout vain ou absurde (sujets 4 et 5) et donc qu'une autre vie est possible (sujet 1). Principalement la force de vivre est un remède de la vie contre la pensée de la mort. La force de vivre peut être un remède, mais surtout apparaît comme une défense contre la pensée mortifère de la mort (sujets 2 et 4).

II La force de vivre à l'épreuve du temps

Le temps qui use

La vie est la durée qui sépare la naissance de la mort. Vivre, c'est donc déjà être happé par la mort, seule certitude de notre existence (sujet 6). Le temps nous fait mourir, il semble jouer contre nous. Il est impossible d'esquiver le vieillissement des organismes (sujets 6 et 8). Pourtant la force de vivre est l'expression d'une vitalité à contre-temps, à rebours, comme si la biologie des corps se trouvait contestée (sujets 8 et 9). On peut même concevoir la force de vivre comme une façon de prendre le temps à son propre jeu : si personne ne peut espérer échapper à la mort, la succession des générations peut inscrire une œuvre humaine dans le temps de l'histoire (sujet 10).

Le temps qui crée

À l'échelle de la vie humaine et individuelle, le temps est souvent vécu comme une malédiction, mais au niveau du renouvellement des générations, la vie peut être reprise et parfaite (sujets 7 et 9) et même se perpétuer sans se répéter (sujet 6). Transmettre est donc un ressort puissant de la force de vivre (sujet 10) ; mais on peut aussi voir en elle l'harmonisation des différentes étapes de notre vie (sujet 9). La force de vivre n'est donc pas nécessairement une lutte désespérante contre le temps qui fuit, mais au contraire peut se manifester comme une injonction à réaliser les promesses contenues en toute vie (sujets 7, 9 et 10).

III Force de vivre, forces de la nature

Vivre de la nature

La vie est un phénomène naturel. Ce qui nous donne la force de vivre nous ramène à notre origine naturelle. Trouver la force, c'est donc raviver une vitalité assoupie, par exemple devant le spectacle de la beauté du monde (sujet 15) ou en sentant frémir l'onde d'un univers sensible beaucoup plus vaste que notre conscience (sujets 13 et 14). D'ailleurs la manifestation d'une vitalité intense en dehors de soi ravive naturellement la vitalité en soi (sujets 11 et 13) comme si la force de vivre permettait une empathie universelle du vivant au sein de la nature (sujets 13, 14 et 15). Tout organisme véhicule une énergie dont il n'est ni le principe, ni la fin mais qui peut néanmoins se déployer de façon originale à partir de lui (sujets 12 et 14).

Vivre contre la nature

Le virus, la bactérie sont aussi des organismes vivants. Les mutations d'un virus attestent aussi d'une authentique force de vivre qui traverse toute la nature (sujets 13 et 14). On peut imaginer que dans la nature, des événements catastrophiques pour certaines espèces sont source de régénération pour d'autres ; la force de vivre s'envisage donc comme une énergie beaucoup plus vaste que notre existence (sujet 14). Mais c'est pourtant dans l'effort pour la comprendre et la dominer qu'on peut espérer se connaître soi-même (sujet 12). Dans l'expérience d'un combat précaire pour dominer la nature qui nous menace (sujets 11 et 13), la force de vivre rend possible la vie individuelle.

IV Forces de vivre et sens de la vie

La vie sans fin

La vie, en cherchant les voies pour se déployer et se diversifier, crée naturellement une communication empathique entre vivants (sujets 13, 17 et 19). Mais parfois le spectacle des choses qui changent et reviennent ne crée ni empathie, ni admiration, mais simplement acceptation voire ennui (sujets 16, 19 et 20). On peut concevoir alors la force de vivre simplement comme une énergie du désespoir que l'on mobiliserait par principe mais sans en être le maître (sujets 18 et 19).

Que vive la vie

La vie se reçoit, et on peut l'envisager comme une dette bien lourde. La force de vivre nous procurerait de quoi la supporter ou l'alléger (sujets 17, 18 et 19). Parfois elle nous incline simplement à la résignation (sujets 18 et 20).

Au contraire d'une dette, on peut appréhender et célébrer la vie comme un don. C'est pourquoi louer la beauté du monde peut correspondre à un authentique effort de création artistique (sujet 17). La force de vivre n'est pas sans grandeur quand, éprise d'Absolu, de Dieu, elle se déploie sans jamais se satisfaire (sujet 16). La force de vivre n'a plus rien alors d'une force aveugle, mais s'apparente davantage à ce qui fait naître et croître, à tout âge (sujets 17 et 20).

Présentation des œuvres et des auteurs

I Victor Hugo et *Les Contemplations*

1 Hugo et son temps

Victor Hugo, un génie protéiforme

Victor Hugo fait partie des figures incontournables des lettres françaises, non seulement parce qu'il s'est illustré dans tous les grands genres littéraires mais aussi parce que s'est incarnée en lui la figure du génie loué par la nation : en 1885, rendant hommage à l'homme politique autant qu'à l'écrivain, deux millions de personnes défilèrent derrière son cercueil tandis qu'il entrait au Panthéon, où il repose.

C'est en 1802 que naît Victor Hugo, cadet de trois enfants. Son père est officier de l'armée et sera fait comte par Napoléon. Élève en pensionnat, Hugo apprend par lui-même les règles de la poésie. Soutenu par sa mère et encouragé par l'un de ses maîtres d'école, Hugo nourrit une ambition littéraire qui le conduit, encore jeune, à se lancer dans cette voie.

Il enchaîne rapidement et assez tôt les succès : la pièce de théâtre *Cromwell* (1827) et sa célèbre préface en forme d'art poétique, le recueil de poésie *Les Orientales*, le roman engagé contre la peine de mort *Le Dernier Jour d'un condamné* (1829), et bien sûr la bataille d'*Hernani* (1830) l'installent en chef de file des romantiques. S'enchaînent alors les titres fameux qui témoignent de son éclectisme génial : le roman historique *Notre-Dame de Paris* (1831), des pièces de théâtre comme *Lucrèce Borgia* (1833), *Marie Tudor* (1833) et *Ruy Blas* (1838), des recueils lyriques, *Les Chants du crépuscule* (1835), *Les Voix intérieures* (1837), *Les Rayons et les Ombres* (1840). Il est élu à l'Académie française en 1841.

La disparation de sa fille aînée Léopoldine dans un accident de bateau en 1843, quelques mois après son mariage, coupe le poète dans son élan littéraire. Il se tourne vers une carrière politique. Le roi le nomme pair de France, un titre honorifique. Lorsqu'éclate la Révolution de 1848, Hugo devient maire de son arrondissement à Paris. Pendant trois ans, il défend la liberté de la presse et de l'enseignement, dénonce la peine de mort et la misère sociale. Mais en 1851 c'est le coup d'État de Napoléon III, auquel Hugo s'oppose, ce qui lui vaut d'être proscrit et exilé.

De son exil, il tonne alors contre le nouveau régime : *Napoléon le Petit* (1852), *Les Châtiments* (1853), *Lettres à Louis Bonaparte* (1855) sont des pamphlets dirigés contre le nouvel empereur. C'est dans ce contexte que sont publiées en 1856 *Les Contemplations*, recueil autobiographique qui marque un renouveau avec le lyrisme : le deuil, l'exil et la vieillesse ont changé le poète, qui reprend sa plume et met en scène la manière dont il retrouve sa voix poétique. C'est alors le moment des grandes œuvres qui cherchent à embrasser toute l'humanité : *La Légende des siècles* (1859), récit en vers du progrès de l'humanité à travers les âges ; *Les Misérables* (1862), grande fresque sociale ; *Les Travailleurs de la mer* (1866), épopée maritime ; *L'Homme qui rit* (1869), roman philosophique ; *Quatre-vingt-treize* (1871), roman historique sur la Révolution française. Son retour en France devient possible en 1870, lorsque s'effondre le Second Empire.

Étant veuf depuis 1868 et ayant perdu tous ses enfants à l'exception de sa cadette, Adèle, devenue folle, à 75 ans Hugo est un patriarche qui veille sur l'éducation de ses petits-enfants auxquels il consacre *L'Art d'être grand-père* (1877). En 1885, il succombe à la maladie. Avec Victor Hugo, c'est le résumé d'un siècle qui s'éteint ; des combats – romantiques sous la monarchie puis républicains sous l'empire – menés par un écrivain complet qui a manié tous les styles, tous les genres, tous les tons.

Le siècle des révolutions

Alors que pendant des siècles la France fut une monarchie stable, dans laquelle les gens pensaient savoir de quoi demain serait fait, le XIXe siècle s'ouvrit dans le chaos : il fallait « terminer la Révolution », selon la formule de l'historien François Furet. Mais comment ? La France était profondément divisée entre républicains, monarchistes et bonapartistes. Chacun de ces camps était en outre loin d'être homogène, ce qui explique que, même si chacun eut son heure de gloire, ça ne dura jamais longtemps : la France changea six fois de régime en soixante-dix ans.

Hugo fut témoin de ces aléas politiques, passant des idéaux royalistes à ceux de la République, comme il le raconte dans le troisième poème du livre V. Il chercha de plus en plus à prendre part à la vie publique et à infléchir la politique par la puissance de son verbe, ses talents d'orateur et le prestige qu'il avait acquis auprès de la population.

Le romantisme

Le romantisme est un mouvement littéraire du XIXe siècle qui exalte les passions individuelles, souvent à travers une forme lyrique. Hugo en est un représentant fameux et *Les Contemplations* sont souvent considérées comme l'exemple de ses principes. C'est dans *Cromwell* (1827) qu'Hugo se montre véritablement romantique pour la première fois, notamment dans sa célèbre préface, où il se revendique comme tel. Dans cette pièce démesurée, l'auteur rejette les canons classiques du théâtre hérités du XVIIe siècle : le souci du détail pittoresque renforce le tableau général, le sublime côtoie le grotesque, le tout dans un enchaînement extraordinaire d'actions, de lieux et de personnages. Ainsi, contre les idées d'ordre et de mesure qui forment l'idéal raisonnable du Grand

Siècle, Hugo exalte les accents les plus passionnés. En 1830, à la création de sa nouvelle pièce, le monde littéraire se divise et s'affronte dans le théâtre même. C'est la célèbre bataille d'*Hernani*. Le succès est acquis pour Victor Hugo, qui devient chef de file des romantiques.

Quand il se met à l'écriture des *Contemplations*, Hugo suit le modèle de certains poètes romantiques pour mettre en forme l'expression de sa douleur : des auteurs comme Lamartine et Musset avaient déjà publié de fameux recueils dans lesquels la mélancolie était sublimée par l'inspiration puisée en leur for intérieur. Cette poésie est contemplative : le poète cherche sa place dans la nature, oscillant entre l'intime et l'universel.

2 *Les Contemplations*

Même s'il faut saisir l'ensemble du recueil pour pouvoir comprendre à quelles étapes correspondent les livres au programme, ce sont surtout ces livres qu'il faut travailler, la manière dont ils sont construits, les échos qui se forment entre les poèmes... Il n'y a qu'eux qu'on peut citer.

Structure du recueil et enjeux principaux

Les Contemplations permettent à Victor Hugo de surmonter la mort de sa fille, la douleur du deuil lui ayant coupé l'inspiration. Comme l'exil l'a encouragé à écrire *Les Châtiments*, le deuil lui inspire l'écriture des *Contemplations* : c'est dans l'adversité que le poète trouve la force de se remettre à l'ouvrage. Ouvert par la dédicace « À ma fille » et clôt par « À celle qui est restée en France », tout le recueil est dominé par l'ombre de la défunte et constitue un tombeau poétique offert par un père à sa fille. Le livre IV, *Pauca meæ*, focalisé sur les années qui suivent la mort de Léopoldine, est un sommet du recueil, placé au milieu de l'œuvre.

En effet, *Les Contemplations* forment une sorte d'autobiographie en vers, dont chaque livre trace un portrait différent du poète. Les trois premiers livres du recueil, qui constituent le premier tome, *Autrefois (1830–1843)*, décrivent le poète au cours de ses premières années, les plus heureuses ; il y expose sa vie intime. Victor Hugo brosse le tableau d'un jeune homme ambitieux en littérature, ardent en amour, apitoyé par le sort de ses concitoyens les plus humbles. Cette gradation s'achève en 1843, à la mort de sa fille. Le second tome, *Aujourd'hui (1843–1855)*, peut alors commencer. Ses titres montrent Hugo reconquérant sa voix poétique par sa confrontation au deuil afin de se remettre « en marche ».

Pauca meæ

Le titre, *Pauca meæ*, est une référence incomplète à un vers de Virgile. Ne prenant que quelques mots du latin, ce titre peut signifier : « le peu qui me reste d'elle » ou « un petit peu sur elle ». En quelques poèmes,

Hugo brosse donc un portrait de sa fille disparue, humble par le peu de souvenirs qui lui restent d'elle et par la brièveté de l'évocation.

Le quatrième livre des *Contemplations* représente le poète sous les traits du personnage biblique de Job. Dans la Bible, le diable et Dieu font un pari sur le dos du pauvre Job pour savoir si, malgré l'acharnement du sort, il restera fidèle à Dieu. Ce fut le cas. Hugo conçoit ainsi son propre sort. Néanmoins, s'il suit une trajectoire parallèle à celle de Job, le but qu'il atteint n'est pas et ne peut être le même : Dieu ne lui rendra ni sa fille, à jamais morte, ni son foyer, dont il est exilé.

C'est le ton élégiaque qui domine dans ce livre : Hugo se souvient des temps heureux avant la mort de sa fille (poèmes I à VII). Il se montre ensuite nostalgique, et sa mélancolie le pousse à s'interroger sur sa foi et sur le sens de la vie (poèmes IX à XIII). À partir du célèbre *Demain, dès l'aube...* (poème XIV), le poète se tourne vers l'avenir et, par le geste symbolique du recueillement sur la tombe, signale son acceptation et sa volonté d'aller désormais de l'avant, de s'intéresser aux vivants.

En marche

En marche est le livre du renouveau dans l'économie générale de l'œuvre. La mort de sa fille avait en effet laissé en suspens la carrière littéraire du poète. Au deuil s'est ajouté l'exil, coup d'arrêt à la vie publique en France de Victor Hugo. C'est donc tout naturellement que ces deux fils rompus dans la vie du poète se renouent après *Pauca meæ*, annonçant la mission qui lui reste à accomplir. Le temps de l'élégie est passé et le poète change de ton, le souffle élégiaque prenant l'ampleur du souffle épique, notamment dans les poèmes aux accents les plus politiques.

C'est *Écrit en 1846*, l'un des plus longs poèmes du livre, qui raconte comment Hugo a changé de bord politique. Désormais républicain, intéressé par les petites gens qu'il côtoie à Jersey, Hugo se détourne des questions individuelles pour embrasser les causes collectives. C'est aussi la raison pour laquelle de nombreux poèmes sont consacrés aux amis, aux autres écrivains et artistes : c'est le retour à la vie sociale, qui redonne au poète le goût de la vie et lui donne le courage de poursuivre ses efforts. Ainsi, le livre se clôt sur *Les Malheureux*, un autre long poème qui rend compte des combats du passé ; le poète se place du côté des martyrs, qu'il perçoit comme des modèles ayant su combattre pour la vérité malgré l'oppression qu'ils ont subie. C'est un compte à rebours dans lequel le regard du poète traverse les siècles jusqu'à la première injustice, ce qui donne lieu à une réécriture de la Genèse. Hugo n'en est plus à questionner Dieu à la manière d'un père endeuillé, car il peut désormais s'inscrire dans l'histoire, l'écrire et même la réécrire. Sa force n'a plus de limite.

II Nietzsche et *Le Gai Savoir*

1 Nietzsche et son œuvre

Friedrich Wilhelm Nietzsche est né le 15 octobre 1844 à Röcken, petit village proche de Leipzig où son père Carl était pasteur. Il n'avait que 5 ans lorsque son père puis son petit frère moururent. Nietzsche, sa mère et sa sœur déménagèrent alors à Naumbourg où ils vécurent avec sa grand-mère et deux tantes. Les Nietzsche n'étaient pas riches, mais ils étaient lettrés et lui donnèrent le goût des arts et de l'étude. En 1858, il fut admis à Pforta, un internat d'excellence. La vie de Nietzsche connut ensuite trois décennies bien distinctes.

Une décennie d'études : de Pforta à Bâle (1858–1869)

À Pforta, Nietzsche prit un rythme de travail soutenu, cultivant sa passion pour la littérature et la musique. En 1864, il s'inscrivit en philologie (l'étude des langues et cultures à travers leurs textes) et en théologie protestante, à l'université de Bonn. Mais sa foi, déjà affaiblie à Pforta, disparut : il renonça à la théologie et au projet pastoral. Il quitta Bonn pour Leipzig en 1865. Sa curiosité le poussait à étudier bien plus que la philologie : de la philosophie, de l'histoire surtout. Il lut Schopenhauer et rencontra même Wagner, en qui il voyait un génie. En pleine effervescence intellectuelle, il se vit proposer de devenir professeur de philologie à l'université de Bâle, en Suisse. Il n'avait que 24 ans lorsqu'il prit ses fonctions en 1869.

Le philosophe en devenir : dix ans de professorat à Bâle (1869–1879)

Enseigner la philologie en Suisse n'enchantait pas Nietzsche, mais Wagner avait une maison à Lucerne, raisonnablement près de Bâle. Avec le compositeur et son épouse, les discussions étaient animées. On parlait de sauver la culture allemande, de monter un festival dédié à Wagner (ce sera le Festival de Bayreuth, qui existe encore). Sensible à l'héroïsme guerrier, Nietzsche s'engagea dans la guerre de 1870 contre la France. Mais il tomba malade, ce qui dégrada sa santé, mauvaise depuis l'enfance. Il retourna à sa chaire, trop étroite pour lui, et candidata en vain à la chaire de philosophie de Bâle. Ne se sentant pas un pur philologue, souvent malade et incapable de faire cours, il démissionna en 1879 contre une pension lui permettant de vivre l'hiver dans le Sud (Nice, Rome, Toscane) et l'été en Suisse.

Dix années d'itinérance et de philosophie (1879–1889)

Nietzsche vécut alors dix années d'intense activité, écrivant parfois un livre en un mois. Il fut marqué par une histoire d'amour déçue avec une étudiante russe, Lou Andreas-Salomé. Entre la souffrance physique et les déceptions sentimentale ou éditoriales (il fut peu lu), il connut aussi des moments d'exaltation, travaillant de façon acharnée, mûrissant une œuvre aujourd'hui incontournable.

L'effondrement de Turin, et dix années de vide (1889–1900)

Nietzsche, alors à Turin, s'effondra le 3 janvier 1889. Selon la légende, invérifiable, il se serait accroché, en pleurs, au col d'un cheval battu par son cocher. Après un passage inefficace en maison de repos, il ne fut plus jamais lui-même. On l'envoya à Naumbourg, aux soins de sa mère puis de sa sœur, veuve et pauvre, qui consacra le reste de sa vie à recueillir et promouvoir l'œuvre de son frère. Son manque de compétence et son idéologie ont hélas abouti à des contresens profonds.

Nietzsche vécut dix années dans un état quasi végétatif et mourut à Weimar le 25 août 1900. On ignore, tout comme lui, de quoi il souffrait. Il fut enterré là où il était né, près de l'église où son père avait été pasteur.

L'œuvre

Une œuvre protéiforme

L'œuvre de Nietzsche est construite sur le refus du cloisonnement des genres, des disciplines. Professeur de philologie, il est célèbre comme philosophe, et lui-même mettait plus haut que tout, dans ses livres, l'art et l'approche esthétique de la vie. Nietzsche a écrit un peu de philologie, beaucoup de philosophie, mais aussi de la poésie (*Les Idylles de Messine*, 1882), de la musique (près d'une centaine de pièces). Ses œuvres philosophiques incluent de la poésie. *Ainsi parlait Zarathoustra* est même présenté comme un poème philosophique.

Une lecture complexe

Le fond autant que la forme peuvent dérouter. Nietzsche n'écrivait pas de traités rationnellement organisés selon un plan qui serait poliment donné en introduction. Il procédait surtout par textes brefs, par aphorismes (phrases courtes condensant une pensée de manière élégante). Le style devait en être percutant, au risque d'être moins clair. Nietzsche n'avait pas l'habitude de formuler une thèse, puis des arguments ou contre-arguments. Dans ses textes, on trouve tous les outils de la littérature, de la langue, que le philosophe s'interdit souvent. Mais il ne s'agissait pas d'une lubie. En tant que philosophe, Nietzsche ne croit pas à un pouvoir réel de la raison qui permettrait à l'homme d'être guidé, de savoir ce que c'est qu'une vie réussie. De même, il nie l'existence d'une réalité immuable ou suffisamment stable pour qu'on puisse tenir des discours à son sujet qui seraient la vérité. Tout change, tout se transforme et, selon lui, prétendre formuler des vérités éternelles sur l'homme ou la morale est au mieux une illusion, au pire un mensonge dont il faut comprendre les motifs. La liberté, enfin, est aussi niée par Nietzsche, pour qui l'homme est une partie de la nature, animée donc, comme le reste, par des forces que l'on peut essayer de comprendre, mais pas de changer. Sans raison toute-puissante, sans réalité immuable et sans liberté, il est normal que l'activité philosophique change de but et de forme.

Philosopher avec Nietzsche : danser avec un marteau

Il serait absurde de résumer les thèses d'un tel philosophe. Mieux vaut faire sentir les deux moments de sa démarche : le moment critique, celui du « marteau » (son livre de 1888 *Crépuscule des idoles* a pour sous-titre « Comment on philosophe avec un marteau »), et le moment créatif, celui de la « légèreté » et de la danse. Prenons l'exemple de *Généalogie de la morale* (1887). Nietzsche y mène une « évaluation » des « valeurs morales » (bien/mal). Il cherche leur origine dans des pulsions humaines : selon lui, ces catégories sont le produit d'hommes faibles, animés par le ressentiment, la détestation de ceux qui les ont surpassés, qui se retourne en détestation de soi et de la vie. Dès lors, il n'y a pas de sens à *corriger* la définition de ces valeurs de bien et de mal. Il faut aller, comme le dit le titre d'un autre de ses livres, paru en 1886, « par-delà bien et mal ». Après avoir démasqué les passions tristes qui fondent la morale, il est temps de suggérer (notamment dans *Le Gai Savoir*, de 1882) une autre façon de vivre qui ignore ces concepts et leur substitue d'autres valeurs : la légèreté, la joie, l'affirmation surtout. Évaluer les valeurs traditionnelles, leur en substituer de nouvelles : tel est le rythme de la pensée nietzschéenne.

2 *Le Gai Savoir* : enjeux principaux

Vie et philosophie

La préface du *Gai Savoir* propose une grille de lecture de la philosophie et de toute œuvre culturelle. Rejetant l'examen de la vérité des thèses philosophiques, Nietzsche privilégie l'approche médicale. Toute œuvre, même si elle se présente comme une quête rationnelle de vérité, serait en fait à lire comme une conséquence de la nature individuelle de celui qui l'a produite. On peut donc être naïf et prendre une philosophie au pied de la lettre. On peut aussi, comme Nietzsche, la lire comme un symptôme de la manière de vivre de celui qui l'a écrite. En cela, on a vu en lui un inspirateur du courant de « philosophie de la vie » : pour lui, la vie est à la fois à l'origine de la philosophie (que le philosophe en soit conscient ou non), et la finalité de celle-ci, à travers laquelle l'auteur essaie de renforcer ou de limiter ses propres tendances. Nietzsche ne prétend pas réformer, ou corriger, mais intervenir comme un philosophe enfin conscient de ce lien entre vie et philosophie. Il se voudrait un « philosophe médecin », capable de nous aider à vivre en meilleure santé. Faire de la vie, de la santé, et non plus de la vérité, l'origine et le but de la philosophie, voilà le programme du *Gai Savoir*. Ce savoir exprime une renaissance, celle de

Nietzsche, qui a vécu à Gênes un mois de janvier exceptionnel pendant l'écriture de ce livre. Il se propose aussi d'aider au renouveau ceux qui prendraient conscience avec ce livre des illusions qui les briment, et des perspectives de joie et de santé qui s'ouvrent si on les abandonne. Il nous semble qu'on peut identifier trois axes d'une vie saine dans *Le Gai Savoir*.

Trouver de la force dans la conscience de la nécessité

L'homme a souvent tendance à souffrir s'il est convaincu qu'il y a un destin, une nécessité à l'œuvre. Être certain qu'on va mourir, que le monde est gouverné par des lois naturelles implacables, cela inquiète ou fait peur. Dans *Le Gai Savoir*, Nietzsche développe au contraire l'idée d'un « *amor fati* », amour du destin, et valorise l'homme qui sait accepter, voire oublier l'absence de liberté et fêter l'implacable nécessité. Le thème de la légèreté est récurrent : une vie légère n'est plus alourdie par la conscience de la nécessité qui chez d'autres crée la tristesse et le besoin d'illusion ou de mensonges consolatoires.

Trouver de la force dans le danger plutôt que dans la paix

L'homme a souvent tendance à souffrir de l'incertitude, des situations où il affronte des forces peut-être plus grandes que les siennes. Il veut le repos, la tranquillité, le confort d'un abri où rien ne viendrait le remettre en question. Nietzsche diagnostique ce besoin de repos dans la morale, la religion et même la science. Il lui oppose le goût de l'aventure, du combat, de la guerre et de l'incertitude. De même qu'il faut vivre légèrement la nécessité, il faut vivre légèrement l'adversité et l'inconnu.

Remplacer la morale punitive par une morale héroïque

Lorsqu'il parle de la morale, Nietzsche s'attaque à la morale de son temps, qui, laïque ou pas, viendrait toujours de la morale chrétienne. Pour lui, elle ajoute de la souffrance en entretenant le goût du repos, de la consolation. Pire, cette morale, devenue celle de toute la société, brime ceux qui auraient de l'énergie pour faire plus et mieux. Nietzsche l'oppose toujours à une autre morale, « héroïque » ou « aristocratique », qui peut se définir ou bien comme l'inversion de la première, ou bien plutôt comme son oubli joyeux. Que l'homme soit libre ou pas, le héros n'en a cure et affirme sa puissance dans son travail, son œuvre, sa pensée et ses combats. Qu'il échoue ou réussisse, qu'il souffre ou non, il ne sent pas le besoin de revenir sur le passé, de regretter, de punir soi-même ou les autres, de se faire consoler par anticipation par l'espoir d'une vie après la mort. L'affirmation est le maître mot de la morale sans rapport négatif à sa vie : telle est la leçon de la philosophie de l'éternel retour qui apparaît pour la première fois dans la philosophie nietzschéenne dans le paragraphe 341 du *Gai Savoir*.

III Alexievtich et *La Supplication*

1 Svetlana Alexandrovna Alexievitch (née en 1948)

Svetlana Alexievitch, prix Nobel de littérature en 2015, vit à Minsk (Biélorussie). Vous avez la chance d'explorer l'œuvre d'un auteur vivant, mû par le désir de comprendre le monde contemporain, profitez-en !

Une jeunesse soviétique

La première chose à retenir d'Alexievitch est qu'elle n'a toujours écrit qu'en russe. Ses identifications biélorusses et ukrainiennes proviennent paradoxalement d'une enfance et d'une jeunesse soviétiques de langue et de vision universaliste russe. Elle est née dans l'ouest de l'Ukraine actuelle, à Stanislaviv. Les vicissitudes de l'histoire ont transformé cette ville : vidée de ses habitants par la deuxième guerre mondiale, elle est devenue en 1945 une ville soviétique de la République ukrainienne de l'URSS, de population et d'administration nouvelles, bientôt rebaptisée Ivano-Frankivsk. Ses parents instituteurs reflètent à la fois l'histoire politique complexe de ces régions et l'homme nouveau soviétique issu de la Grande Guerre patriotique de 1941 à 1945 : son père, biélorusse, s'est battu avec l'Armée rouge contre les nationalistes ukrainiens ; de sa grand-mère ukrainienne elle tient le souvenir de l'*Holodomor*, terme qui désigne le massacre par la famine commis en 1932–33 par le régime soviétique pour mettre au pas les paysans ukrainiens. En 1954, la famille quitte l'Ukraine pour s'installer au sud de la Biélorussie, en Polésie. Cette région à cheval entre les deux pays comprend aujourd'hui la zone d'exclusion de Tchernobyl dans sa partie ukrainienne et le parc radiologique dans sa partie biélorusse.

Alexievitch a étudié le journalisme pour pouvoir écrire. Elle exerce à partir de 1972, d'abord dans de petites villes de Polésie puis à Minsk. En 1983, elle entre à l'Union des écrivains soviétiques. Mais elle poursuit un projet propre.

Un projet obstinément poursuivi et l'invention d'une forme

Alexievitch répète souvent avoir cherché à recréer l'atmosphère des veillées de village où elle entendait raconter la guerre, la vie et la mort, surtout par des femmes exprimant aussi leurs réactions, leurs sentiments ; elle se voit comme une « femme-oreille », image qui évoque celle de l'enfant écoutant en silence le murmure des voix dans la nuit. L'influence et l'exemple de l'écrivain biélorusse Alès Adamovitch l'ont aidée à trouver une forme : il pensait que pour rendre compte du XXe siècle il fallait en faire parler les protagonistes. Il mit en pratique des techniques d'histoire orale et de récolte de témoignages pour *Je suis d'un village en feu* de

1977 (non traduit en français) sur les villages brûlés pendant la guerre. Inspirée, Alexievitch emprunte pour acheter un magnétophone – un appareil hors de prix à l'époque. Un premier manuscrit, censuré par le Parti communiste biélorusse, fait parler des paysans urbanisés, l'expérience type soviétique de ces années. Le deuxième, qui réunit en 1983 les voix de femmes combattantes de la Grande Guerre patriotique, ne paraît que sous forme abrégée dans une revue russe en 1984, mais attire l'attention de Gorbatchev, futur Premier secrétaire du Parti communiste (dirigeant de l'URSS). Il en aurait cité le titre, *La Guerre n'a pas un visage de femme*, dans un discours prônant la nouvelle politique de *glasnost* (transparence) médiatique. Le livre, publié en 1985, se vend à plus de deux millions d'exemplaires et vaut le prix Lénine à Alexievitch en 1986. En 1985 paraissent aussi *Derniers témoins*, récits d'adultes témoignant de la guerre qu'ils ont vécue enfants.

Alexievitch partit alors sur le théâtre de la guerre en Afghanistan commencée en 1979, se lançant dans des entretiens avec les soldats (hommes et femmes), le personnel russe de retour, leurs mères, femmes, amies et veuves. Cette enquête aboutit à la publication des *Cercueils de zinc* en 1989 ; ce fut sa première œuvre traduite en France, dès 1990. Le mythe en URSS d'une guerre aux motifs altruistes explose dans l'ouvrage ainsi que l'image héroïque des soldats. Certains intenteront un procès à l'auteur en 1992 à Minsk, à la fois et contradictoirement pour vol et diffamation. Un des enjeux du procès sera la nature de l'ouvrage, la définition de cette « littérature documentaire ». L'auteur, dont les transformations du matériau sont manifestes, gagnera le procès.

Du livre à l'œuvre : une actualité inattendue

Dans la nuit du 26 avril 1986, le réacteur n° 4 de la centrale nucléaire de Tchernobyl (officiellement centrale Vladimir Ilitch Lénine), à 18 km de la ville de Tchernobyl en Ukraine, explose. Rapidement rendue sur ces lieux qu'elle connaît, l'écrivain décide tout de suite de faire un livre sur ce drame, récoltant pendant dix ans témoignages et souvenirs. *La Supplication* paraît en Russie en 1997, précédé de la conclusion d'un autre projet. En effet, la lecture d'un article dans un journal allemand, sur 20 000 cas supplémentaires de suicides en URSS entre 1991 et 1992 après la dislocation de l'Union le 25 décembre 1991, lance Alexievitch dans des entretiens avec des gens ayant tenté de se suicider, ainsi qu'avec les proches de suicidés, obtenant aussi lettres, documents, objets. Elle fait alors « parler » les morts dans *Ensorcelés par la mort* (1993).

En écrivant *La Supplication*, Alexievitch se rend compte qu'elle a en fait produit un cycle concernant ce qu'elle appelle l'homme rouge, pour les Occidentaux, l'*Homo sovieticus*. Elle commence à réaliser les entretiens pour ce qui deviendra le dernier livre de ce cycle, qu'elle intitule *Les Voix de l'utopie. La Fin de l'homme rouge*, dont le titre russe signifie « L'Époque de seconde main », paraît en 2013. Il se focalise sur sa génération qui, élevée dans les idéaux communistes d'après la Grande Guerre patriotique, a vécu la fin de l'Union soviétique comme une dislocation du sentiment de sa continuité. Elle le rédige alors que, détestant le régime biélorusse, elle vit en Europe de l'Ouest. Mais lasse d'être coupée de la « matière de ses livres », elle rentre en Biélorussie en 2013.

Récipiendaire de nombreux prix littéraires, de plus en plus connue en Occident, elle reçoit le prix Nobel de littérature en 2015, ce qui a déclenché un torrent de lettres haineuses envoyées par des Russes. De plus en plus identifiée avec son cycle soviétique, c'est pourtant à un livre sur l'amour, et à un autre sur le vieillissement, qu'elle travaille maintenant. Remarquable cohérence et vitalité : en effet, elle a raconté en 2010 qu'en 1972 on lui a reproché d'avoir dit que Lénine n'apportait pas de réponse à tout, qu'il n'avait par exemple jamais traité de la vieillesse ou de l'amour. En la lisant, demandez-vous si la forme littéraire qu'elle emploie n'est pas, surtout dans *La Supplication* qui raconte une société qui a disparu à cause d'une technologie qui perdure, plus que de la « littérature documentaire ». Quelle est la valeur de vérité de cette œuvre ? Quel type de connaissance transmet-elle ? D'où provient le mal qu'elle décrit ? Est-il inhérent au monde contemporain ou propre à une situation contingente ?

2 Le contexte de *La Supplication*

L'accident dans la centrale nucléaire de Tchernobyl

Dans la nuit du 26 avril 1986, les réactions nucléaires de fission au sein du plus récent des quatre réacteurs de la centrale de Tchernobyl (à la frontière de l'Ukraine et de la Biélorussie) s'emballent. Elles deviennent incontrôlables et entraînent l'explosion du réacteur. Les causes de l'accident ne sont pas l'enjeu du livre, une fois compris qu'il était, au sens propre, inconcevable. Ni les personnels chargés du réacteur, ni le directeur de la centrale (également responsable de la ville de Pripiat qui logeait le personnel de l'usine et leur famille) ne connaissaient les risques d'instabilité du réacteur ni les failles dans le système d'arrêt d'urgence. Cette méconnaissance est liée au fonctionnement de l'industrie soviétique ainsi qu'au mode d'organisation politique du pays ; vous retrouverez ces facteurs tout au long du livre d'Alexievitch.

Quand le réacteur a explosé, les hommes présents n'ont pas pris la mesure de la catastrophe. Ils ont donc envoyé les pompiers sans protections sur le toit près d'une ouverture béante d'où s'épanchaient les produits radioactifs. Les mesures du taux de radioactivité n'ont pas été prises correctement. Le directeur a continué d'alimenter en eau les systèmes de refroidissement détruits du réacteur, augmentant ainsi la dispersion des radio-nucléides dans l'atmosphère et mettant en danger le réacteur n° 3 voisin. Enfin, la ville de Pripiat n'a été évacuée qu'une trentaine d'heures plus tard. Il existait un plan d'urgence, mais pour quelque chose qui n'était pas censé arriver.

Quand l'eau a été coupée, on a envoyé une équipe sous le réacteur ouvrir à la main les soupapes d'évacuation. On a tenté de stopper la fission en déversant du bore, du plomb et du sable dans le réacteur via des hélicoptères. On a envoyé l'armée sur les toits jeter les déchets dans le trou, parce que les radiations détruisaient les robots. Une fois les toits déblayés, le réacteur a été enfermé dans un sarcophage de béton.

Autour de la centrale, les habitants ont été évacués par vagues à mesure que l'on constatait les tendances météo et mesurait la radioactivité, ce pour quoi des nuées de spécialistes furent envoyés ; on s'est mis à nettoyer puis à enterrer, faute de savoir quoi en faire, les déchets restants. Ces travaux soulevaient la poussière et remettaient en suspension les particules radioactives. Par peur de la panique on n'a rien expliqué, on a peu distribué d'iode (qui prévient le cancer de la thyroïde) et on n'a pas pensé à arrêter les plans de production agricole. On a aussi fort peu expliqué les risques sanitaires réels, la radioactivité elle-même, et on a cherché à clore les dossiers et les zones. Enfin, l'éclatement de l'URSS a conduit l'Ukraine et la Biélorussie à financer seules les conséquences de la catastrophe.

La fin de l'Union Soviétique

En effet, le livre témoigne d'un autre événement historique, la désintégration institutionnelle, sur laquelle il faut aussi quelques points de repère. Le premier est certainement dans les distinctions à faire entre Biélorussie et Ukraine ; elles se creusent au fur et à mesure que l'universalité et la responsabilité soviétique et russophone disparaissent. L'Ukraine prend un chemin plutôt indépendantiste et mercantile alors que la Biélorussie, dirigée par Alexandre Loukachenko depuis 1994, semble se momifier dans un soviétisme caricatural.

Le second point de repère est que l'accident a fait perdre à toute une société la vision de son avenir et la foi dans le mythe soviétique. La victoire dans la Grande Guerre patriotique semblait avoir validé que l'URSS était du côté du bien ; l'accident, sa gestion et ses suites ont miné cet espoir. Les immenses sacrifices consentis pour l'édification d'un monde meilleur devenaient a posteriori absurdes. Et comme la propagande s'était appuyée sur l'héritage culturel et littéraire russe, le doute a été jeté sur lui aussi. Comme le dit un témoin, pourquoi continuer à lire Pouchkine ?

Aux sources de la force de vivre

Passages clés analysés et commentés

Texte n° 1

Une profession de foi républicaine

Victor Hugo, *Les Contemplations, Écrit en 1846.*

Depuis « Quand la souffrance a pris de lugubres ampleurs » (p. 230) jusqu'à « Océans faits des pleurs de tout le genre humain » (p. 231).

Dans le long poème dédicacé au marquis de C. d'E..., Hugo retrace l'histoire et l'évolution de son idéologie, en partant de ses origines chrétiennes et royalistes. « J'ai grandi » marque une rupture. Témoin de nombreuses révolutions et mouvements de révolte, il fait dans cette quatrième section sa profession de foi républicaine, qui lui donne un second souffle.

Le combat politique

La force des opprimés

Dans l'œuvre de Hugo, *Les Contemplations* sont nettement différentes des *Misérables* et des *Châtiments*, et rangées dans le versant lyrique du poète, comme ses œuvres de jeunesse. Le poème étudié n'en met pas moins en scène une véritable conversion et l'avènement de l'engagement du poète, qui fait siens les combats des opprimés, des vaincus, « [d]u pauvre partageant dans l'auge avec la bête ». Il explique comment, à force d'humiliation, « [t]out le bagne effrayant des parias se lève » et ainsi qu'on puise une force nouvelle, insoupçonnée, lorsqu'on est au plus bas : « Alors, subitement, un jour, debout, debout ! » On peut parler d'une force du désespoir, qui se décuple à chaque fois que le peuple est écrasé. En se rangeant de leur côté et en délaissant l'aristocratie familiale, Hugo trouve une nouvelle voie à sa poésie, délaissant le lyrisme individuel (dans un poème qui met en scène le dépassement de ses origines personnelles) au profit du lyrisme collectif du peuple. Le poète portera la voix des opprimés, de ceux qui n'en ont plus.

Gloire aux révolutionnaires

Le poète se range donc du côté des révolutionnaires, ceux qui ont osé rejeter les formes imposées, les formes anciennes comme la monarchie et la religion : « Luther brise le pape et Mirabeau le roi ! » On sait depuis le début du recueil que Victor Hugo veut faire de même avec la poésie (quatrième poème dédicacé au poète révolutionnaire André Chénier, et surtout le septième poème, *Réponse à un acte d'accusation*, parle de son « vent révolutionnaire »). Les figures de ceux qui ont eu le courage de s'opposer à l'oppresseur, de s'opposer à ce qui était porté par des siècles et des siècles (« Tout le bruit du passé », « Les siècles devant eux poussent ») sont donc des figures positives auxquelles le poète veut associer sa poésie. Ils sont une source d'inspiration, aussi bien pour le courage politique (l'exil en est la preuve manifeste) que pour le courage de vaincre les souffrances (poursuivre l'effort poétique malgré le deuil).

Une poésie nouvelle

Cette inspiration nouvelle, qui déplace les enjeux personnels aux enjeux collectifs, appelle une poésie nouvelle.

Un souffle épique

Le vocabulaire guerrier (« la guerre est partout »), la violence des images macabres et la longueur des phrases permettent au poète de déployer un véritable souffle épique qui fait s'ébranler des traditions séculaires, et « [c]'est ainsi que les vieux mondes s'écroulent ». Ce souffle épique donne une « ampleur » au poème, qui déborde largement le cadre de la page et se développe sur plusieurs sections. Le poète semble avoir trouvé le matériau nécessaire pour s'atteler de nouveau à son métier. Toute cette partie du poème est d'ailleurs scandée par l'anaphore « Quand », qui rappelle que c'est dans ces visions d'horribles injustices que le poète puise la force nécessaire à son art, qui se fait ici « cri ».

Une marée humaine

Un changement intéressant a lieu au cours de cette partie du poème : on commence par citer de nombreuses personnes par leur nom propre, comme une invocation à ces figures du passé, aristocrates, rois et même Jésus, convoqués comme des totems inopérants, devenus inutiles et incapables de donner une raison de vivre. Il y a bien sûr un écho à la puissance du nom évocateur. Cependant, cela est renversé par la fin de l'extrait, où il n'y a plus qu'un « peuple » sans figure distincte. La diffusion de soi au sein d'un collectif confère une force dans le nombre que le poète illustre à la fin par l'image traditionnelle de la vague (formée par l'accumulation des larmes du passé) qui peut tout balayer sur son passage : « l'écume », « monstrueuses marées », « [o]céans faits des pleurs ». Les derniers mots du poème, « le genre humain », montrent à quel degré est poussée cette ambition collective du poète.

Conclusion

Il y a dans le collectif une force de vivre nouvelle, et le poète va en devenir le porte-parole. Sa poésie, chargée d'un souffle épique nouveau, se fait ici cri révolutionnaire. L'accumulation des humiliations passées va tout balayer sur son passage et on n'y pourra rien : « Tout est dit. »

Texte n° 2

Renoncer au renoncement

Nietzsche, *Le Gai Savoir*, § 285 *Excelsior!* (p. 232–233)

Excelsior signifie « plus haut, plus élevé ». Ce terme comparatif souligne que ce qui importe n'est pas le simple fait d'être vivant, mais celui de vivre mieux, excellemment. Comment y parvenir ? Qu'est-ce qui pourra nous donner la force de nous élever ?

La religion comme déperdition de force vitale

L'inversion des valeurs traditionnelles

Il est possible de présenter la religion comme une façon d'améliorer sa vie, de l'élever à un niveau supérieur (de spiritualité, de moralité). Pour ce faire, il faut prier et adorer Dieu, chercher la sagesse ultime, croire en sa justice. Mais pour vivre « plus élevé », Nietzsche adresse une série d'interdictions qui inversent ces valeurs traditionnelles.

Ce que l'on perd en croyant et en espérant

Ce qui empêcherait de s'élever, c'est ce qui donne à l'homme des raisons de se reposer, de s'arrêter d'agir, de s'estimer quitte. Deux exemples sont clairs. Le premier est le thème du « rétributeur », « correcteur », du « gardien et ami » : Dieu joue souvent ce rôle de juge tout-puissant, qui rétablira la justice bafouée sur terre. Pour Nietzsche, cela pousse à accepter ce qu'il faudrait s'efforcer de renverser. Le vocabulaire des biens « ultimes » est l'autre exemple le plus parlant : l'idée que notre agir pourrait avoir un point final, un point suffisant, et donc après lequel on pourrait s'arrêter.

Ce que la paix a de détestable

Nietzsche résume le choix offert à l'homme à une opposition tranchée : l'immense majorité veut la paix ? Lui vante « l'éternel retour de la guerre et de la paix ». Cette expression est cruciale pour deux raisons. D'une part, elle promeut la guerre, l'adversité par laquelle l'homme va mettre ses forces à l'épreuve. D'autre part, elle inclut la notion cruciale d'« éternel retour ». N'importe qui peut accepter la guerre si elle est le moyen de la paix : ce n'est pas du tout ce dont il est question ici, où la guerre n'est pas un mauvais moment à passer pour atteindre un état plus grand qu'elle, mais une épreuve elle-même plaisante. Nietzsche voit dans l'adversité et l'action les instruments et des moments de la vie élevée.

Renoncer au renoncement

Affirmation et renoncement

D'ordinaire, Nietzsche oppose l'affirmation au renoncement. Le renoncement, qu'il attaque, c'est la tendance des individus à accepter les choses telles qu'elles sont, même quand elles ne les satisfont pas. Un bon exemple de ce renoncement est offert par le Sermon sur la montagne, où Jésus déclare « Heureux les affligés, car ils seront consolés », « Heureux ceux qui sont persécutés pour la justice ». C'est le « royaume des cieux » qui sera le lieu et l'instrument de cette consolation, qu'il faut dès lors attendre avec espoir. Au contraire, l'homme qui s'affirme n'accepte pas ce qui ne lui convient pas. Il ne se contentera pas non plus d'une réussite, n'y trouvant pas un « bien ultime », mais une simple étape vers un plus beau geste, une plus belle œuvre.

Une présentation originale

Cette opposition fondatrice est présentée ici de façon originale. La notion d'affirmation est remplacée par celle de renoncement au renoncement. Ce texte apporte ainsi une nuance en disant la difficulté de renoncer à renoncer. Il tient pour acquis qu'il y a chez l'homme une tendance profonde à chercher le repos, les raisons de se contenter du repos. En retour, la force nécessaire pour s'élever dans la vie est donc un véritable exploit. Elle est même inédite au sens propre (« Nul n'eut encore cette force ! ») Là réside la modestie de ce texte : Nietzsche n'y présente pas l'affirmation comme une chose simple.

L'image du lac

La série d'injonctions s'achève sur une image explicite. Le lac qui décide un jour d'arrêter de laisser couler son eau représente l'individu qui cesse de laisser partir sa force vitale dans la pratique ou la croyance religieuse. Cette image suggère une pente naturelle de l'homme à se disperser dans ce qui le rassure et justifie son repos. Vaincre cette pente exige une force surhumaine ! Car il est en fait impossible pour l'eau d'arrêter de suivre la pente. C'est l'homme qui, posant une digue, permet à l'eau de s'élever. De même, il semble presque impossible à l'individu d'arrêter de chercher espoir et consolation, et c'est pourtant le prix d'une vie plus élevée.

Conclusion

Il n'y a rien de plus facile que le renoncement, que de se laisser aller vers Dieu, ou toute théorie qui justifiera nos abandons. Même si cela semble presque impossible, il faudra quitter cette voie pour vivre mieux : non pas de façon paisible, mais de façon excellente.

Texte n° 3

La puissance de l'émotion face aux forces de la mort

Alexievitch, *La Supplication.*
Depuis « "Tu côtoies un réacteur." Tout à moi... Tout aimé » (p. 23) jusqu'à « je vous ai parlé d'amour... De comment j'aimais » (p. 30).

Parmi les nombreuses raisons qui aident les personnes affectées à tenir après la catastrophe de Tchernobyl, il y a l'amour, dont l'une des expressions les plus pathétiques est celle exprimée par la « voix solitaire » du prologue.

Omniprésence de la catastrophe biologique

La mort de l'autre qu'on adorait

Malgré son énergie, ses soins, sa présence presque constante – sauf, pathétisme suprême, au moment de sa mort –, son mari, le pompier Vassili Ignatenko, a succombé « au cycle du mal aigu des rayons : quatorze jours », perdant ses organes et tellement radioactif qu'après l'avoir entouré de couches de plastique on l'a mis, comme les soldats qui revenaient d'Afghanistan, dans un de ces « cercueils en zinc » et enterré « [t]out en cachette », rendu « à l'État ». Il ne lui reste, à elle, qu'à « régl[er] [...] la note de la résidence... Pour quatorze jours... »

La mort de l'avenir de l'autre

Pour pouvoir approcher son mari, elle a caché sa grossesse ; le couple a choisi ensemble les noms possibles. L'enfant, dont la jeune femme ressent l'arrivée « [d]eux mois plus tard », « au cimetière », naît là où son père est mort, auprès de la grande spécialiste de la maladie des rayons qui a soigné les pompiers. « À première vue, c'était un bébé sain », mais la petite Natacha meurt, cirrhosée, le cœur malformé, dans les quatre heures, et sera enterrée, malgré les tentatives de l'équipe médicale pour garder le corps, dans le cercueil du père, sans nom : une deuxième mort, que Lioussia continue de marquer de deux bouquets, portés « à genoux » à chaque visite de la tombe.

La mort de son intégrité biologique au milieu de la mort des autres

Après la mort de l'être aimé, la jeune femme, qui « avait[t] vingt-trois ans », « [a] dormi trois jours ». Mais elle a vécu, s'est retrouvée à Kiev, dans un appartement comme celui « dont [ils] rêv[aient] », a eu un autre enfant, repris un travail, reçu « l'ordre décerné à Vassia » ; mais elle a aussi été victime d'une hémorragie cérébrale, son fils est malade lui aussi, et ils vivent entourés de « gens de la centrale » dont « [b]eaucoup meurent » « [s]ur le coup » : la débâcle des corps continue.

L'affirmation incessante de l'amour et du besoin d'aimer

La douleur sans fond

Un matin, après une courte pause, au lieu de retourner tout de suite dans « la chambre pressurisée », elle accompagne au cimetière les familles « amies » de deux autres pompiers, photographiés « ensemble » « [l]a veille de l'explosion » : « Que nos hommes y sont beaux ! » Quand elle revient, son mari vient de mourir. Ce sort qui s'acharne contre l'amante la pousse à toutes les démonstrations de douleur possibles : hurlements, accompagnement du corps, « une énorme plaie » inhumaine – désigné du pronom indéfini neutre « ce », mais en même temps « tellement aimé » : « Et c'était tellement proche... » L'amour jusque dans le devenir monstre, jusqu'à l'hystérie qui lui permet d'entrer au cimetière malgré les autorités.

La présence continue, à la fois mortifère et porteuse d'avenir

L'amour se prolonge au-delà de la mort : d'abord des rêves, dont un rêve avec l'enfant à venir. Mais la présence est constante, dans l'appartement, dans l'attention qu'elle continue à porter au corps du défunt, procurant dans la tombe d'un autre des chaussons pour les pieds nus du mort, dans le quotidien, la conduisant à « vouloir un enfant » dont elle tiendra le père à l'écart. De cet enfant elle dit : « Maintenant, j'ai quelqu'un pour qui vivre et respirer », suggérant un apaisement dans une relation fusionnelle, où toutefois « [c]hacun de nous a peur pour l'autre », toujours en présence de Vassia.

« Mais moi je vous ai parlé d'amour... De comment j'aimais. »

Le témoignage s'achève sur ces mots, à la fois conclusifs et émerveillés. De la mort qu'elle a décrite et qu'elle décrit encore dans l'avant-dernier paragraphe, Lioussenka, ou Alexievitch, veut faire ressortir qu'il s'agit, en fin de compte, d'amour au plus près du corps, au plus près de la réalité mortifère : un amour sincère, dans et par le pourrissement lui-même.

Conclusion

Le face-à-face avec « la mort », « l'horrible », dans une débauche de lyrisme descriptif, constitue la nature même de la vitalité que peut donner l'amour. Il faut aimer dans le pourrissement du corps, au plus vrai de sa réalité telle qu'elle est dévoilée par la catastrophe et jusqu'à recommencer dans le corps d'un enfant malade, qui devient l'héritier d'un amour dont il n'est même pas la trace biologique, mais uniquement émotionnelle.

Notions abordées : maladie, guérison, mort symbolique, renaissance

Sujet 1
« Encore maintenant j'aurais la possibilité d'être brave et gentil et, sans attirer l'attention, de m'anéantir en silence. Toutefois, ce sort m'a été épargné dans la mesure où, dans ma maladie, ce cancer célèbre et qu'on n'ose pourtant jamais appeler par son nom – proprement diabolique – et dont on meurt normalement au bout d'un temps assez bref, j'ai tout de même entrevu une sorte de mort et de résurrection, la mort ne devant plus être conçue comme purement symbolique, mais, au contraire, tout à fait concrète. *La menace de mort me conduisit à penser que peut-être, au cas où j'échapperais tout de même, en fin de compte, à la mort, maintenant j'aurais enfin une chance de renaître vraiment, c'est-à-dire de renaître à une vie nouvelle qui, peut-être, ne serait plus aussi cruelle que ma vie passée.* J'ai écrit plus haut que la confrontation avec le cancer n'avait été qu'un petit choc pour moi, du fait que dans ma vie je n'avais rien connu d'autre que le cancer de l'âme ; mais manifestement le choc avait tout de même été assez grand pour m'arracher à ma résignation et rappeler au moins à ma conscience que ma vie était intolérable. » (Fritz Zorn, *Mars*, 1976)
Vous commenterez et discuterez le passage en italique à la lumière des œuvres au programme, en1800 mots.

Corrigé proposé par Damien Simon

I Analyse du sujet

1 Analyse des termes du sujet

Dans ce texte, Fritz Zorn perçoit la maladie de manière insolite : le cancer dont il est atteint n'est pas présenté comme la grave maladie qui va le mener à la mort mais comme un événement salutaire. Comment expliquer cette attitude paradoxale et contre-intuitive ? Par le jeu, c'est-à-dire l'écart et l'ambiguïté entre symbole et réalité : ainsi, la perspective de la mort réelle l'écarte de la mort « symbolique », de la même manière que le cancer réel dissipe le « cancer de l'âme » qu'il avait connu jusqu'à présent. Autrement dit, l'imminence du danger, la perspective de la fin prochaine de sa vie, réveille et stimule des forces vitales jusque-là endormies. En cela, le cancer, par sa gravité, est perçu comme un événement positif. Nulle fascination morbide dans ce texte pourtant. Si la maladie grave est vue positivement, c'est bien parce qu'elle intensifie le sentiment de la vie : elle est une « résurrection » elle aussi symbolique.

Le paradoxe n'est pas une impasse mais appelle un dépassement : c'est grâce à lui qu'on comprend le lien intime qui unit la menace de la mort et la vie. Dans le cancer, la mort n'est plus repoussée dans un horizon distant et diffus, elle apparaît comme possibilité imminente. Le rapport à la mort s'en trouve bouleversé : elle n'est plus une menace indistincte et lointaine mais devient un péril clair et pressant. Il s'ensuit que le rapport existentiel au temps est lui aussi renversé. Le raccourcissement soudain du temps de vie disponible le fait concevoir comme une ressource rare. Du temps – Zorn le comprend dans la maladie – il faut profiter. Or, ce chemin de pensée, rendu inévitable par le cancer, est en fait applicable à la vie en général. La vie est brève, le temps nous est compté : voilà l'enseignement de la maladie.

C'est pourquoi la maladie constitue un « choc » suffisamment important pour sortir l'auteur de sa léthargie. Elle l'amène à prendre conscience de la précarité de la vie et du peu de temps dont nous disposons.

Mais cette prise de conscience n'est pas seulement liée à l'état particulier de l'auteur : elle vaut pour la vie en général. Le « cancer de l'âme » dont l'auteur se disait atteint n'était, du reste, rien d'autre que son aveuglement à cette vérité élémentaire : parce qu'elle est limitée dans le temps, la vie a de la valeur. Par conséquent, le cancer réel n'est pas tant une résurrection que la perspective d'une résurrection à venir. L'auteur doit bien guérir (« au cas où j'échapperais tout de même [...] à la mort ») pour authentiquement « renaître ». Par cette subtilité, on comprend que si la mort est une révélatrice, elle est également un repoussoir. La menace de la mort ouvre à Zorn la perspective d'une résurrection symbolique, mais la conditionne également au dépassement de cette menace : c'est que, en dernière analyse, elle est ce qui donne à la vie toute sa valeur.

2 Confrontation aux œuvres

Les thèmes de la maladie, de la guérison et de la résurrection parcourent ***Le Gai Savoir*** et notamment les parties au programme. Surtout, Nietzsche les articule d'une manière semblable à Zorn. La guérison est conçue comme un rétablissement spirituel, c'est-à-dire qu'elle est le fait d'une conversion mentale plutôt que d'un corps recouvrant la santé. Or, comment s'opère cette guérison ? D'une part, elle cherche à affronter ce qui la tire en arrière, c'est-à-dire à surmonter les épreuves. Mais de l'autre, elle s'appuie sur la grande douleur qui est « l'ultime libératrice de l'esprit »[1]. Ainsi, non seulement la maladie n'est-elle pas un écueil pour Nietzsche, mais elle est littéralement indispensable, parce qu'elle est la condition de tout rétablissement durable. La perspective de Zorn de « renaître à une vie nouvelle » (on pense à la « nouvelle année » du

[1] p. 30

premier aphorisme du livre IV) emprunte alors les mêmes chemins que la pensée nietzschéenne. La grande douleur permet ainsi de redécouvrir et d'intensifier le sentiment de vie en nous : elle a une valeur existentielle.

Certains témoignages de ***La Supplication*** concordent avec la position contre-intuitive adoptée par Zorn. L'événement dont Alexievitch enregistre les conséquences épouse d'ailleurs la structure de la maladie grave : c'est l'irruption soudaine de la catastrophe qui modifie durablement la vie. Or, si la catastrophe est majoritairement génératrice de souffrance, quelques témoignages dissonants mais récurrents affirment le contraire. Non seulement a-t-elle pu, pour certains, être le « choc » qui fait surgir la valeur de la vie, mais d'autres vont jusqu'à dire qu'ils aiment Tchernobyl. L'importance du cancer de Zorn ne résiderait donc pas dans la maladie mais, à l'instar de la catastrophe nucléaire de Tchernobyl, dans ses effets, dans la menace de mort qu'il rend soudain présente. Étonnamment, ceux-ci peuvent intensifier le désir et la valeur de la vie.

Le thème de la positivité de la mort est plus discret dans ***Les Contemplations***, puisqu'elles décrivent essentiellement une expérience de perte. Cependant, non seulement Hugo accorde une vertu à la douleur, mais il se voit aussi contraint de retrouver un sens à la vie après la disparition de sa fille. À la manière de Zorn, Hugo est obligé de renaître pour s'arracher à la résignation. Si la mort est la possibilité réalisée à partir de laquelle le poète écrit, elle est également la menace qui se profile, alors qu'Hugo sent la vieillesse progresser. L'auteur met en scène une oscillation entre le désir de se laisser aller aux ténèbres et celui de poursuivre son œuvre. Cependant, l'organisation finale du recueil reconstruit la quête personnelle du poète en mêlant les dates d'écriture réelles et fictives. La poésie est alors conçue comme une thérapie de l'âme et une reconquête de l'instinct vital.

3 Problématique

La perspective de la mort devrait diminuer nos forces vitales et nous plonger dans l'angoisse. Or, paradoxalement, il semble qu'elle ait une vertu thérapeutique. Mais pourquoi le péril menaçant la vie la rendrait-elle plus désirable, en révélant toute sa saveur ?

II Plan détaillé

I L'imminence de la mort peut avoir une vertu thérapeutique
1. Le choc soudain nous arrache à la résignation
2. La nécessaire réflexivité sur notre vie
3. Un bouleversement salutaire de notre rapport à l'existence

Mais si la perspective de la mort agit comme un réveil, c'est parce qu'elle recouvre une souffrance préalable : elle remplace une souffrance de plus faible intensité. Par conséquent, le cas général semble conforme à notre intuition : la perspective de la mort est un malheur.

II Souffrance et affaiblissement de nos forces vitales
1. La perspective de notre mort nous attriste
2. La mort d'autrui, advenue ou projetée, est intolérable
3. La mort est la contre-valeur vitale absolue

La mort charrie son lot de souffrances. Cependant, sa proximité ne peut-elle, précisément parce qu'elle exhibe l'horreur de la mort, valoriser la vie ? Fréquenter la mort, n'est-ce pas justement ce qui permet de faire d'une vie intense et heureuse un objectif pressant ?

III De la perspective de mort à la perspective de vie
1. La guérison de l'âme est conditionnée à la renaissance
2. La proximité de la mort fait redécouvrir la liberté...
3. ... et investit la vie d'un sens nouveau

III Dissertation rédigée

[**Accroche**] Dans un entretien donné en 2015 au magazine *Vice*, le militant britannique Jonathan Blake suscite l'étonnement du journaliste qui l'interroge : il parle du diagnostic de sa séropositivité comme d'un événement « étrangement libérateur ». [**Citation et analyse du sujet**] Aussi inattendu soit-il, on trouve un propos semblable sous la plume de Zorn. Alors que le cancer dont il est atteint devrait être ressenti comme une nouvelle dévastatrice, l'auteur y perçoit un événement bénéfique. C'est que la diminution soudaine du temps de vie disponible fournit à Zorn l'opportunité d'une résurrection « symbolique ». D'où cette proposition centrale : la menace de la mort réelle l'arrache à la mort « symbolique » et devient une thérapie de l'âme. En donnant à la vie la valeur qu'elle mérite, elle en réveille le goût. Mais cette vertu curative est limitée, puisque l'horizon réel reste la mort. Ainsi, le bénéfice de la menace de mort est conditionné à la guérison. La maladie est un détour pour « renaître » à une vie meilleure, sitôt guéri. Mais le texte laisse en suspens une interrogation majeure : quel besoin de ce détour ?

[**Problématique**] En effet, la perspective de la mort devrait diminuer nos forces vitales et nous plonger dans l'angoisse. Or, il semble que cette perspective puisse paradoxalement avoir une vertu thérapeutique. Mais pourquoi le péril menaçant la vie la rendrait-elle plus désirable, en lui révélant toute sa saveur ?

[Annonce du plan] Si l'imminence de la mort peut s'avérer salutaire par certains aspects, il reste pourtant que la souffrance affaiblit nos forces vitales. C'est pourquoi la positivité de la mort n'est compréhensible que dans son dépassement : la vie nouvelle. ≈ 271 mots

En survenant, la menace de mort interrompt la routine et nous arrache à la léthargie. Elle constitue un choc qui bouleverse notre rapport au quotidien et le système de valeurs habituel est rendu caduc. Ainsi, le liquidateur Koudriaguine de *La Supplication* relate qu'après la catastrophe les « filles du coin faisaient la noce ». La justification de ce penchant soudain à la fête ? « Elles disaient qu'elles allaient mourir bientôt, de toute façon. »[2] Le choc que constitue la menace de mort nous arrache alors à la monotonie quotidienne. En plaçant le sens de notre vie dans le court terme, elle défausse les responsabilités et laisse place au pur instinct de vie : un fardeau disparaît. C'est pourquoi, dans *Les Contemplations*, Hugo juge heureux de tels condamnés : « Heureux ceux qui tout à coup s'éveillent / Et meurent en sursaut »[3] est la morale qu'il expose dans le poème VIII du livre IV.

Cependant, cet argument semble supposer que si le choc de la mort prochaine est salutaire, c'est parce qu'il substitue le pur plaisir d'exister à la réflexion sur le sens de la vie. Or, plutôt que de faire basculer dans l'inconscience joyeuse, l'imminence de la mort ouvre une réflexion sur le sens de la vie. Dans la préface du *Gai Savoir*, Nietzsche estime ainsi que « seule la grande douleur est l'ultime libératrice de l'esprit »[4]. L'esprit, jeté hors de son confort routinier, est alors confronté à un monde inhospitalier. Devant cette confrontation nécessaire, les convenances disparaissent pour laisser surgir la sincérité de réflexions portées sur les enjeux vitaux. Ainsi, Hugo endeuillé s'arroge le droit d'apostropher le marquis royaliste, bien qu'il soit vraisemblablement mort. Car d'où il est, « on peut parler aux morts »[5].

Au choc de l'irruption de la menace de mort se superpose la réflexivité qui nous permet de nous recentrer sur l'important. La perspective de la mort peut donc constituer un bouleversement du rapport à l'existence. Dans *La Supplication*, l'opérateur Gourine raconte comment, au retour de son service militaire il juge la vie civile « fade ». La confrontation avec la mort l'amène à penser que si notre vie n'est pas menacée « cela devient inconfortable, ennuyeux »[6]. De manière plus significative encore, Nietzsche estime dans *Le Gai Savoir* qu'il connaît mieux la vie « pour avoir été si souvent sur le point de la perdre », en conséquence de quoi il « possède plus » de vie que les autres[7]. La proximité de la mort n'est

[2] p. 188 [3] p. 204 [4] p. 30 [5] p. 232 [6] p. 117 [7] p. 249

donc pas simplement un choc dépourvu de sens. Susceptible de reprise
≈ 698 mots réflexive, elle octroie un surplus de vie.

Mais si la perspective de la mort agit comme un réveil, c'est parce qu'elle recouvre une souffrance préalable : elle remplace une souffrance de plus faible intensité. Par conséquent, le cas général semble conforme à notre intuition : la perspective de la mort est un malheur.

La fuite de la jeunesse, en lien avec le rapprochement inévitable de la mort, provoque chez Hugo des épisodes de mélancolie. Dans *Paroles sur la dune*, il confesse son désarroi devant l'évanouissement de sa jeunesse et de ses forces vitales : « Je vois fuir, vers l'ombre entraînées / [...] Tant de belles heures sonnées ; / [...] Et que je te sens froide en te touchant, ô mort »[8]. En dépit de sa préparation, la proximité de la mort constitue une tristesse insondable et indépassable, dépourvue de valeur vitale. La parole de Socrate devant la mort relatée par Nietzsche dans *Le Gai Savoir* le confirme : il aurait pu héroïquement garder le silence, mais craque dans les derniers instants. En se rappelant une dette, il trahit son pessimisme. Ce modèle de vertu que Nietzsche invite finalement à « dépasser » est, lui aussi, désorienté face à l'imminence de la mort[9].

La positivité de la mort peut même disparaître complètement. Projetée ou advenue, la mort d'autrui est dépouillée de toute utilité vitale. La voix solitaire du prologue de *La Supplication* en donne une illustration frappante. L'agonie de son mari lui donne la conscience amère de l'imminence de la mort, si bien qu'elle veut profiter de chaque instant : « je regrettais chaque minute perdue... »[10] La mort du mari provoque finalement une suppression du désir de vivre : « Je ne veux pas vivre sans toi. »[11] Rendu comme étranger à la vie par le deuil, Hugo l'est également. La mort de Léopoldine le plonge dans une tristesse abyssale, si bien que la mort réelle provoque chez lui un sentiment de mort intérieure : « à force de voir le gouffre, / Il n'a plus qu'un abîme en lui »[12].

C'est que la mort est bien la contre-valeur vitale absolue. Toute valorisation de la mort est, symétriquement, dévalorisation de la vie. C'est pourquoi Nietzsche se félicite de la sagesse spontanée des hommes. Alors même que la mort est l'unique certitude, ils sont « à mille lieues » de se constituer comme une « confrérie de la mort ». En effet, ils se détournent de la pensée de la mort et préfèrent penser la vie, ce qui est « cent fois plus digne »[13]. Pour Kouzmenkova, dans *La Supplication*, la mort est ainsi « incompréhensible », si bien qu'elle s'en détourne « pour ne pas perdre la raison »[14]. Point culminant de la souffrance et extinction de la vie, il semble absurde de faire du voisinage de la mort une force motrice
≈ 1168 mots pour continuer à vivre.

[8] p. 249–250 [9] p. 279 [10] p. 21 [11] p. 28 [12] p. 196 [13] p. 228 [14] p. 197

La mort charrie son lot de souffrances. Cependant, sa proximité ne peut-elle, précisément parce qu'elle exhibe l'horreur de la mort, valoriser la vie ? Fréquenter la mort, n'est-ce pas justement ce qui permet de faire d'une vie intense et heureuse un objectif pressant ?

Si la perspective de la mort a une positivité, ce n'est que parce qu'elle sera dépassée dans la guérison. La guérison de l'âme, ou bonheur trouvé dans le sentiment de vie, est conditionné à la renaissance, à la dissipation de la perspective de la mort. C'est ainsi, écrit Nietzsche dans la préface du *Gai Savoir*, que sa « guérison » est autant la « proximité de l'hiver que la victoire sur l'hiver ». L'hiver métaphorise la mort, puisque le « corps malade » guérit par le « soleil »[15]. Nietzsche peut jouir de sa résurrection, précisément parce qu'il a vaincu la mort après avoir été à son contact. Justement parce que cette victoire n'est pas possible dans le deuil, même animé des meilleures intentions, c'est-à-dire en offrant aux autres malheurs son « sourire », Hugo ne peut, dans le poème *Dolorosæ*, offrir à la mémoire de sa fille que ses « pleurs »[16].

Face à l'imminence de notre disparition et face au danger, nous découvrons ce qui fait défaut dans notre vie. C'est pourquoi le danger de mort peut être exaltant : face à lui, nous n'avons plus rien à perdre, sauf la vie. Dans *La Supplication*, Le liquidateur Koudriaguine rapproche ainsi Tchernobyl de la guerre, en en soulignant un même aspect : la « liberté », dont il conserve aujourd'hui la « nostalgie ». Dans ces situations extrêmes, il respirait « pleinement »[17]. Nietzsche évoque ce sentiment de plénitude trouvé dans le danger. Les hommes « les plus heureux » et « les plus féconds » sont ceux qui prennent des risques et vivent librement. « Vivre dangereusement »[18], telle est l'éthique des amoureux de la liberté.

Enfin, on peut conclure à une renaissance dans la mise en danger de notre vie parce que la proximité de la mort investit la vie d'un sens nouveau et donne un fondement objectif à la souffrance. Ainsi, Natalia Roslova avoue dans *La Supplication* qu'elle aime Tchernobyl, qui a « redonné un certain sens à [sa] vie... Le sens de la souffrance »[19]. À la fin du cinquième livre des *Contemplations*, Hugo l'approuve. Alors qu'il pourrait, comme tant d'autres, choisir une mort héroïque, il juge le choix lâche, car opposé à la vie : « Le grand choix, / C'est de choisir l'affront. »[20] Autrement dit, il faut préférer les souffrances imposées par la vie, précisément parce qu'elle est vie. C'est alors que la souffrance elle-même peut constituer le levier qui investit la vie de sens et dispose à la renaissance : « L'abjection du sort fait la gloire de l'homme. »[21] ≈ 1635 mots

[15] p. 25–28 [16] p. 248 [17] p. 184 [18] p. 231 [19] p. 223 [20] p. 271 [21] p. 272

Nous nous demandions pourquoi la menace de mort avait une positivité, alors qu'elle semble un grand malheur de prime abord. Si cette menace peut produire le bouleversement susceptible de nous arracher à une existence résignée, la mort reste génératrice de souffrances indépassables et constitue la grande contre-valeur vitale. C'est pourquoi la proximité de la mort n'est salutaire qu'à condition d'être dépassée. Alors peut s'amorcer une vie nouvelle, d'autant plus intense qu'elle s'est confrontée victorieusement à la mort et en a tiré des enseignements. Finalement, le va-et-vient avec la mort renforce d'autant plus le sentiment de vie qu'il permet d'en affiner le sens et d'en affermir l'orientation.

La piste vers le bonheur exige, au nom d'un haïssable confort, que l'on se confronte à l'abîme pour en sortir grandi. Pourtant, ne peut-on imaginer une voie qui s'accommode de ce confort, et y puise la sérénité et la plénitude nécessaires à une vie réussie ?

≈ 1786 mots

IV Éviter le hors-sujet

L'erreur la plus grave consiste à interpréter le texte de Zorn comme une apologie du cancer, de la maladie, peut-être même de la mort. Une lecture hâtive, mais courante, affirme d'ailleurs que Zorn conçoit le cancer comme l'événement le plus bénéfique de sa vie. Or, on comprend que les bénéfices et la thérapie de l'âme sont ici suspendus à la guérison, et que la nouvelle de son cancer ne sera bonne qu'à condition qu'il s'en remette. Le risque est donc de comprendre ce texte comme une esthétisation contre-intuitive de la mort, alors qu'au contraire il met en avant la possibilité de renaissance, c'est-à-dire de retrouver toute la saveur de la vie.

De nombreux sujets rapprocheront vie et mort ou vie et maladie : il ne faut pas se précipiter et prendre ces termes comme de simples antithèses à mettre en balance. Ainsi, ce sont moins les mots importants du sujet qu'il faut regarder que la manière dont ils sont reliés, car c'est cette relation qu'on va interroger. Le risque serait de réciter un cours qui interroge déjà cette tension entre vie et mort, sans voir d'abord ce que dit l'auteur, ce qu'il propose d'original et qui nous aide à développer notre réflexion.

On se gardera également d'interpréter de la même manière le sujet suivant « Il faut avoir voulu mourir, Maximilien, pour savoir combien il est bon de vivre. » (Dumas, *Le Compte de Monte-Cristo*, 1844). D'une part, la vie heureuse est ici réalisée, la renaissance a eu lieu ; de l'autre la proximité avec la mort est le fait de la volonté, et non de l'événement malheureux qui frappe aléatoirement. Autrement dit, la menace de mort dépend de circonstances internes sur lesquelles on peut agir, non de circonstances externes non maîtrisées. Ces différences sont fondamentales.

Notions abordées : conscience, corps, liberté, transcendance, vie, mort

Sujet 2

« C'est dans la connaissance des conditions authentiques de notre vie qu'il nous faut puiser la force de vivre et des raisons d'agir. »

Vous analyserez et commenterez cette citation de Simone de Beauvoir (*Pour une morale de l'ambiguïté*, 1947, p. 12–13) à la lumière des œuvres au programme.

Corrigé proposé par Lydie Niger

I Analyse du sujet

1 Analyse des termes du sujet

La citation de Simone de Beauvoir est une phrase affirmative, composée de deux temps pour lui donner un aspect emphatique. Le premier temps de cette phrase est détaché par le présentatif « c'est », qui met en valeur le complément circonstanciel « dans la connaissance des conditions authentiques de notre vie ». Le pronom « que » le reprend, et introduit un second temps qui formule une obligation, pratique ou théorique. Le présent de vérité générale est employé, n'admettant donc pas d'objection : il s'agit de la thèse énoncée par la philosophe.

Selon elle, le seul moyen de contrecarrer la finitude de l'Homme, c'est-à-dire le fait qu'il est un être mortel dont chaque instant le rapproche de sa mort (« conditions authentiques de notre vie »), est de se réaliser à chaque instant par ses actes (« les raisons d'agir ») dans quelque circonstance que ce soit. Beauvoir affirme donc que la force de vivre réside dans l'être humain et dans la connaissance de sa vérité.

Ce principe est généralisé par le possessif « notre », première personne du pluriel englobant Beauvoir et son interlocuteur. La proposition subordonnée déduit deux conséquences de cette affirmation, tout en filant la métaphore de la source (avec « dans la connaissance » et « puiser ») : on trouve « la force de vivre » et « les raisons d'agir ». Les deux groupes nominaux sont distingués car l'un est au singulier, conceptualisé, tandis que l'autre est au pluriel, indiquant son côté pratique et concret.

Simone de Beauvoir fait donc de l'Homme l'origine de sa force de vivre : il se sait mortel et ne peut compter que sur ses actes. Cette connaissance est cependant partielle en ce qu'elle réduit l'Homme à sa seule mort. En effet, sa condition mortelle, ce qui fait la condition de l'Homme, en dehors de toute « authenticité », est aussi sa capacité à dépasser cette condition dans un collectif qui le transcende et le perpétue. On peut aussi objecter que la conscience de la mort, qui est une réalité, n'a pas besoin d'être omniprésente pour que l'Homme déploie une énergie qui le dépasse lui-même : sa vie, dans sa banalité biologique, suffit bien aussi.

2 Confrontation aux œuvres

La maladie a permis à **Nietzsche**, dit-il, de comprendre que le corps a pleinement sa place dans le système philosophique, et qu'au même titre qu'un corps se régénère et s'améliore, l'esprit, avec son aide ou au-delà – avec l'art – peut s'élever et dépasser les limites que sa condition lui impose.

Dans ***Les Contemplations***, l'articulation des livres IV et V témoigne de ce dépassement réalisé par le poète : tout à la douleur d'avoir perdu sa fille, c'est dans sa foi et dans son action (« en marche ») qu'il dépasse son affliction et redonne du sens à sa vie, en y puisant une force incontestable.

La Supplication retrace les considérations mais aussi les actions des Biélorusses de Pripiat et d'ailleurs, villes qui les représentent beaucoup mieux que le terme de « Tchernobyliens ». Dix ans après l'explosion, comment considèrent-ils ce qu'est devenue leur vie ? quelle vie après l'irradiation, qui condamne pour des milliers d'années la terre et les hommes à travers leur descendance ? C'est justement leur capacité à faire le lien entre leur vie passée et leur vie actuelle, la perpétuation de leurs habitudes, qui suffit à justifier leur vie. Leur témoignage suggère que la force de vivre est dans la vie tout simplement.

3 Problématique

Les sources de la « force de vivre » dépendent-elles vraiment d'une lucidité constante sur sa propre finitude ?

II Plan détaillé

I La connaissance des conditions authentiques de notre vie donne la force de vivre et des raisons d'agir
1. Le corps et la conscience nous apprennent notre finitude...
2. ... mais l'interaction avec le monde et Autrui sont sources de force...
3. ... tout comme l'action que nous menons nous légitime

La conception beauvoirienne de la condition humaine fait ressortir de cette dernière la finitude et le caractère vain. Il est cependant des points de vue qui, sans se préoccuper d'« authenticité », produisent une force de vivre suffisante pour dépasser la condition humaine. C'est notamment ce que fournissent les différentes formes de transcendance.

II La transcendance fournit l'énergie nécessaire au maintien en vie
1. La religion
2. L'humanisme
3. L'esthétisme

La foi en l'appartenance à un tout dont l'Homme ne serait qu'une infime partie permet donc de s'inscrire dans une dimension plus grande et de ne considérer l'adversité que comme un accident auquel il est possible de survivre. On peut cependant considérer la vie autrement que comme une sorte d'affrontement quotidien et l'inscrire dans une tout autre dimension que celle de la survie : la vie, tout simplement.

III La vie elle-même comme source intrinsèque d'énergie
1. La résilience
2. La force de l'habitude
3. La vie aventureuse

III Dissertation rédigée

Le sanctuaire de Delphes était le plus connu de l'Antiquité grecque. Les pèlerins venaient y consulter l'oracle pour savoir quelle serait leur destinée : aller coloniser le vaste monde ou tuer père et mère. À l'entrée du sanctuaire se trouvait l'inscription « Connais-toi toi-même. » Il s'agissait de rappeler aux pauvres mortels qu'ils ne sont rien face aux arrêts des dieux.

La citation de Simone de Beauvoir reprend et élargit cet adage antique lorsqu'elle affirme : « C'est dans la connaissance des conditions authentiques de notre vie qu'il faut puiser la force de vivre et des raisons d'agir. » La forme emphatique de la phrase met en valeur sa thèse : notre vie est limitée par notre naissance et notre mort, le vieillissement de notre corps et le frottement de notre conscience au monde. C'est ce en quoi consistent les « conditions authentiques de notre vie » ; ce qu'on appelle notre finitude. Mais, loin que cette lucidité mine notre vie, c'est cette « connaissance » qui devient source de « la force de vivre et des raisons d'agir » et donne un sens et une justification à notre vie. Beauvoir pense que les actions quotidiennes permettent à l'Homme de se réaliser pleinement, de définir sa propre destinée et de fournir l'énergie nécessaire à la lutte contre la mort. Il s'agit là d'une vision certes lucide de la condition humaine, mais qui ne saurait vraiment être tenable. L'Homme ne doit-il pas détourner le regard s'il veut trouver quelque répit et un soutien pour cette force de vie ? Plus encore, l'aveuglement et le mensonge ne seraient-ils pas un moyen et une manière équilibrée de vivre ? Les sources de « la force de vivre » dépendent-elles vraiment d'une lucidité constante sur sa propre finitude ?

Certes, « la connaissance des conditions authentiques de notre vie » donne « la force de vivre et des raisons d'agir ». Cependant, face à la difficulté de vivre, la transcendance offre une espérance qui adoucit cette difficulté. La vie devient enfin vivable pour qui est capable de s'en contenter sans chercher à atteindre une connaissance véritable.

LA CONNAISSANCE prônée par la philosophie est une aide à la compréhension de la vie. Elle aide à la supporter dans ses écueils.

Savoir que l'on est un corps et une conscience confrontés à Autrui et au monde donne toutes les dispositions pour s'emparer de ses propres moyens et agir selon leur mesure. Dès que l'Homme comprend qu'il est à la fois un corps et une conscience, il mesure l'effet du temps sur lui et sa décrépitude programmée. C'est ce que dans le prologue de *La Supplication* constate Elena par rapport à Vassili avec d'autant plus d'acuité que, jeune mariée, elle déborde d'amour pour son mari, mais que ce dernier, irradié, voit son corps se liquéfier en quatorze jours, compte à rebours tangible et inexorable. Certes, l'Homme aspire très souvent à ne se croire qu'une conscience, mais assez régulièrement sa mortalité lui est rappelée par son corps, à l'occasion de la maladie notamment, comme en témoigne Nietzsche dans l'avant-propos de la seconde édition du *Gai Savoir*[1]. La maladie lui a ouvert les yeux, en tant que philosophe, sur ce qu'est réellement la philosophie et l'interaction de la pensée avec le corps. Savoir que l'Homme est l'un et l'autre rend exacte sa connaissance de lui-même.

Une fois atteint ce premier stade de connaissance, l'Homme n'acquiert sa réelle mesure que dans son contact avec le monde et Autrui. Victor Hugo saisit d'autant mieux l'évolution politique qui est la sienne qu'il entre en dialogue (fictif) avec le marquis, aristocrate qui l'a connu enfant, dans *Écrit en 1846*. Les reproches de ce dernier lui font comprendre qu'il a changé, qu'il a « grandi »[2]. Parmi les témoignages recueillis par Svetlana Alexievitch, la personne isolée de « Monologue sur ce dont on peut parler avec les vivants et les morts »[3] éprouve davantage de tristesse que celles qui, en revenant sur les terres irradiées, ont recréé une solidarité, une communauté, comme dans « Monologue d'un village : comment appeler

---

[1] Section 3, p. 29 [2] Section 2, v. 35, p. 228 [3] p. 37

les âmes du paradis pour pleurer et manger avec elles »[4]. Être confronté à autrui et au monde donne la mesure de sa vie.

L'action enfin met en situation l'Homme, le détermine. Alors que le livre IV des *Contemplations* est consacré au deuil et à l'épanchement des affects, le livre V, intitulé *En marche*, est un retour sur toutes les « raisons d'agir » qui ont animé et animent encore Hugo dans son exil. Il le clame haut et fort : « Oui, l'homme sur la terre est un ange à l'essai ; / Aimons ! servons ! aidons ! luttons ! souffrons ! [...] »[5]. L'accumulation des verbes utilisés à l'impératif balise l'ensemble des actions possibles pour l'Homme, et en dresse tout autant le constat qu'elle en intime l'ordre. L'accomplissement de soi dans l'action se retrouve dans *Le Gai Savoir* dans l'aphorisme 335 : « Mais nous, nous voulons *devenir ceux que nous sommes*... [...] Et, dans ce but, il faut que nous soyons de ceux qui apprennent et découvrent le mieux tout ce qui est loi et nécessité dans le monde »[6]. L'existence, l'action de l'Homme selon sa curiosité et ses moyens lui apprennent donc ce qu'il est. Par son corps et sa conscience, son rapport à autrui et au monde ainsi que les actions qu'il entreprend, l'Homme apprend donc qui il est : un être dont l'existence est limitée par le temps et ses propres actions.

La conception beauvoirienne de la condition humaine fait ressortir de cette dernière la finitude et le caractère vain. Il est cependant des points de vue qui, sans se préoccuper d'« authenticité », produisent une force de vivre suffisante pour dépasser la condition humaine. C'est notamment ce que fournissent les différentes formes de transcendance.

LORSQUE la vie semble une difficulté insurmontable, en fonction de la situation dans laquelle l'Homme se trouve, des transcendances lui fournissent l'énergie nécessaire à surmonter l'adversité et à continuer de vivre malgré tout. La religion, l'humanisme et l'esthétisme deviennent alors autant de sources où « puiser la force de vivre ». La religion est la source trouvée par Hugo pour faire le deuil de sa fille Léopoldine. Alors que *Pauca meæ* s'ouvre[7] sur la colère du poète dirigée contre Dieu qui lui a ravi son enfant, il se clôt, dans *À Villequier*, sur l'acceptation de cet arrêt de Dieu et la foi en Lui : « Je conviens que vous seul savez ce que vous faites »[8]. Il trouve une consolation dans le fait de croire que la mort de sa fille en pleine jeunesse sert les desseins de Dieu. Cet au-delà de soi stimule les hommes et leur permet de se dépasser. Les victimes de Tchernobyl cherchent également dans la religion l'explication nécessaire à leur survie. Elles s'inscrivent dans un destin qui les dépasse et rendent cette catastrophe indispensable à l'ordre voulu par Dieu. Il s'agirait alors

[4] p. 36 [5] III, Section 6, v. 43–44, p. 235 [6] p. 272 [7] IV, III [8] v. 27, p. 211

d'expier un péché[9], ce qui est encore un moyen de donner un sens à sa vie. En outre, à en croire un jeune prêtre, « aucune cérémonie religieuse ne [lui] donne autant d'énergie que l'office des morts »[10] : c'est dans la victoire sur la mort que s'affirme la foi chrétienne et qu'elle donne la force de vivre.

La foi que l'Homme puise dans les autres hommes lui permet également de supporter les difficultés de la vie. Certes, l'« héroïsme russe » trouve ses limites dans l'enrôlement de force ou dans la lâcheté face à la vie, ainsi dans « Monologue sur un témoin qui avait mal aux dents et qui a vu Jésus tomber et gémir »[11] ; mais d'autres se dévouent, font ce qu'ils ont à faire pour les autres en sachant qu'ils mettent leur vie en danger : « Monologue sur la liberté et le rêve d'une mort ordinaire »[12]. Les aléas individuels sont surmontés quand l'Homme sait qu'il se met au service de l'humanité, tout comme Hugo éclaire ses contemporains malgré sa peine dans par exemple *Trois ans après*[13] et se fait le voyant qui doit les éclairer. Le sentiment de mettre sa vie au service des autres est donc un moteur pour des actions qui dépassent la condition humaine.

Œuvrer pour le beau est aussi un moyen de trouver l'énergie nécessaire à la survie. « Donner du style » est la « seule chose nécessaire » aux yeux de Nietzsche[14]. Il s'agit d'appréhender les choses de la vie dans leur ensemble avec la distance suffisante pour en accepter tous les aspects, « ou bien les placer de telle sorte qu'elles dissimulent en partie et ne permettent que des échappées en perspective », posture qu'il faut « apprendre des artistes »[15], et faire de nous « les poètes de notre vie »[16]. La poésie est aussi ce qui permet à Hugo de se sentir moins seul dans son deuil ou dans son exil. Jules Janin lui adresse son œuvre[17], tandis qu'Alexandre Dumas[18] lui dédie une pièce. La lecture de ces ouvrages donne à Hugo un autre horizon que celui de Jersey, tout comme la composition de *Pauca meæ* lui a donné l'occasion d'épancher sa peine. L'esthétisme a ainsi la faculté de mobiliser des énergies que l'on ne croyait pas disponibles pour permettre de surmonter les épreuves de la vie.

La foi en l'appartenance à un tout dont l'Homme ne serait qu'une infime partie permet donc de s'inscrire dans une dimension plus grande et de ne considérer l'adversité que comme un accident auquel il est possible de survivre. On peut cependant considérer la vie autrement que comme une sorte d'affrontement quotidien et l'inscrire dans une tout autre dimension que celle de la survie : la vie, tout simplement.

---

[9] *Monologue sur ce dont on peut parler avec les vivants et les morts, Monologue sur de vieilles prophéties* [10] *Monologue sur le regret du rôle et du sujet* [11] p. 94 [12] p. 184 [13] p. 195 [14] §290, p. 235 [15] §299, p. 244 [16] p. 244 [17] V, VIII [18] V, XV

Si certains sont prêts à n'avoir que la difficulté de vivre à la conscience, d'autres font le choix de l'aveuglement et du mensonge, tout comme le corps le fait pour gérer les traumatismes les plus forts, par ce phénomène que l'on appelle la résilience. La force de vivre émane également de la force de l'habitude, qui définit l'Homme plus qu'il ne croit. La force de vivre émane bien des raisons d'agir que l'on trouve, la vie étant elle-même pourvoyeuse de toutes les occasions possibles. La psychologie humaine est en effet suffisamment forte pour trouver en elle-même la force de vivre. Le message fort porté par le prologue de *La Supplication* n'est pas autre chose : après le deuil de son amour, Elena trouve le courage d'avoir un autre enfant, en dépit de la maladie et de l'hôpital[19]. La foi en un renouveau inscrit dans le cours de la vie apparaît également tout à la fin des *Paroles sur la dune* des *Contemplations* où, malgré la mort prochaine du poète et le paysage aride qui l'entoure, « L'été rit, et l'on voit sur le bord de la mer / Fleurir le chardon bleu des sables »[20]. Il ne s'agit pas de la flore la plus luxuriante qui soit, mais la vie tient à ce peu, riche de quelque espoir.

L'habitude est aussi une force qui offre aux Tchernobyliens l'illusion d'une vie supportable au quotidien. Dans « Monologue sur le fait que, dans la vie, des choses horribles se passent de façon paisible et naturelle »[21], Zoïa Danilovna Brouk rend compte de son effarement devant la tranquillité de la vie des habitants d'une zone particulièrement irradiée, dont le plan de culture n'a en rien été modifié après la catastrophe, y compris les semailles de pois, les plus susceptibles d'accumuler des matières radioactives. L'économie principalement agricole de cette zone de Biélorussie rythme les travaux des habitants, sans souci aucun des conséquences de la catastrophe. L'aphorisme 310 et la métaphore de Nietzsche reprennent cette idée : il faut concevoir les hauts et les bas de la vie comme une vague dont le flux et le reflux – le retour – englobent la vie avec de « courtes habitudes »[22] qui rythment la condition humaine au-delà des tempêtes – pour reprendre une terminologie hugolienne. L'habitude explique donc la vie, avec autant de divertissement et d'aveuglement qu'il est nécessaire.

La force de vivre provient donc de la vie elle-même, appelée également « existence » par Nietzsche. La nuance introduit le caractère aventureux de la vie, et la redéfinit ainsi : « J'aime l'ignorance de l'avenir et je ne veux pas périr à m'impatienter et à goûter par anticipation les choses promises »[23]. La notion de voyage, de « chemin »[24], introduit un mouvement, une force qui va, sans s'interroger sur l'origine ou le but de la route. Chacun devient ainsi le créateur de sa vie et en tire sa force, comme en témoigne l'expression « *vis creativa* » mise en parallèle de la

[19] p. 29 [20] p. 250 [21] p. 170 [22] §295, p. 241 [23] §287, p. 233 [24] §338, p. 276

« *vis contemplativa* » développée à l'aphorisme 301[25]. On retrouve cette même satisfaction face aux aléas de la vie dans l'accumulation des actions menées par Hugo dans « *Veni, vidi, vixi* »[26]. Tout en reprenant le mot de César, « *Veni, vidi, vici* », soit « Je suis venu, j'ai vu et j'ai vaincu », Hugo l'actualise avec le dernier verbe : « *vixi* » veut dire « j'ai vécu », et le poète souligne ainsi que le fait de vivre constitue une victoire en soi et manifeste sa force de vivre. La vie de l'Homme, en elle-même, est donc la première source de sa force.

Le pessimisme propre à l'être humain tend à le pousser à ne fixer son attention que sur sa mort prochaine, comme le rappelle l'expression *memento mori*, « rappelle-toi que tu dois mourir ». L'Homme peut alors compter sur les actions qui impliquent tout son être, mobiliser toutes les énergies qui sont les siennes et surmonter cette finitude. La foi en des transcendances permet également de dépasser ses limites lorsque la vie semble d'une difficulté insurmontable. On peut toutefois admirer que le fait d'exister constitue en soi une force et que la vie, en elle-même et malgré toute la lucidité que l'on cherche à déployer, est « une force qui va ».

On peut reconnaître que la vie en soi est une ode à la vie, et que seule la conscience humaine l'interroge et se torture. Les poètes en viennent même, parfois, à envier l'innocence des enfants et des bêtes qui profitent de la vie sans se poser de telles questions !

IV Éviter le hors-sujet

Le mot « force », notion centrale du thème de cette année, va se retrouver dans de très nombreuses citations. La mise en garde devant la difficulté de vivre se retrouve dans la citation suivante de Cioran : « Nul ne devrait s'aventurer dans la vie avant de s'être assuré d'en avoir la force » (*Le Livre des leurres*, 1936). La difficulté de la vie est rendue par le terme « s'aventurer ». Ce verbe pronominal sous-entend que la vie se choisit ; or, chacun sait que la vie est un état, non un choix. La citation s'oppose à celle de Beauvoir dans la mesure où elle se montre négative, doutant de la capacité de l'Homme à pouvoir vivre sa vie sans un déploiement de force dont certains seraient incapables (« avant de s'être assuré »). Il s'agirait alors d'une ironie tragique, condamnant l'Homme à mobiliser la force qui lui garantit de vivre. L'affirmation de Beauvoir est plus confiante : la connaissance de soi garantit la force nécessaire à la vie et à sa mise en œuvre. Ce sont donc deux points de vue différents qui sont défendus.

[25] p. 246 [26] p. 209

Notions abordées : *carpe diem*, instant, durée

Sujet 3
« Le plus petit instant de vie est plus fort que la mort, et la nie ».
Vous analyserez et vous commenterez cette citation d'André Gide (*Les Nourritures terrestres*, 1897) à la lumière des œuvres au programme.

Corrigé proposé par Marie Patout

I Analyse du sujet

1 Analyse des termes du sujet

Dans cette citation, Gide prend volontairement le contre-pied de la représentation courante de la mort, de la puissante faucheuse arrachant les êtres à leur vie fragile et brève pour les conduire dans un éternel néant (ou pire...). De manière assez provocante, il affirme la force et le pouvoir de la vie sur la mort. Cette force est exprimée par la comparaison « plus fort que la mort », renforcée par l'utilisation du superlatif « le plus petit instant de vie », qui donne à penser la vie comme toute-puissante. Le pouvoir de la mort est même réduit à néant par la seconde proposition (coordonnée) de cette phrase, très courte : « et la nie ». Ici, l'anéantissement de la mort est souligné par la brièveté de l'expression.

Profondément optimiste, Gide invite à considérer que pour vaincre la mort, qui est la négation de la vie, la vie doit nier sa propre négativité. On peut comprendre le propos de l'auteur sur un plan strictement biologique. Il rejoint alors le médecin et anatomiste Xavier Bichat, qui définit la vie comme l'ensemble des forces qui résistent à la mort. Mais cette résistance finit toujours par s'éteindre. Gide ne tente évidemment pas de nier le réel. En fait, il invite son lecteur à déplacer son regard, et à construire une réflexion éthique. La vie qui vainc la mort est peut-être la vie qui se déroule *comme si* elle n'était pas promise à finir par la mort. Il s'agit tout simplement d'éviter de laisser la pensée de la mort empoisonner notre vie. L'auteur reprend en fait le « *carpe diem* » du poète Horace (littéralement, « cueille le jour »), une injonction à vivre chaque instant, chaque journée pleinement, sans nécessairement songer aux jours suivants, à l'avenir ou à la mort. L'expression de Gide « le plus petit instant » insiste sur le caractère précieux de tout moment de vie. L'auteur attire notre attention sur un paradoxe : nier la mort, échapper à l'éternité du néant, est l'affaire d'un simple instant. Le sujet nous invite à nous interroger sur une manière de vivre fondée sur le refus de la peur de la mort.

2 Confrontation aux œuvres

Dans ***Le Gai Savoir***, Nietzsche évoque assez peu directement la mort. De même, il remarque que les hommes sont « assoiffés » et ivres de vie. Ils pensent peu à la mort, alors que c'est le seul événement qui leur arrivera nécessairement. Mais loin de condamner ce qu'il appelle une « duperie de soi-même », Nietzsche s'en réjouit, car la vie lui paraît « digne d'être pensée », contrairement à la mort. *Le Gai Savoir* est un éloge du vivant : la critique, les changements d'avis, la volonté, la violence, la souffrance, l'usage de la raison sont autant de signes de vitalité que le philosophe loue avec joie.

La Supplication au contraire multiplie les récits de morts dues à l'explosion de la centrale nucléaire de Tchernobyl. Mort du conjoint irradié narrée par la veuve, mort à venir pour les personnes qui se rappellent avoir travaillé à proximité du réacteur après l'explosion, massacre des animaux radioactifs raconté par les chasseurs. Mort de la terre, mort des villages. Pourtant, au milieu de toutes ces morts, Svetlana Alexievitch nous prouve que la vie persiste et grouille, voire renaît et lutte.

Dans ***Les Contemplations***, la mort de sa fille semble avoir anéanti Victor Hugo. Ici, le triomphe de la mort sur la vie paraît écrasant. Et malgré cela, on voit bien que le poète continue à vivre et à créer. Peut-être même tire-t-il du deuil une certaine force de vivre. Il vit autrement que du temps où Léopoldine vivait, certes, mais pas moins intensément.

3 Problématique

On ne peut nier le caractère inéluctable de la mort. Elle est partout autour de nous, nous la rencontrons tout au long de notre vie. Y échapper est pourtant une préoccupation de beaucoup, qui tentent de faire survivre au moins leur nom, leur réputation (par la création d'œuvres immortelles, ou tout simplement par l'enfantement) au-delà de leur propre existence. Mais n'est-il pas possible de trouver, au sein de notre existence, des instants qui échappent à la mort par le seul fait d'être vécus réellement ?

II Plan détaillé

I La mort s'insinue comme un poison dans la vie

1. L'idée de sa propre mort peut empêcher l'homme de vivre
2. La mort de certains proches rend la vie terriblement amère
3. La mort se répand parfois comme une malédiction

La mort contamine et empoisonne la vie. Malgré cela, la vie résiste et persiste.

II La force de la vie s'impose face à la mort
1. L'instinct de survie, l'amour de soi tournent naturellement l'homme vers la vie
2. La vie se fait plus résistante dans les environnements mortifères
3. Fréquenter la mort donne d'autant plus de valeur à la vie

La puissance de la mort renforce celle de la vie. Elle donne aussi un caractère urgent à savourer chaque instant.

III Savourer la vie : un impératif
1. Savourer jusqu'au dernier instant
2. Tout vivre intensément, y compris la souffrance et le deuil
3. Tout accepter, même la mort, c'est aimer véritablement la vie

III Dissertation rédigée

« L'AMOUR est plus fort que la mort. » Qui n'a pas déjà entendu ou lu cette formule, devenue lieu commun ? Cette sacralisation de l'amour, parée d'une puissance surnaturelle (on pourrait dire divine) est à la mesure de notre besoin de vaincre la mort, ou du moins de la transcender. Il s'agit d'ailleurs d'une déformation d'un extrait du poème biblique le Cantique des cantiques : « l'amour est fort comme la mort ». Ainsi l'usage et le temps témoignent-ils du désir de l'homme de trouver des moyens de surmonter la mort.

La citation de Gide reprend la comparaison de cette formule. L'auteur ne s'encombre pas du sentiment amoureux : selon lui, le pouvoir de vaincre la mort est inhérent à la vie même. L'optimisme frappant de cette affirmation est renforcé par l'emploi du superlatif : « le plus petit instant de vie ». On se demande alors comment un instant si court peut surmonter le néant éternel. N'est-il pas possible de trouver, au sein de notre existence, des instants qui échappent à la mort par le seul fait d'être vécus réellement ?

Nous verrons d'abord que, bien souvent, la mort empoisonne la vie. Ensuite, nous montrerons que, face à la mort, la vie doit s'imposer avec force. Enfin, nous conclurons à la nécessité de vivre chaque instant le plus intensément possible, afin de constituer une parenthèse contre laquelle la mort ne peut rien.

LA MORT s'insinue bien souvent comme un poison dans la vie, contamine tout et empêche chacun de poursuivre le cours de son existence.

L'idée de notre propre mort peut nous angoisser au point de nous empêcher de vivre sereinement. C'est pourquoi on évite d'y penser.

Nietzsche (§278) se réjouit « de voir que les hommes ne veulent absolument pas penser la pensée de la mort ! »[1] Mais certaines situations (la maladie, la guerre...) rendent l'idée de la mort plus concrète, et il est alors bien plus difficile de l'occulter. Dans *La Supplication*, Alexievitch donne la parole à Nina Konstantinovna, qui constate que la catastrophe de Tchernobyl affecte ses jeunes élèves : « En sixième, ils se demandent si cela fait peur ou non. [...] La mort tout autour oblige à penser beaucoup. J'enseigne la littérature russe à des enfants qui [...] vont continuellement à des enterrements... »[2] Il est ardu de savourer la vie lorsqu'on pense que la fin est imminente.

La disparition de nos proches peut rendre notre vie bien amère. Dans le poème *Veni, vidi, vixi* du livre IV des *Contemplations*, Hugo affirme que la disparition de sa fille Léopoldine a mis un terme à son envie de vivre : « Puisque l'espoir serein dans mon âme est vaincu ; / Puisqu'en cette saison des parfums et des roses, / Ô ma fille ! j'aspire à l'ombre où tu reposes, / Puisque mon cœur est mort, j'ai bien assez vécu. »[3] Dans le prologue de *La Supplication*, la veuve d'un pompier témoigne de la même manière : « Je n'avais plus aucun désir de vivre. Dans la nuit, je me tenais près de la fenêtre et regardais le ciel : "Vassenka, que puis-je faire ? Je ne veux pas vivre sans toi." »[4] Dans ces deux exemples, la mort d'un être cher contamine, de proche en proche, la vie de ceux qui restent, et semble en triompher.

Dans certains cas, la mort engendre la mort. Ainsi, Hugo consacre le poème XVII du livre IV des *Contemplations* à son gendre, Charles Vacquerie. Celui-ci a tenté de sauver Léopoldine de la noyade, et « N'ayant pu la sauver, il a voulu mourir. » (vers 25) Hugo rend hommage à la loyauté du jeune homme (vers 43 à 45), que son amour a conduit à la mort : « Leurs âmes se parlaient sous les vagues rumeurs. / – Que fais-tu ? disait-elle. – Et lui, disait : – Tu meurs ; / Il faut bien aussi que je meure ! »[5] Cet effet de contamination mortifère pourrait même gagner Nietzsche dans *Le Gai Savoir*, § 338 : « Et si un ami qui souffre me disait : "Vois, je vais bientôt mourir ; promets-moi donc de mourir avec moi" – je le lui promettrais »[6]. Ainsi, la mort des uns n'est jamais sans menacer la vie des autres. La mort apparaît alors comme toute-puissante, face à la fragilité de la vie.

La mort contamine et empoisonne la vie. Malgré cela, la vie résiste et persiste.

---

[1] p. 228 [2] p. 123 [3] p. 209 [4] p. 28 [5] p. 218 [6] p. 276

FACE à l'omniprésence de la mort, la vie se fait plus forte pour s'imposer.

La présence de la mort éveille l'instinct de survie, et l'on voit des hommes se relever d'épreuves que l'on pouvait penser insurmontables. Ainsi, Hugo écrit dans le poème XV du livre IV : « Maintenant que du deuil qui m'a fait l'âme obscure / Je sors, pâle et vainqueur, / Et que je sens la paix de la grande nature / Qui m'entre dans le cœur »[7]. L'emprise de la mort semble s'être desserrée, permettant au poète de puiser une nouvelle force de vivre dans la contemplation de la nature. Cette capacité à trouver des raisons de vivre est hautement éthique pour Nietzsche. Le philosophe, après avoir admis être susceptible de mourir pour un ami, vilipende (§ 338) « la religion de la pitié »[8] qui incite les hommes à se perdre pour autrui (pour un proche, pour sa patrie, etc.). Nietzsche formule ainsi le but de la vie : « Vis caché afin de *pouvoir* vivre pour toi »[9]. Ainsi, la volonté de vivre triomphe de la mort qui nous entoure.

Cette volonté est d'autant plus forte que l'environnement est hostile, mortifère. On remarque que Victor Hugo affronte dans « À vous qui êtes là », au livre V des *Contemplations*, le deuil de sa fille, l'exil, entouré de tous ses proches, qui l'ont suivi : « Ô groupe indestructible et fidèle entre tous / [...] Mère, fille, et vous, fils, vous, ami, vous encore »[10]. La mort de Léopoldine et de Charles a soudé la famille et les amis du poète autour de lui : sa vie sociale, familiale et même amoureuse résiste. Dans *La Supplication*, l'on voit des hommes et des femmes revenus dans leur village abandonné : « Tout avait été pillé, saccagé [...]. Et, de nos propres mains, nous avons tout refait. »[11] Ils s'organisent alors pour reprendre le cours d'une existence dépourvue de tout confort : « Nous allons à pied pour acheter le pain... Vingt kilomètres. [...] Et nous nous éclairons à la lampe à pétrole. [...] J'ai deux sacs de sel. On ne va pas crever sans l'État. »[12] Ces habitants, par leur détermination à vivre chez eux, malgré les radiations, semblent nier le danger mortel qui les entoure. Leur volonté de continuer à vivre est fortifiée.

La présence de la mort donne toute sa valeur à la vie. C'est ce que suggère Nietzsche dans *Le Gai Savoir* lorsqu'il fait dire à l'homme (§ 303) qui « rate au fond tout ce qu'il veut et projette » : « Je connais mieux la vie pour avoir été si souvent sur le point de la perdre : et c'est justement pourquoi je *possède* plus, en fait de vie, que vous tous ! »[13] Ce propos du philosophe semble trouver une illustration concrète dans *La Supplication* : « Je rentrais d'Afghanistan. J'avais envie de vivre, de me marier. Je voulais me marier tout de suite. »[14] C'est bien la fréquentation de la mort, et l'idée permanente que sa propre mort peut subvenir n'importe quand, qui

[7] p. 211 [8] p. 277 [9] p. 277 [10] p. 240–241 [11] p. 52 [12] p. 53 [13] p. 249 [14] p. 79

révèle à ce jeune soldat la valeur de sa vie, et lui en fait apparaître la jouissance comme urgente.

La puissance de la mort renforce celle de la vie. Elle donne aussi un caractère urgent à savourer chaque instant.

C'EST en savourant chaque instant de vie, même le plus petit, qu'on échappe au poison de la mort.

Face à la mort imminente, il faut vivre pleinement jusqu'à la dernière minute, la dernière seconde. Nietzsche reproche (§ 340) à Socrate d'avoir gâché le « dernier instant de sa vie » en prononçant cette dernière parole : « Oh, Criton, je dois un coq à Asclépios. » Pour l'auteur du *Gai Savoir*, ce dernier scrupule rapetisse la valeur de la vie. Il aurait préféré que Socrate vive jusqu'au bout « gaiement [...] comme un soldat »[15], comme il l'a fait tout au long de sa vie. Dans le prologue de *La Supplication*, on voit justement un couple vivre pleinement son amour jusqu'au dernier souffle du jeune époux. Quelques jours avant sa mort, Vassia offre « trois oeillets »[16] à son épouse. Tous deux regardent alors le feu d'artifice du 9 mai depuis la chambre de l'hôpital en s'embrassant malgré l'interdiction des médecins. Et la veuve de conclure ainsi son récit : « Les gens n'ont pas envie d'entendre parler de la mort. [...] Mais moi, je vous ai parlé d'amour... »[17] Ici, l'importance de la mort est niée par les jeunes gens, qui transforment un récit de mort en un récit sur la vie.

D'autre part, vivre tous les instants avec intensité, même les plus douloureux, c'est vivre pleinement sa vie. Dans le poème *Dolorosæ*, Hugo ne cherche pas à fuir la souffrance : « Mère, nous n'avons pas [...] demandé la fin de mon deuil et du vôtre / À cette lâcheté qu'on appelle l'oubli. »[18] Au contraire, après douze années (vers 1), il vit plus sereinement le manque : « Nous avons pris la sombre et charmante habitude / De voir son ombre vivre en notre solitude ». C'est peut-être paradoxalement en affrontant quotidiennement l'absence de sa fille qu'il la surmonte, et qu'il vit sa propre vie. Dans *Le Gai Savoir*, Nietzsche avance l'idée[19] que tout dans « [l]a vie de chaque jour et de chaque heure » tourne à « notre plus grand avantage », que ce soit « la perte d'un ami, une maladie, une calomnie »[20]. Tout, y compris la mort de ceux qui nous entourent, ou la nôtre qui approche, se révèle « plein de sens profond »[21]. Tout doit donc être vécu avec force pour que l'homme réalise pleinement sa vie.

C'est en effet en parvenant à accepter même la mort qu'on atteint l'amour de la vie. Nadejda Afanassievna Bourakova, habitante de Khoïniki, décrit dans *La Supplication* sa vie empoisonnée par la peur des radiations mortelles. En revanche, sa fille déclare : « Maman, si j'accouche d'un bébé difforme, je l'aimerai quand même »[22] et ne craint pas de

---

[15] p. 279 [16] p. 19 [17] p. 30 [18] p. 248 [19] § 277 [20] p. 226 [21] p. 226 [22] p. 194

rendre visite à des amis dont l'enfant est né sans lèvres et sans oreilles. Cette jeune fille connaît les conséquences possibles de la catastrophe nucléaire sur les générations à venir, et décide malgré tout d'enfanter : la peur des radiations semble sans effet sur elle. De même, Hugo achève le livre V des *Contemplations* par un long poème intitulé *Les Malheureux* dédié à ses enfants. Il y met en scène sa rencontre en rêverie avec des martyrs, des condamnés à mort, et enfin Marie, la mère du Christ, au pied de la croix de son fils[23]. Tous ces gens victimes de la mort lui apparaissent alors « [s]atisfaits, radieux, doux, souverains, candides » et le poète s'écrie : « Oh ! le nuage vain des pleurs et des affronts / S'envole, et la douleur passe en criant : Espère ! »[24] Lorsque l'idée de sa mort et de celle de ses proches est acceptée, elle perd son poison.

C'EST dans chaque instant de sa vie que l'homme peut trouver les moyens de nier la mort. Il lui faut pour cela se débarrasser de la peur de mourir, et s'appuyer sur sa mort prochaine pour vivre sa vie avec intensité. Chaque petit instant est alors comme une parenthèse dans laquelle la mort n'a pas sa place. Frôler la mort renforce la sensation d'être vivant.

On peut expliquer ainsi le succès de certaines pratiques à risque : l'instant vécu intensément occulte le danger et avive un sentiment que la routine éteint progressivement.

IV Éviter le hors-sujet

Le risque dans ce sujet est de passer à côté de la dimension temporelle. L'expression « [l]e plus petit instant de vie » oriente la réflexion vers la négation de la mort au sein de la vie : cette négation ne s'inscrit pas dans le temps, mais dans l'instant. Ainsi, le sujet n'invite pas à traiter la force de vivre à travers les formes d'immortalisation qui permettent aux hommes de laisser une trace au-delà de leur propre disparition. La tentation est grande, car les œuvres regorgent d'exemples tels que la fabrication de monuments qui durent (Nietzsche évoque les bâtisseurs de Gênes dont les maisons prolongent l'existence), la publication d'œuvres géniales ou la célébrité à travers les âges (d'une certaine manière, les « malheureux » du poème de Victor Hugo, désignés par leur nom propre, échappent à la mort), ou la prévention contre l'oubli que constituent le témoignage ou simplement l'Histoire (dans *La Supplication*, Lilia Mikhaïlovna Kouzmenkova affirme que les Biélorusses, privés d'Histoire nationale, sont privés d'éternité...). Mais ces exemples ne permettent pas de comprendre comment la force de vivre permet de jouir de l'intensité d'un moment pleinement vécu tout en pressentant la fin imminente.

[23] p. 269 [24] p. 274

Notions abordées : suicide, souffrance, endurance, survie, goût de la vie

Sujet 4
« J'ai passé ma vie à me défendre de l'envie d'y mettre fin. » Vous discuterez ce propos que Kafka a noté dans son *Journal* le 17 septembre 1920.

Corrigé proposé par Damien Simon

I Analyse du sujet

1 Analyse des termes du sujet

La citation fait d'emblée penser au suicide, en tant que pulsion naturelle. Kafka opère ici un retour sur sa vie par lequel il constate qu'il a continuellement repoussé la tentation du suicide.

Mais l'envie de mettre fin à sa vie ne passe pas nécessairement par l'acte violent de la suppression de soi. C'est aussi la tentation du dépérissement, de la « pente glissante » à laquelle on se laisserait aller, jusqu'à s'éteindre. Lutter contre cette tentation, c'est maintenir un effort pour persévérer dans l'existence, et même intensifier nos forces vitales.

Cette double lecture est confirmée par le double sens que prend la « défense » contre l'envie de mettre fin à ses jours. D'une part, il s'agit de combattre, comme dans une lutte, la pulsion de mort lorsqu'elle apparaît, et donc de faire front contre l'idée de suicide ou d'extinction. Mais d'autre part, cette défense peut se situer en amont, et être défense contre l'apparition de l'envie elle-même de suppression de soi. Dans ce cas, ce qui apparaît d'abord comme la remarque amère d'un grand dépressif peut aussi se lire plus positivement en jugeant que cette défense constitue un effort actif pour se donner de bonnes raisons de vivre.

En effet, pourquoi défendre une chose que l'on n'estime pas digne d'être préservée et se battre pour elle ? Autrement dit, la citation de Kafka met en scène la lutte entre deux instincts contradictoires, l'instinct de vie et celui de mort. Mais, contrairement aux apparences, c'est la vie que l'auteur valorise. Puisqu'elle est digne d'être vécue, il s'agit de la préserver. Il faut donc mettre en œuvre des stratagèmes pour que ce rapport de forces perdure et que la vie repousse, aussi longtemps que possible, les attaques de cette pulsion naturelle qu'est la mort.

Enfin, on peut s'étonner du caractère toujours temporaire des victoires que la vie remporte contre la mort. L'emploi du passé composé introduit un jugement de l'auteur sur le caractère répétitif et continu, plutôt que ponctuel, de l'apparition du désir de mort. La victoire de la vie est, en ce sens, toujours fragile. L'assaut de la mort est sans fin, il faut le repousser encore et encore. C'est que, sans doute, il y a une véritable légitimité au désir de suppression de soi – dans la grande souffrance de la maladie par exemple. Il semble donc que le désir de mort s'accompagne d'arguments convaincants. Dans ce cas, l'équilibre à l'avantage de la vie demeure précaire.

2 Confrontation aux œuvres

Si la thématique du suicide est globalement absente du ***Gai Savoir***, c'est parce que Nietzsche conçoit son œuvre comme thérapeutique, c'est-à-dire comme une doctrine de la guérison. Dès la préface, il présente sa philosophie comme une victoire de la vie contre la maladie et la mort. Plus encore, *Le Gai Savoir* est le livre d'un auteur qui a recouvré la santé, qui clame s'être rétabli. La santé dont il est question ici est celle de l'âme, le bonheur durable et la volonté de vie. Le rétablissement représente alors un terme réaliste et souhaitable dans la rivalité entre mort et vie : réaliste, parce que la solution nietzschéenne provient d'un homme confronté aux mêmes difficultés que Kafka ; souhaitable parce qu'elle fait prévaloir le goût de la vie.

Divers témoignages de ***La Supplication*** relatent des épisodes de grande souffrance. Dans ces conditions, la vie peut perdre son sens, le désarroi gagner du terrain et on peut aspirer à la mort. La catastrophe de Tchernobyl joue à cet égard un double rôle. Elle provoque de considérables dommages physiques et émotionnels d'une part ; elle fait s'effondrer une représentation du monde organisée autour de la confiance dans le pouvoir soviétique d'autre part. Quand la souffrance est si importante qu'elle ôte à la vie le sens qu'on lui avait octroyé jusqu'alors, ne devient-il pas légitime de faire céder les défenses face à la mort ? Ou faut-il au contraire, en dépit des désillusions, endurer les souffrances et continuer, malgré tout, à trouver la force de vivre ?

Les Contemplations mettent en scène un homme qui a perdu sa fille. Hugo y paraît sans cesse oscillant entre deux positions, à l'image du conflit kafkaïen entre désir de vie et désir d'y mettre fin. Dans un premier temps, la douleur liée au deuil se traduit par un désespoir féroce et un dégoût pour la vie. Cet abattement ne s'exprime pas par un désir de suicide, mais par un sentiment de défaite et de vacuité de sens : la vie a perdu sa valeur. Cependant, dans un second temps (et là se comprend la structure en deux livres au programme) Hugo trouve des stratégies diverses pour faire face à l'appel du néant. Il puise dans la beauté des souvenirs passés et dans l'engagement politique des ressources pour endurer la vie présente. Il arrive ainsi à maintenir le fragile équilibre en faveur de la vie.

3 Problématique

La réalité de la vie nous demande de tels efforts qu'un désir de suppression de soi peut faire surface. Ce dernier peut même aller jusqu'à obscurcir la légitimité supérieure du désir de vie. Pourquoi, en dépit des souffrances et des déceptions, faut-il trouver la force de persévérer dans l'existence ?

II Plan détaillé

I La force qui nous maintient en vie peut légitimement s'effondrer
1. L'homme a besoin de donner sens à sa vie pour continuer à exister
2. Des événements imprévisibles peuvent provoquer un dégoût de la vie
3. Le désir de suppression de soi culmine notamment dans la souffrance

Cependant, une résistance farouche de l'instinct de vie vis-à-vis de l'instinct de mort est possible. Alors même que le sens que l'on donnait à la vie s'effondre, c'est-à-dire que les meilleures raisons de vivre disparaissent, on peut choisir de vivre encore. Pourquoi s'efforcer de ne pas renoncer à la vie ?

II La supériorité de la vie justifie qu'on la conserve et qu'on l'endure
1. Survivre pour soi et pour la mémoire des morts
2. L'épreuve a une vertu éthique, ce qui justifie qu'on l'endure
3. Douleur et souffrance sont des moyens d'affermir la force de vivre

Mais il y a un risque à valoriser ainsi la souffrance. Le goût pour la douleur ne risque-t-il pas de se muer en goût pour la mort ? S'il s'agit de résister, prendre sur soi, et combattre la souffrance, c'est que l'attrait de la mort reste vivace. Il faut alors trouver les raisons positives de valoriser la vie.

III Il faut cultiver le goût de la vie pour se dégoûter de la mort
1. Contre une esthétisation de la mort
2. Apprendre à aimer la réalité et refus de la complaisance
3. Apprendre à guérir : la sublimation de la douleur

III Dissertation rédigée

DANS les toutes premières pages du *Protocole compassionnel*, Hervé Guibert énumère les souffrances qu'il endure à cause du SIDA. Le plus étonnant, juge-t-il en conclusion de cette liste morbide, c'est qu'il possède un poison qui pourrait le tuer immédiatement, mais qu'il ne l'utilise pas. De jour en jour, la déperdition de ses forces s'accélère, renforçant la légitimité du désir de suicide ; et pourtant il continue à résister à la mort. Dans son *Journal*, Kafka livre une réflexion semblable : « J'ai passé ma vie à me défendre de l'envie d'y mettre fin. » Réfléchissant à sa vie, il remarque une récurrence : continuellement, l'envie de suppression de soi surgit, et continuellement elle est refoulée par l'envie de rester en vie. Employant un lexique guerrier, l'auteur tchèque met en scène une lutte entre deux instincts, celui de vie et celui de mort. Le premier se défend des attaques du second. On peut alors s'étonner de deux choses. D'une part, l'emploi du passé composé souligne le caractère toujours temporaire des victoires de la vie sur la mort : la victoire de l'instinct de vie est donc toujours précaire. D'autre part, l'auteur introduit un jugement éthique. Il s'agit de se défendre contre l'envie de mort lorsqu'elle apparaît, mais aussi contre l'apparition de cette envie elle-même. En amont de toute pulsion de mort, Kafka estime qu'il y a une supériorité a priori de la vie, qui justifie qu'on cherche à la préserver.

La réalité de la vie nous demande des efforts, si bien qu'un désir légitime de suppression de soi peut faire surface. Ce dernier peut même aller jusqu'à obscurcir la légitimité supérieure du désir de vie. Pourquoi, en dépit des souffrances et des déceptions, faut-il trouver la force de persévérer dans l'existence ?

Dans la souffrance, la force qui nous maintient en vie peut s'effondrer, stimulant le désir de mort. Cependant, la supériorité de la vie justifie que l'on endure des épreuves pour la conserver. Mais le rapport à la vie est encore trop précaire : c'est pourquoi trouver la force de persévérer dans l'existence implique de cultiver le goût de la vie et de se dégoûter de la mort.

On peut constater que rester en vie ne va pas de soi et qu'en plus des besoins physiques élémentaires, nous avons tout autant des besoins psychologiques.

Au premier rang de ceux-ci, nous avons besoin de donner du sens à notre vie pour la justifier. Dans *La Supplication*, l'ingénieur Kokhanov relate les conséquences de l'« effondrement de la foi » qui a suivi la catastrophe de Tchernobyl[1]. Alors que la croyance que la société soviétique était « belle et juste » se disloque, les cas d'infarctus et de suicides se multiplient. Étonnamment, infarctus et suicides sont associés. Cela signifie que rester en vie exige un effort, même inconscient, tiré de la manière dont nous investissons notre vie de sens. C'est pourquoi, plus positivement, Nietzsche invite dans *Le Gai Savoir* à puiser ce sens en nous-mêmes. Afin de ne pas être un « grand difficile » envers soi, il propose dans l'aphorisme 284 de cultiver « la foi en soi-même »[2].

[1] p. 165 [2] p. 232

Cependant, nous ne sommes jamais à l'abri d'événements imprévus qui nous dégoûtent de la vie et accroissent la difficulté d'être. Le deuil en est l'illustration frappante. Dans *Les Contemplations*, Hugo conçoit ainsi la perte de sa fille comme le retrait de « la lumière » qu'il possédait « parmi les vivants »[3]. Ici, c'est l'expérience de la mort elle-même qui fait perdre le désir de vivre. En effet, nous avons besoin de vivre avec et parmi les autres, et notamment ceux qu'on aime. Si cette dimension-là est soudainement ôtée, le désir de vie peut s'étioler. De manière plus inquiétante, un banal accident peut également nous dégoûter de la vie. Ainsi, Nietzsche note dans l'aphorisme 302 qu'une « petite déconvenue et un petit dépit »[4] ont suffi à Homère pour perdre le goût de la vie. Or, si des événements anecdotiques peuvent suffire, ne doit-on pas penser que des événements plus graves engendreraient le désir de suppression de soi ?

Si la souffrance, même triviale, provoque du dégoût vis-à-vis de la vie, que penser d'une grande souffrance ? Elle peut donner l'impression que la vie est impossible, soit parce qu'elle accroît la pénibilité du moindre geste, soit parce qu'elle est une expérience radicale et extraordinaire. Or, si l'on a l'impression que la vie est impossible, le suicide devient l'option la plus raisonnable. Dans la conclusion de *La Supplication*, l'épouse du liquidateur décédé estime ainsi qu'elle « ne peu[t] pas vivre sans » son défunt mari[5]. Lorsque la douleur la submerge la nuit, elle étouffe ses cris dans son oreiller. Dans ces moments de désespoir, la vie, vidée de son sens, apparaît comme une absurdité et une peine trop grande pour être endurée. En témoigne l'aveu d'Hugo qui, dépassé par la douleur, voulait « [s]e briser le front sur le pavé »[6]. Dès lors, l'instinct de mort culmine dans la souffrance, et peut confondre l'instinct de vie.

Cependant, une résistance farouche de l'instinct de vie vis-à-vis de l'instinct de mort est possible. Alors même que le sens que l'on donnait à la vie s'effondre, c'est-à-dire que les meilleures raisons de vivre disparaissent, on peut choisir de vivre encore. Pourquoi s'efforcer de ne pas renoncer à la vie ?

Une première réponse consiste à dire que, en tant qu'êtres vivants, nous avons des devoirs envers la vie en général.

Comme l'atteste le dernier témoignage de *La Supplication*, il s'agit alors de trouver les moyens de perdurer dans l'existence. L'épouse du liquidateur commente le remariage prochain de sa voisine, alors que leurs maris sont morts la même année. Bien qu'elle ne ferait pas ainsi, elle refuse d'incriminer sa voisine, en jugeant que « c'est la vie… Il faut

[3] p. 196 [4] p. 248 [5] p. 246 [6] p. 199

survivre... Elle a des enfants... »[7] Le sens de la vie est d'emblée celui d'un devoir, la survie. Cela s'explique aussi par le fait que nos vies n'ont pas seulement de sens pour elles-mêmes : nous avons également des devoirs envers autrui. C'est le devoir maternel pour cette femme ; pour Hugo, c'est le devoir de rendre hommage et de témoigner de notre fidélité à la mémoire des morts : il n'a pas « demandé la fin de [s]on deuil [...] à cette lâcheté qu'on appelle l'oubli »[8].

Si nous avons bien un rapport moral à la vie qui justifie qu'on la conserve, ce dernier est redoublé par la valeur éthique de l'épreuve. Puisque la souffrance est inévitable, au moins comme éventualité, il faut de la force morale pour ne pas se laisser abattre. C'est ainsi que le lexique guerrier employé par Kafka avait aussi été utilisé dans un passage des *Contemplations* dans lequel Hugo vantait son endurance : « J'ai combattu la mort [...] / Et me voilà ; marchant toujours, ayant conquis, / Perdu, lutté, souffert. »[9] C'est un pugilat éthique ; la souffrance exige que l'on se batte contre elle afin de la dominer. Pour cultiver cette vertu qui nous fortifie, Nietzsche invite même à rechercher les épreuves. Dans l'aphorisme 283, il estime que nous devons chercher en chaque chose ce qu'il y a à « surmonter ». Résistance, lutte, et victoire contre la souffrance ont donc bien, en elles-mêmes, une valeur.

Cette dernière remarque de Nietzsche introduit même un renversement contre-intuitif. Douleur et souffrance deviennent des opportunités de stimuler notre force vitale. Non seulement nous avons le devoir de rechercher l'épreuve, mais en outre la douleur participerait activement à la victoire de l'instinct de vie. Pour Nietzsche, la douleur est définie dans *Sagesse dans la douleur* comme une « force de conservation et de promotion de l'espèce de premier ordre »[10]. Comment le comprendre ? Nietzsche ne cesse de vanter les vertus du danger par opposition au confort. Si, en effet, on se laisse aller dans le confort, inversement, le risque intensifie notre sentiment de l'existence. Une réaction physiologique face au danger l'illustre : la libération d'adrénaline. On comprend maintenant dans *La Supplication* les paroles de ce soldat qui estime que la guerre d'Afghanistan et Tchernobyl ont été les deux moments de sa vie où il a « vécu le plus intensément »[11].

Mais il y a un risque à valoriser ainsi la souffrance. Le goût pour la douleur ne risque-t-il pas de se muer en goût pour la mort ? S'il s'agit de résister, prendre sur soi, et combattre la souffrance, c'est que l'attrait de la mort reste vivace. Il faut alors trouver les raisons positives de valoriser la vie.

---

[7] p. 238 [8] p. 248 [9] p. 233 [10] p. 258 [11] p. 78

C'EST un effort qui demande un long apprentissage, mais il faut cultiver le goût de la vie pour se dégoûter de la mort.

En effet, à force de valoriser le risque et le danger, on tend à esthétiser la mort et la tristesse. Or, un tel raisonnement est susceptible de nous détourner de la vie en nous peignant la mort comme belle et acceptable. C'est la nature du reproche formulé par Hugo au cavalier Hermann. Dans *Les Contemplations*, ce dernier estime que les morts sont « heureux » et que « le malheur, c'est la vie »[12]. Cette position est insupportable pour Hugo, qui lui enjoint de se taire. À cela fait écho le témoignage de Lilia Kouzmenkova dans *La Supplication*. L'enseignante au conservatoire estime n'avoir vu qu'un seul bon film de guerre, dont la scène finale montre un bébé urinant sur une mitraillette. Elle estime qu'« Il faut montrer la guerre de manière si horrible que les gens vomissent. »[13] C'est que la mort n'a rien d'attrayant : il faut lutter contre son esthétisation, et apprendre à s'en dégoûter absolument.

Plus positivement, nous devons cultiver le goût de la vie. Pour cela, nous devons d'abord apprendre à nous réconcilier avec la réalité, y compris lorsqu'elle est blessante. C'est le sens de l'ouverture du quatrième livre du *Gai Savoir*, dans lequel un Nietzsche rétabli clame que son « unique amour » sera l'« *amor fati* », l'amour de la réalité telle qu'elle est, c'est-à-dire la réconciliation avec tout ce qui peut nous heurter. Cela se traduit par une posture affirmative, un « oui » vis-à-vis de la vie. Dès lors qu'on a appris à l'aimer telle qu'elle est, la réalité ne peut plus nous blesser. Mais comment faire face à ce qui est trop douloureux ? Nietzsche a une solution qu'il expose dès le premier aphorisme du quatrième livre du *Gai Savoir* : « regarder ailleurs »[14]. C'est l'attitude qu'adopte un enfant malade témoignant dans *La Supplication*. De son lit d'hôpital, il détourne son regard de la mort. Plutôt que de « penser à la mort », il préfère « accrocher un joli paysage dans [s]a chambre »[15].

Enfin, cet amour de la réalité culmine dans la guérison des souffrances. Dans sa préface, Nietzsche annonce ainsi son « rétablissement », qui lui a fait trouver l'« ivresse » de vivre. Comment cette victoire définitive du goût de la vie a-t-elle été obtenue ? La « tyrannie de la douleur » a été surpassée par la fierté d'avoir su « combattre les conclusions de la douleur ». Alors que la douleur devrait mener à l'affaiblissement de l'instinct vital qui nous anime, elle parvient à l'effet inverse chez Nietzsche. Son instinct vital est devenu irrésistible : la douleur a été sublimée en désir de vie. Ainsi l'ouvrage se présente-t-il d'emblée comme une thérapie contre le désir de mort. Étonnamment, une telle réflexion trouve aussi sa place dans *Les Contemplations*. Dans un poème qui relate sa conversion au républicanisme, Hugo clame également être parvenu à sublimer la

---

[12] p. 208 [13] p. 197 [14] p. 226 [15] p. 231

douleur du deuil dans l'amélioration du sort de l'humanité. Il a trouvé un « but profond », dont rien, « quel que soit le sort, le deuil, l'affront » ne pourra le distraire[16].

QU'EST-CE qui justifie que l'on recherche la force de vivre en dépit des souffrances ? Même si le désir de mort est légitime, en particulier dans les tristesses et souffrances importantes, il y a une valeur morale à endurer les déconvenues de la vie. Cette dernière est une éthique, puisque la douleur développe une capacité motrice de conservation de la vie. Cela étant, le dolorisme de cette position est insatisfaisant, puisqu'il tend à esthétiser la souffrance et peut-être même la mort. C'est pourquoi, afin de se défendre des attaques de l'instinct de mort, la piste la plus prometteuse consiste à rechercher l'intensification du sentiment de vie. On y parvient de deux manières : d'une part, en se dégoûtant de la mort, d'autre part en cultivant le goût de la vie. Dans l'« ivresse » de vivre, nous trouverons une défense efficace contre l'envie de mettre fin à ses jours.

Cependant, lorsque notre vie n'est plus envisageable dans des conditions dignes, y mettre un terme peut être un témoignage d'amour envers la vie et ce qu'elle a pu offrir. S'il est articulé à la question du bonheur, si le désespoir est incurable, le suicide peut être autre chose qu'un simple affront à la vie et devenir un geste à portée véritablement éthique.

IV Éviter le hors-sujet

Une lecture trop hâtive peut faire penser que Kafka cultive le goût de la mort et esthétise le suicide. Ce n'est pas le cas. Le danger majeur est alors de comprendre que l'attrait du suicide est indépassable et donc de ne pas envisager la positivité de la citation. On pense au mot de Pascal dans les *Pensées* : « Tous les hommes recherchent d'être heureux. [...] C'est le motif de toutes les actions de tous les hommes, jusqu'à ceux qui vont se pendre. » Le sujet est en apparence semblable parce qu'il articule les mêmes thèmes : bonheur et suicide. On peut tomber dans le même écueil en se bornant à voir la citation comme une glorification du suicide. Pourtant, les implicites sont différents. Pour Kafka, la mort est l'ennemie, et l'épreuve consiste à faire prévaloir la vie. Mais Pascal tient un propos inverse, faisant du bonheur le cœur véritable du sujet, le suicide étant alors un exemple particulièrement paradoxal illustrant sa thèse. Le suicide est un mode particulier de quête du bonheur. C'est la forme extrême qu'elle prend pour celui qui, poussé à bout par la vie, ne voit d'autre issue que d'y mettre un terme.

---

[16] p. 235

Notions abordées : amour, lutte, vivant, communauté, consentement

Sujet 5
« Mais moi, j'aime ceux qui vivent aujourd'hui sur la même terre que moi, et c'est eux que je salue. C'est pour eux que je lutte et que je consens à mourir. » Vous analyserez et commenterez cette réplique de Kaliayev extraite de la pièce d'Albert Camus *Les Justes* (1949), à la lumière des œuvres au programme.

Corrigé proposé par Jacques Bianco

I Analyse du sujet

1 Analyse des termes du sujet

Les personnages en lutte proclament souvent qu'il faut continuer à se battre en hommage à ceux qui sont morts en défendant leur cause. Kaliayev affirme quant à lui que c'est « ceux qui vivent aujourd'hui sur la même terre que [lui] » qui animent son combat ; la singularité de sa position est suggérée par l'adversatif « mais ». Son propos n'a rien d'absurde pour autant : c'est en effet pour ceux qui vivent encore que luttent activistes et militants. Mais ce qui est plus étonnant, c'est que les vivants sont seuls à animer la lutte (ni les morts, ni les ennemis n'y participent), singularité soulignée par la formule « c'est eux que je salue » – eux et pas les autres, exclus de la proclamation lyrique. L'amour de Kaliayev pour ses semblables (son lien aux autres êtres vivants est suggéré par le partage d'une « même terre ») est tel qu'il justifie même le sacrifice : il « consen[t] à mourir ». Cet amour sans borne et sacrificiel concourt à faire de ce personnage une figure éminemment christique.

Le salut, la lutte, le sacrifice : cette gradation, qui s'achève par l'acceptation de la mort, suggère l'ampleur de l'amour de Kaliayev pour ses semblables. Membre de la communauté des vivants, il est prêt, par amour pour elle, à s'en exclure. La démarche est on ne peut plus altruiste : l'individu s'oublie au profit du tout et ceux qui vivent l'emportent sur celui qui vit et lutte seul. La lutte anime l'existence de Kaliayev – peut-être lui donne-t-elle un sens. La force de vivre et celle de lutter, qu'il doit à sa communauté, ne font qu'une. Mais l'amour qu'il voue aux autres lui donne la force de vivre ainsi que celle de mourir. Nous pouvons y lire un paradoxe : l'amour pour les vivants est tel qu'il justifie d'aller jusqu'à la mort. En acceptant de mourir, Kaliayev s'exclut lui-même des bénéficiaires de sa démarche ; il renonce à la communauté à laquelle il doit pourtant sa force et les raisons de sa lutte.

2 Confrontation aux œuvres

La démarche de Kaliayev fait sans conteste écho à celle de Victor Hugo dans ***Les Contemplations*** : à l'abattement du deuil, à la vie mise en suspens à cause de la mort de Léopoldine, dans *Pauca meæ*, succède, dans *En marche*, la lutte depuis l'exil, pour les vivants (Auguste Vacquerie, les amis poètes, le peuple, et singulièrement les malheureux). Néanmoins, Hugo ne se dit jamais prêt à lutter jusqu'au sacrifice : au contraire, c'est dans la douleur du deuil que le poète se montre enclin à s'abandonner à la mort, une mort libératrice, qui lui promet les réconforts de l'au-delà. Le poète ne semble jamais aussi vigoureux – vivant ? – que lorsqu'il se consacre à ses semblables.

Une attitude similaire à celle de Kaliayev ne va pas nécessairement de soi dans la Biélorussie post-Tchernobyl : à quoi bon lutter contre la fatalité de la radiation quand on a vu sa communauté être ravagée ? Certains des survivants interrogés par **Alexievitch** présentent des similitudes avec le dévouement de Kaliayev : les personnes interrogées se battent pour protéger les survivants, pour établir la vérité des faits ; d'autres demeurent abasourdies, sans force et sans voix. Survivent également, dans cette mémoire collective, plusieurs sacrifiés qui, quoique conscients des risques, ont offert leur vie, après l'accident, pour sauver celle des autres.

Il semble en revanche malaisé de trouver un lien entre notre sujet et la philosophie du ***Gai Savoir*** ; la démarche altruiste de Kaliayev, qui touche presque à un idéal de sainteté, serait incompréhensible à l'amoralité nietzschéenne. Comment consentir au sacrifice de soi quand c'est justement la vie, *sa* vie, qui aspire à l'exultation promise par le gai savoir ? Mais par-delà l'incommensurabilité apparente entre le sujet et l'œuvre, il ne faut pas omettre que Nietzsche enseigne comment « retirer de l'existence la plus grande fécondité et la plus grande jouissance » – que l'extrémisme de Kaliayev le conduit sans doute à éprouver... Si les moyens sont différents (l'altruisme de l'un incompréhensible à l'autre), sans doute les fins sauraient-elles se rejoindre dans une commune exaltation du vivant.

3 Problématique

Kaliayev s'oublie au profit de la communauté à laquelle il appartient, omettant presque qu'il est lui-même vivant. Dans quelle mesure l'amour pour les vivants peut-il se concilier avec le consentement au sacrifice ?

II Plan détaillé

I L'amour pour le vivant justifie la démarche altruiste
1. La célébration du vivant suppose la lutte pour la vie
2. L'appartenance à une communauté transcende l'individu
3. Le danger comme principe vital

Puisque c'est l'amour pour les vivants qui donne la force à l'individu, son dévouement devrait s'arrêter au seuil de la mort : il ne saurait renoncer à la communauté qui justifie son action.

II On ne peut vivre et lutter pour les vivants en oubliant sa propre vie

1. Un idéal christique inenvisageable pour un simple mortel
2. C'est par le prisme de sa propre vie que l'homme aime les autres
3. Renoncer à la vie, c'est renoncer à la communauté qui justifie cette mort

Nous constatons les limites de la conciliation entre lutte et sacrifice pour sa communauté, puisque la mort entraîne l'exclusion de celle-ci. Consentir à sa mort est moins une manifestation de la lutte qu'un renoncement à celle-ci.

III Accepter la mort, c'est renoncer à l'amour et à la lutte pour les vivants

1. La mort y met un terme
2. C'est donc contre la mort (la sienne et celle des autres) qu'il faut lutter
3. Renversement de la démarche altruiste : lutter pour la vie des autres entraîne l'exaltation de sa propre vie

III Dissertation rédigée

Le dévouement sans limite d'un membre à sa communauté peut être de plusieurs natures : religieuse (la dévotion est dépêchée par Dieu), philosophique (la partie doit se subordonner au tout), politique : les valeurs et les idéaux d'un groupe uni transcendent les individus qui le composent au point de pousser les militants les plus extrêmes à se sacrifier en leur nom.

Dans *Les Justes* de Camus, Kaliayev s'inscrit dans cette lignée en déclarant : « Mais moi, j'aime ceux qui vivent aujourd'hui sur la même terre que moi, et c'est eux que je salue. C'est pour eux que je lutte et que je consens à mourir. » Seule la vie, et plus précisément les vivants, justifient la lutte de Kaliayev : ni les morts ni l'oppresseur ne sont évoqués dans l'exposition de sa démarche. Kaliayev s'inscrit dans une vaste communauté, définie par le partage d'une même terre, et surtout par la vie qui anime chacun de ses membres. Kaliayev lutte pour les vivants, qu'il aime sans limite et qui lui confèrent la force de vivre, de lutter, et même de mourir. Or, la possibilité de la mort ne va pas de soi : en se sacrifiant, Kaliayev renonce à la communauté qu'il aime et qui justifie ses actes. L'amour, qui anime la vie de Kaliayev, la menace tout à la fois ; Kaliayev s'oublie au profit de sa communauté, omettant presque qu'il est lui-même vivant. Dans quelle mesure l'amour pour les vivants peut-il se concilier avec le consentement au sacrifice ?

Certes, l'amour pour une communauté d'êtres vivants justifie le dévouement le plus total ; mais l'individu refuse le plus souvent un sacrifice qui n'est même pas souhaitable pour la communauté. Dès lors, cette lutte menée au nom d'une communauté aimée doit permettre de préserver la vie des autres tout en exaltant la sienne propre.

PUISQUE l'amour voué aux autres êtres vivants anime l'existence et justifie ses actions, le dévouement individuel ne doit connaître aucune limite.

Dans *Les Contemplations*, après la douleur du deuil de *Pauca meæ*, la célébration du vivant dans *En marche* semble faire renaître le poète. L'abandon des forces laisse place à une vigueur mêlant exaltation de la vie et lutte politique. C'est en effet depuis l'exil auquel l'a contraint le coup d'État de Louis-Napoléon Bonaparte qu'écrit Hugo, par exemple en l'honneur d'Auguste Vacquerie, frère vivant du mari décédé de Léopoldine[1]. La lutte due au contexte politique enjoint le poète à chanter les vivants après avoir pleuré les morts. Chez Nietzsche, la vie est célébrée de manière tout aussi intense, puisque le vivant est source de la connaissance du gai savoir et qu'il est mis en valeur dans toute sa nature, jusque dans les passions et pulsions qui le régissent. Au lieu d'être disciplinés, étouffés par les leurres de la morale et de la religion, les hommes sont invités à s'en émanciper et à s'épanouir grâce à cette vie qui les caractérise, une fois qu'ils l'ont choisie comme objet d'étude : « Année après année, je trouve [la vie] [...] plus vraie, plus désirable et plus mystérieuse [...] cette pensée que la vie pourrait être une expérimentation de l'homme de connaissance – et non un devoir, non une fatalité, non une tromperie ! »[2]

Dans cette perspective de lutte pour la vie, le sentiment d'appartenance à une communauté transcende la personne dont il anime et justifie les actes. Nombre d'individus, d'après les témoignages recueillis par S. Alexievitch, vouent leur vie à la préservation de la communauté à laquelle ils se subordonnent. En effet, parmi les liquidateurs, certains, Soviétiques passionnés, sont prêts à mourir pour la vie des leurs en montant volontairement sur le toit de la centrale, où ils doivent ratisser le combustible nucléaire. Un témoin, vice-président d'une association visant à préserver le souvenir de Tchernobyl et de ses morts, parle d'eux en ces termes : « Maintenant, ils agonisent... Et s'ils n'avaient pas fait cela ? Ce sont des héros et non pas des victimes de cette guerre qui ne semble pas avoir eu lieu. »[3] L'individu puise effectivement dans sa communauté la force qui le pousse à agir pour elle au détriment de lui-même ; dans *Écrit en 1846*, après une enfance royaliste, Hugo trouve dans sa nouvelle communauté – le peuple – la force de s'insurger contre le marquis du

[1] V, I, p. 221 [2] § 324, p. 260 [3] p. 140

C. d'E... et les idéaux auxquels il adhérait plus jeune, au nom de « l'homme en pleurs »[4], incarnation du peuple pour lequel le poète se bat.

Or, cette lutte menée pour une communauté qu'on aime s'accommode parfaitement du danger ; c'est même parfois en le bravant pour elle que l'individu vit le plus pleinement, conférant peut-être un sens à son existence, comme s'il était plus facile de vivre pour les autres que pour soi. *La Supplication* évoque de nombreux exemples de cet héroïsme aveugle avec lequel l'individu se voue sans limite aux intérêts de sa patrie ; le mythe soviétique est en effet plusieurs fois identifié – que cela soit ou non valorisé par la personne interrogée – comme moteur du courage des hommes : « La vie est une lutte. Nous avons besoin de lieux pour « manifester du courage et de l'héroïsme ». Un lieu pour y planter un drapeau. [...] [S]i l'on m'avait donné un drapeau, j'y serais allé moi-même. »[5] Chez Nietzsche également, le danger apparaît comme un moyen de sublimer sa propre existence, d'exalter la vie (quoique ce ne soit pas pour les autres, mais pour soi-même, que Nietzsche défend ce précepte) : « le secret pour retirer de l'existence la plus grande fécondité et la plus grande jouissance, c'est : *vivre dangereusement* ! »[6] Mais si le danger peut être envisagé comme un principe vital, il ne saurait aller jusqu'à la mort, puisqu'il irait alors à l'encontre de cette vie qu'il anime et qu'il défend pour les autres.

Puisque c'est l'amour pour les vivants qui donne la force à l'individu, son dévouement devrait s'arrêter au seuil de la mort : il ne saurait renoncer à la communauté qui justifie son action.

Si l'on peut vivre et lutter pour ses pairs, quitte à braver le danger, il semble difficile, voire impossible, d'aimer le vivant en oubliant qu'on est soi-même en vie.

En effet, l'attitude de Kaliayev correspond moins à une lutte engagée qu'à un idéal christique inenvisageable pour un simple mortel, chez qui l'amour pour les autres a nécessairement des limites. La plupart des témoignages de *La Supplication* révèlent que l'égoïsme, dans ses manifestations variées, se réveille à l'heure de la catastrophe et que celle-ci entraîne moins l'union que la rivalité. Ce trait essentiel de l'être humain, incapable d'aimer autrui davantage que lui-même, est suggéré par l'anecdote à valeur d'apologue ou de fable morale qui donne son titre au témoignage d'un liquidateur : « Jésus passe près de la maison d'un habitant de Jérusalem qui a une rage de dents. Le Christ tombe [...]. L'homme voit tout et entend tout [...] mais, à cause de sa rage de dents, il ne sort pas dans la rue. »[7] Hugo, déplorant la misère de l'homme à cause de l'homme,

[4] V, III, p. 230 [5] p. 98–99 [6] § 283, p. 231 [7] p. 99

défend la même idée lorsqu'il écrit que « le sang de Jésus tombe en vain, goutte à goutte, / Depuis dix-huit cents ans »[8] : non seulement le sacrifice de Kaliayev est un miracle impossible parmi les hommes, mais ceux-ci ne se montrent même pas dignes du sacrifice originel, car l'amour de soi prime.

Dès lors que l'individu se met au centre, aux dépens de sa communauté peut-être, c'est justement par le prisme de sa propre vie qu'il en vient à aimer les autres vivants – et à se forger cette communauté dont la force l'anime. Dans *Lueur au couchant*, Hugo suggère que son expérience et son caractère propres l'ont conduit à lutter pour le peuple aimé : « J'allais errer tout seul parmi les riants groupes, / [...] / Trouvant ainsi moyen d'être un et d'être tous, / Et d'accorder en moi [...] / L'amour du peuple avec mon goût de solitude. »[9] Nietzsche, après avoir reproché à une foule d'hommes leur attitude, engendrée par la peur ou la faiblesse, en vient à dessiner, en creux, une communauté d'hommes aptes à vivre comme lui ; il emploie le pronom « nous » pour désigner ces êtres, seuls dignes du philosophe : « Quel que soit le lieu où nous parviendrons, nous y trouverons toujours autour de nous liberté et lumière du soleil. »[10] C'est bien parce qu'il a appris à connaître sa propre vie, qu'il a senti ce qui le distinguait, que Nietzsche se forge une communauté, une certaine classe d'hommes qui lui ressemblent.

Dans la mesure où l'individu est le noyau autour duquel se constitue la communauté, celui-ci ne peut choisir de renoncer à sa vie – d'autant plus que ce serait aussi renoncer à ceux qui, selon Kaliayev, justifient cette mort. On ne peut imaginer Nietzsche se dévouer à ce « nous », lui qui a acquis pour principe intangible de ne pas étouffer pulsions et passions intimes, et qui accepte avec joie la pensée de l'éternel retour reposant sur l'amour inconditionnel de sa propre existence : « combien te faudrait-il aimer et toi-même et ta vie pour ne *plus aspirer* à rien d'autre qu'à donner cette approbation et apposer ce sceau ultime et éternel ? »[11] L'homme nietzschéen a en horreur l'idée de renoncer à sa propre existence, mais d'autres refuseraient de renoncer à leur communauté aimée, pour laquelle ils luttent, et à laquelle la mort les arracherait. Dans *La Supplication*, un enseignant, abasourdi par la catastrophe absurde qui a touché les siens, consacre son temps à essayer de comprendre comment sa communauté peut continuer à vivre. Il déclare : « Je veux vivre après Tchernobyl et ne pas mourir de Tchernobyl. Je veux comprendre... »[12] Le combat de cet homme, mené au nom de sa communauté, n'a de sens que tant qu'il est en vie.

Nous constatons les limites de la conciliation entre lutte et sacrifice pour sa communauté, puisque la mort entraîne l'exclusion de celle-ci.

[8] V, III, p. 231 [9] p. 254 [10] § 294, p. 240 [11] § 342, p. 280 [12] p. 128

Consentir à sa mort est moins une manifestation de la lutte qu'un renoncement à celle-ci.

ACCEPTER la mort au nom de sa communauté, c'est en fait renoncer à l'amour qu'on voue à celle-ci et à la lutte qu'on mène pour elle. Le dévouement individuel doit prendre une autre forme que le sacrifice, qui est absolument inenvisageable.

La première raison à cela est que la mort interrompt la lutte : si l'action menée n'est pas vaine (comme le travail des liquidateurs), elle sonne la fin de l'amour et de la protection des siens. Le poème *On vit, on parle* de Victor Hugo suggère le caractère brutal et définitif de la mort, après une vie faite d'amour (« On aime, on est aimé ») et d'engagement (« On jette sa parole aux sombres assemblées »). Ses dix-neuf premiers vers décrivent les vicissitudes de la vie, et le vingtième sonne comme une sentence : « Puis, le vaste et profond silence de la mort ! »[13] C'est la raison pour laquelle, chez Nietzsche, la pensée de l'éternel retour doit être joyeuse : il faut aimer la vie au point de vouloir refuser de la perdre. L'idée de la mort la rend d'autant plus exaltante : « Je connais mieux la vie pour avoir été si souvent sur le point de la perdre : et c'est justement pourquoi je *possède* plus, en fait de vie, que vous tous ! »[14] Certes, le philosophe n'est pas dévoué à quelque communauté et c'est sa propre existence qu'il sert, mais l'amour du vivant rend inenvisageable son consentement à la mort.

Il faudrait donc lutter contre la mort, la sienne et celle des autres. Nietzsche, pourtant loin d'un dévouement communautaire, se félicite que l'homme (moins par raison que par aveuglement) se refuse à « se sentir comme une confrérie de la mort », c'est-à-dire à agir sans être influencé par la certitude de sa fin. Ainsi se finit l'aphorisme : « J'aimerais contribuer en quelque manière à leur rendre la pensée de la vie encore cent fois *plus digne d'être pensée.* »[15] Ne pas sombrer dans la mort (dans la pensée de sa mort, dans la mort à venir) ne suffit pas : il s'agit toujours de célébrer la vie. Le sacrifice apparaît comme une extrémité contre-productive qui provoque la mort tout en voulant la vaincre ; le dévouement doit défendre la vie sans exception. Dans *La Supplication*, une résidente sans autorisation déplore la mort ou l'exil des siens. Vieille et seule, elle ne désire pas la mort pour autant et célèbre une vie qu'elle voit partout : « Tout vit ici. Absolument tout ! Le lézard vit, la grenouille vit. »[16] Les membres de cette nouvelle communauté, dans laquelle la vieille femme n'est entourée que d'animaux, se défendent les uns les autres ; nul sacrifice mais une protection mutuelle, le chat envers l'être humain – « Sans lui, je serais déjà morte »[17] – et réciproquement (elle raconte ensuite comment elle a sauvé un chat en le recueillant).

[13] IV, XI, p. 207 [14] § 303, p. 249 [15] § 278, p. 228 [16] p. 42 [17] p. 41

Puisque le sacrifice est une impasse, un obstacle à la lutte, il est préférable de renverser la démarche altruiste : aimer les vivants sans sacrifice n'entraîne pas la mort mais l'exaltation de sa propre vie. La lutte serait la finalité (et non la fin) de l'existence. C'est ainsi que débute *La Supplication*, par le témoignage d'une veuve préférant raconter l'amour plutôt que la mort[18] ; quoiqu'elle évoque les derniers jours de son époux qu'elle n'a pu protéger de la mort, c'est leur vie à deux et leur amour qui sont exaltés et qui confèrent son sens au récit. Ainsi s'achève *En marche*, ultime « salut » (on se rappelle les mots de Kaliayev) aux malheureux, dont la vie justifie la lutte du poète. Si s'engager pour les opprimés exalte l'existence, nourrir l'oppression provoque à l'inverse le vrai malheur : « Il n'est qu'un malheureux : c'est le méchant, Seigneur. »[19] Ainsi le poète réconcilie-t-il le dévouement à une communauté aimée et l'épanouissement de sa propre vie.

Si le dévouement de Kaliayev, au nom de son amour pour les siens, est plus que louable, le sacrifice de soi apparaît comme un écueil, dans la mesure où la lutte peut concilier amour pour autrui et exaltation de sa propre vie. La force de vivre et de lutter n'entraîne alors pas celle de mourir, mais de célébrer.

À l'instar des kamikazes japonais, l'histoire compte de nombreux exemples de vies sacrifiées à des causes politiques et religieuses, mais bien souvent ces hommes sont moins des humanistes dévoués que des fanatiques aveuglés. Rares sont les causes altruistes qui nécessitent la mort ; lutter pour l'idée au détriment du vivant fait verser le sacrifice dans le terrorisme.

IV Éviter le hors-sujet

Si Kaliayev vit et lutte pour les vivants, d'autres disent agir de même pour les morts (voir par exemple la dixième dissertation de cet ouvrage). Peut-on donc envisager ces deux sujets comme réciproques et les dialectiser de la même façon, en renversant l'argumentation ? Bien entendu, non. Ce n'est d'ailleurs pas de ce constat initial (Kaliayev lutte pour les vivants) que naît la réflexion, mais du problème que la citation suggère – ici, l'amour pour les vivants qui va jusqu'à l'acceptation de la mort.

Comme toujours, il faut prendre garde à la spécificité du sujet et ne pas le rattacher artificiellement à de grands développements tout faits (par exemple, l'opposition entre les vivants et les morts comme moteur de l'existence et des actions qui la régissent). Ici, la question posée est la suivante : ce que nous devons à notre communauté, l'amour que nous lui vouons, peuvent-ils vaincre la volonté de vivre, voire l'instinct de survie ?

[18] p. 30 [19] V, XXVI, p. 274

La force de vivre à l'épreuve du temps

Passages clés analysés et commentés

Texte n° 1

L'aube d'un nouveau demain

Victor Hugo, *Les Contemplations, Demain, dès l'aube* (p. 210)

Poème le plus célèbre des *Contemplations*, il est souvent étudié séparé du recueil, pour le seul lyrisme que le poète y déploie. Cependant, replacé dans la structure de *Pauca meæ*, il marque un tournant majeur pour le poète qui s'était jusque-là emmuré dans les souvenirs élégiaques.

Une mélancolie qui tourne le dos à la nostalgie

Le refus de la nostalgie

En effet, le poète n'est désormais plus prisonnier de la date du « 4 septembre », celle qui lui avait coupé la voix après les deux premiers poèmes. En revenant sans cesse à cette date au fil de *Pauca meæ*, le poète est comme enfermé, par le deuil, dans un éternel retour à la date fatidique. Cette fois-ci, cependant, le poème est daté du jour précédent, car le poète se prépare à se rendre sur la tombe de sa fille. Ce décalage lui permet de concevoir une échappatoire à la nostalgie, celle-ci étant le regret d'un temps révolu. En pensant à « l'aube » d'un « [d]emain » et en plaçant en début de vers des verbes au futur (« partirai », « irai », « marcherai », « regarderai », « arriverai »), le poète tourne le dos au passé et conçoit enfin l'avenir. Il emploie sont des verbes de mouvement (sauf « regarderai », à la forme négative) : il commence à se détacher de l'aspect « contemplatif » de la douleur (« sans rien voir ») et se met « en marche ».

L'expression du deuil

Cependant, ce refus de la nostalgie n'est pas pour autant l'abandon de tout sentiment mélancolique. Le poète reste affligé par le deuil, et du poème se dégage le lyrisme (l'expression des sentiments individuels) lié à la souffrance que cause la perte d'un être cher : « [s]eul », « [t]riste ». On a bien la mise en forme poétique d'un for intérieur : « les yeux fixés sur mes pensées, / Sans rien voir au dehors ». Le deuil est un moment de réflexion, au sens d'un retour à soi. Toutefois, si c'était la démarche adoptée par le poète depuis la mort de sa fille, c'est la première fois qu'il l'exprime de manière consciente, étape essentielle pour sublimer la douleur : la comprendre et l'accepter. Ainsi, il passe d'une parole adressée à l'être disparu comme s'il était encore vivant, « Vois-tu, je sais que tu m'attends », à « ta tombe », comme la mise en scène de l'acceptation du poète. Le geste final, celui de déposer une gerbe sur la tombe, devient symbolique de cette acceptation.

La solitude, source d'inspiration poétique

L'acceptation (forme finale du deuil) permet au poète, par la mise en forme de celle-ci, de trouver sa voix. La solitude, qui permet la réflexion, devient source d'inspiration. Le poète sublime sa douleur par le chant poétique.

Un être dans la nature

Le rôle joué par la nature dans le poème témoigne de ce travail poétique et du cheminement du poète. En effet, au début du poème, on a une image traditionnelle du poète au sein de la nature : « campagne », « forêt », « montagne » sont autant de lieux naturels qu'il doit traverser pour arriver à la ville d'Harfleur. Cette image est un cliché poétique, où le poète a confiance dans la nature pour se retrouver lui-même. Cependant, il ne fait que traverser la nature, et la destination est un port (soit une ville entre la mer et la terre, entre la nature sauvage et sa domination par l'homme). De même, les deux plantes évoquées dans le dernier vers du poème sont réduites à un « bouquet », soit la mise en forme de la nature par l'homme. Il y a bien la communion attendue du poète et de la nature, mais ce n'est qu'une étape, puisque le poète finit par dominer cette nature qu'il met en scène.

Un moi qui trouve sa voix

L'anaphore du pronom « je », associé au dialogue impossible avec la fille disparue et au champ lexical de l'isolement (d'un être hermétique au monde du « dehors »), insiste sur la solitude du poète. Les verbes au futur sont aussi l'expression d'une vision « à venir » du poète. Il ne s'agit plus d'être dans le deuil, mais bien d'exprimer le deuil, de créer les images qui diront la mélancolie du poète. Ainsi, c'est avec des rimes « croisées » comme ses « mains » que le poète trouve la manière de tenir, en trois quatrains d'alexandrins, selon une formule presque mathématique (4 × 3 = 12), toute l'expression de son malheur. L'image « le dos courbé » montre aussi bien un homme malheureux qu'un homme au travail.

Conclusion

« Demain, dès l'aube... » est un poème lyrique où le poète déploie un imaginaire lié au deuil. Mais c'est aussi un tournant dans *Pauca meæ*, puisque le poète envisage enfin l'avenir, notamment dans la mise en scène d'une voix qui se cherche. C'est à ce prix que le poète peut accepter la mort de sa fille.

Texte n° 2

L'illusion propre au présent

Nietzsche, *Le Gai Savoir*, § 317 *Coup d'œil rétrospectif* (p. 257)

Nietzsche refuse le renoncement, l'auto-dévalorisation, la mortification. À cela, il oppose l'affirmation de soi. Faut-il en conclure qu'il nous invite à acquiescer à n'importe quel mode de vie, dès lors qu'il nous plaît sur le moment ? Le bonheur présent a-t-il vocation à servir de guide pour le bonheur à venir ?

L'importance de la mise en perspective

Un bon moment...

Lorsqu'on vit un moment plaisant, qu'on a trouvé une routine qui nous satisfait, on a l'impression d'avoir découvert *la* façon de vivre qui nous convenait. Ce présent agréable nous semble la preuve que nous avons bien fait, bien agi, bien su composer avec le hasard. Il nous pousse à continuer de vivre ainsi, il nous en donne la force. À ce moment, le chemin pour réussir notre vie semble tout tracé : faire en sorte que tout continue ainsi.

...relu par un coup d'œil rétrospectif

Mais laissons le temps passer. Un air de musique rappelle à Nietzsche un de ces moments où tout semblait à sa place. À l'époque, il aurait préféré que ce moment dure toujours. Il avait l'impression qu'il en était responsable et qu'il avait donc la force de le faire perdurer. Pourtant, le « coup d'œil rétrospectif », l'effet du temps qui passe lui font comprendre qu'il s'est trompé. Il n'était ni faisable ni souhaitable de vivre ainsi pour toujours.

Les illusions du présent démasquées après coup

L'illusion du pouvoir et de la responsabilité

On se méprend en effet sur la part de notre action dans la qualité des moments vécus. Nous prenons pour un succès de notre seule vertu ce qui n'est que l'effet inévitable du contexte sur notre nature individuelle. Nous prenons pour le signe de notre *ethos* (vertu, qualité durable en grec) ce qui n'est que *pathos* (ce qui en nous est subi, relève de la passivité). Nous avons donc été les heureuses victimes du temps présent : car nous ne pouvions pas réagir ou agir autrement que nous l'avons fait. Dès lors, en même temps que notre croyance en notre responsabilité, disparaît notre croyance dans la possibilité de maîtriser vraiment l'avenir.

La passion du présent

De plus, nous avions alors l'impression que notre envie de faire durer ce moment découlait d'un examen rationnel. Il nous semblait que ce qu'il avait de précieux, nous l'avions bien étudié, pour en conclure qu'il fallait que cela dure. En cela, nous prenions encore pour une action (*ethos*) de notre raison ce qui n'était que l'effet naturel (*pathos*) de toute expérience plaisante. Pour Nietzsche, le présent apparaît naturellement comme un guide pour le bonheur futur. C'est par une pente naturelle que le plaisir nous amène à penser : « Encore ! » Nous ne maîtrisons ni la situation, ni nos idées.

Faire preuve de légèreté face aux illusions

S'épargner le regret et la déception

Cela veut-il dire qu'il faille critiquer ces illusions, et les abandonner ? Il serait en effet bienvenu de détruire une certaine partie de l'illusion. En arrêtant de penser que le présent pourrait et devrait durer, on peut s'épargner la souffrance de la déception et du regret. On évite aussi de réduire sa vie à la répétition du même, qui serait lassante et moins riche. Mais il ne s'agit pas de condamner l'impression de puissance et de contentement, qui n'a rien de négatif en elle-même. Il s'agit plutôt de ne pas en tirer une raison de regretter les bons moments passés.

Revaloriser l'inconstance et la discontinuité

Là est la subtilité de Nietzsche. En quelques mots, il nous met face à notre espoir, aussi inévitable que déraisonnable, de faire durer ce qui est bon. Or un philosophe qui place « la vérité » ou « la raison » au sommet de toutes les valeurs voudrait dissoudre ces illusions. Mais c'est ce que Nietzsche refuse ! L'intérêt de démasquer ces illusions n'est pas d'y mettre fin. C'est de ne plus les présenter comme des maux, des échecs. La prise de conscience sert à ne pas ajouter au présent ou à son souvenir une négativité anticipatrice (inquiétude, manque de confiance) ou rétrospective (regret, nostalgie). Ainsi le présent plaisant le serait-il encore plus, et son souvenir aussi.

Conclusion

Ce que le présent a de bon n'est jamais suffisant pour justifier que je cherche à le reproduire indéfiniment. Il faut, dans notre culture et dans notre existence, cesser de lier le bon à l'idée de durée, d'éternité, et devenir capable de profiter de l'éphémère. L'inconstance de nos désirs, de nos modes de vie n'est pas un défaut. Ce n'est ni se désavouer ni être incohérent que d'aimer ce qu'on a quitté, et d'aimer aussi le fait de l'avoir quitté !

Texte n° 3

Tchernobyl permet paradoxalement de maintenir la force de vivre

Alexievitch, *La Supplication*

Monologue sur ce regret du rôle et du sujet (p. 134–143)

Le retour sur la catastrophe et sur son sens est paradoxalement devenu, au cours du temps, une source d'énergie et de force pour maints témoins, comme l'atteste aussi, quoiqu'ironiquement, l'épilogue du livre faisant la réclame pour le tourisme dans la zone.

Requiem pour ceux qui nous ont sauvés du pire

Une litanie de souffrances oubliées, voire jamais avouées

Le témoin, Sobolev, responsable d'une association d'aide aux victimes de la catastrophe et de mémoire, rappelle à l'auteur une série de maux ayant frappé différents hommes envoyés en mission à la centrale ou à ses abords après l'explosion : l'un est « paralysé », mourant, faute d'argent pour une opération ; d'autres, ayant travaillé très près du réacteur déversant ses produits, en dessous ou au-dessus, sur les toits ou en hélicoptère, meurent peu à peu. Certains sont devenus impuissants, drame d'autant plus terrible qu'ils n'en parlent pas.

Des actes pourtant sensés dont le sens n'est plus dit

Sobolev rappelle aussi les actes courageux de ces hommes, assumés sans protestation : un chimiste-dosimétriste qui a cartographié la zone, les trois mille six cents soldats passés sur le toit pour renvoyer les débris dans le corps du bâtiment, tâche dont ne pouvaient s'acquitter les robots, détraqués par la radioactivité, la vidange de l'eau sous le réacteur, dont la transformation en vapeur aurait pu conduire à une explosion nucléaire, le jet de matières anti-incendie dans le réacteur en combustion. On a peu montré ces actes du « quotidien », car il fallait montrer des « actes d'héroïsme ».

Des actes sans remerciement ni récompense

Impossible pour Sobolev, chargé de soutenir trente-cinq veuves, de différencier leur situation pour les aider au mieux individuellement : il n'a pu que « partager l'argent à égalité ». De même, il est conscient de son impuissance à, d'une part, soulager de façon précise toutes ces situations et, d'autre part, à même les comprendre. Il se concentre donc sur la constitution du « Musée de Tchernobyl », dont on comprend qu'il est peut-être lui-même absurde.

« Tchernobyl... Il n'y aura plus jamais d'autre monde »

Un musée pour quoi faire ? Une mission pour quoi faire ?

Deux peurs saisissent Sobolev. D'abord, celle de ne faire que commémorer des morts, alors qu'il faudrait aider des vivants : « Nous sommes des mendiants. [...] Et l'État se comporte comme un escroc qui a abandonné ces gens. Lorsqu'il mourra, on donnera son nom à une rue [...]. Mais ce sera après sa mort... » Puis, celle de contribuer à banaliser « [l]e sens de l'abnégation » de ces hommes, de le réduire, comme on le lui a dit, à « [u]ne sorte de fatalisme asiatique », lié « au prix très bas de la vie humaine chez nous », une réponse à un système qui « aurait proposé la mort comme moyen de donner un sens à la vie ». Or, s'il pense que les Soviétiques ont « été élevés pour devenir des soldats », il veut que son musée soit une célébration qui ne cède pas à l'héroïsme faux de la propagande de l'époque : une célébration de cette capacité d'abnégation, de ce dévouement à la mission à accomplir.

Un monde dont l'explication et l'exploration ont toujours un sens

Le musée doit donc dire les « héros [...] de cette guerre qui semble ne pas avoir eu lieu », héros et non victimes : il doit reviriliser ces hommes qu'un journaliste anglais cherche à faire parler sur les conséquences des radiations sur leur sexualité, et que fuient les jeunes filles : « Au lit, ils ne valent rien. » Parallèlement, du fait des mensonges et trahisons des États, là encore soulignés par le journaliste anglais, qui l'oblige à constater le pillage des sépulcres d'objets radioactifs, ce musée doit rétablir une vérité modeste, factuelle, et en cela héroïque, contre les « racontars » « audacieux ».

L'intérêt pour Tchernobyl est dans l'énergie du contact avec la mort

La difficulté de la tâche accable Sobolev, qui constate cependant pour la deuxième fois qu'il supporte sa mission, et rejoint la question initiale qu'il posait, celle de « l'envie de philosopher » que provoque Tchernobyl. Lui apparaît alors un autre facteur : Tchernobyl énergise, donne envie, aux gens qui viennent rencontrer les survivants, aux gens qui en parlent, énergie qu'il ne peut que s'expliquer comme l'énergie que procure à un prêtre qu'il connaît « l'office des morts ». Serait-ce la grande envie de vivre qui viendrait du fait de voir la mort en face ?

Conclusion

Tchernobyl représente donc une cause énergisante, une raison de vivre que le temps a aidé à structurer en tant que telle : le caractère meurtrier de la catastrophe, l'héroïsme humble auquel elle a donné lieu et le rapport direct à la mort de la catastrophe elle-même sont en eux-mêmes des moteurs de la vie.

Notions abordées : apprentissage, temps, art de vivre, improvisation

Sujet 6
« Le temps d'apprendre à vivre il est déjà trop tard ». Vous analyserez et commenterez cette citation de Louis Aragon (« Il n'y a pas d'amour heureux », *La Diane française*, 1944) à la lumière des œuvres au programme.

Corrigé proposé par Quentin Delayen

I Analyse du sujet

1 Analyse des termes du sujet

« Apprendre à vivre » semble être l'expression centrale de ce vers d'Aragon. En effet, la formule du poète repose sur un présupposé fondamental : on peut apprendre à vivre, et c'est à cela que l'on passe l'essentiel de notre vie. En d'autres termes, cela signifie que la connaissance de la manière de vivre ne précède pas la vie, mais que, au fil de notre vie, on découvre progressivement comment vivre. Cet apprentissage est un long processus, comme en témoigne l'insistance d'Aragon sur la durée : le vers commence significativement par « le temps ».

Cet enjeu se retrouve dans le deuxième hémistiche, qui juxtapose de façon presque oxymorique deux adverbes temporels, « déjà » et « trop tard ». Cette association, introduite par une tournure impersonnelle, confère à la fin de ce vers un aspect mystérieux. En effet, on ne sait pas pourquoi il est *trop tard* : est-ce pour vivre pleinement, une fois que l'on a appris comment le faire ? Ce « trop tard » est-il synonyme de la mort, ce qui signifierait que la vie s'est consumée en cherchant à se comprendre ? L'adverbe « déjà » semble indiquer, en tous cas, une dimension de regret face à une vie qui échappe à celui qui l'a vécue en cherchant à la comprendre.

Le sujet apparaît ainsi particulièrement pessimiste, surtout si on le met en relation avec le titre du poème dont il est extrait, autre formule sentencieuse marquée, comme notre sujet, par la tournure impersonnelle et le présent de vérité générale : « Il n'y a pas d'amour heureux ». En effet si « le temps d'apprendre à vivre » amène à un « déjà trop tard », il serait vain d'effectuer cet apprentissage, puisqu'on peut toujours « apprendre » de la vie, mais jamais « à vivre ».

2 Confrontation aux œuvres

Nietzsche, à l'inverse d'Aragon, place dans *Le Gai Savoir* certaines connaissances comme conditions à la vie heureuse. Cependant, cette connaissance ne doit pas se faire n'importe comment : ce n'est pas, notamment, à travers la religion que l'on peut apprendre à vivre. De manière plus générale, chercher à comprendre la vie en dehors des phénomènes naturels, sur le modèle d'une science théorique, serait une erreur. Nietzsche encourage donc l'apprentissage de la vie, mais pose clairement les conditions et les limites de cet apprentissage, qui, mal pratiqué, pourrait en effet arriver au « déjà trop tard » dont parle Aragon.

Hugo, dans la majorité des poèmes des livres IV et V des *Contemplations*, présente le déroulement de la vie humaine comme un destin décidé par Dieu, une fatalité dans laquelle la volonté n'intervient pas. Il ne serait alors pas nécessaire d'apprendre à vivre, puisque cela ne changerait rien à notre existence. L'apprentissage de la vie se résumerait donc à la prise de conscience et à l'acceptation de cette puissance divine, ce qui permettrait de se mettre « avec le monde en équilibre ».

Dans *La Supplication*, et particulièrement dans l'interview préalable qu'elle réalise d'elle-même, **Svetlana Alexievitch** affirme que la connaissance et la compréhension de l'événement de Tchernobyl sont nécessaires pour vivre encore. D'après elle, l'horreur de la vie après Tchernobyl est redoublée par l'ignorance face à cette catastrophe : ne pas pouvoir nommer sa souffrance paraît alors aussi douloureux que de la ressentir. L'écrivain justifie ainsi sa démarche littéraire : par son recueil de témoignages, elle participe à l'apprentissage de la vie.

3 Problématique

Puisque, selon la conception d'Aragon, « apprendre à vivre » ne permet pas, voire empêche de vivre, il faudrait alors renoncer à cet apprentissage avant qu'il ne soit « déjà trop tard ». Ne vit-on pas mieux sans avoir appris à vivre ?

II Plan détaillé

I La vie ne commence que quand on renonce à la comprendre : renoncer à apprendre à vivre permet de vivre pleinement
1. Apprendre à vivre est vain et empêche de vivre
2. Il n'y a pas d'enseignement à tirer de la vie intense
3. Cette vie improvisée donne l'illusion du bonheur

Ce chemin de vie instinctif, sans apprentissage, peut donner l'impression d'être heureux, mais fait craindre une désillusion, manifestant qu'il est « déjà trop tard ».

II Puisque lutter contre la mort serait « déjà trop tard », il faut apprendre à vivre avec l'idée de la mort

1. La peur de mourir empêche de vivre : l'apprentissage ne peut mener qu'à un « déjà trop tard »
2. À l'inverse, penser la mort tout au long de sa vie constitue un art de vivre
3. Apprendre à mourir, c'est alors pouvoir vivre plus fortement

En apprenant à vivre avec l'idée de la mort, on cultive un art de vivre, qui, même vain, n'est pas sans effet consolateur.

III Vivre sans avoir appris à le faire peut mener à la souffrance : l'art de vivre apparaît comme consolation nécessaire. C'est en cherchant à apprendre à vivre, même sans y parvenir, que l'on vit effectivement

1. La vie est un mystère ; vivre c'est chercher à le résoudre, même sans y parvenir
2. Il faut tenter de comprendre la souffrance pour la dépasser
3. Apprendre à vivre, c'est admettre qu'on ne peut pas changer sa vie : l'art de vivre est un processus sans finalité

III Dissertation rédigée

Le film *Huit femmes*, réalisé par François Ozon, sorti en 2002, se conclut sur un ton tragique, avec l'interprétation, par Danielle Darrieux, du poème de Louis Aragon, *Il n'y a pas d'amour heureux*. Celui-ci est alors explicitement associé à une vision pessimiste de la vie et de l'amour.

Cette vision semble se confirmer si l'on étudie précisément le vers : « Le temps d'apprendre à vivre il est déjà trop tard ». L'expression centrale du vers, c'est « apprendre à vivre ». En effet, cette formule d'Aragon repose sur un présupposé fondamental : on peut apprendre à vivre, et c'est à cela que l'on passe l'essentiel de notre vie. Cette conception semble cependant n'être suggérée que pour être immédiatement dépassée, pour arriver à l'idée d'une vie qui échappe à celui qui l'a vécue en cherchant à la comprendre. En effet si « le temps d'apprendre à vivre » amène à un « déjà trop tard », il serait vain d'effectuer cet apprentissage, puisqu'on peut toujours « apprendre » de la vie, mais jamais « à vivre ». Selon la conception d'Aragon, « apprendre à vivre » ne permet pas, voire empêche de vivre ; il faudrait alors renoncer à cet apprentissage avant qu'il ne soit « déjà trop tard ». Ne vit-on pas mieux sans avoir appris à vivre ?

La vie semble ne commencer que quand on renonce à la comprendre ; il faudrait renoncer à apprendre à vivre pour vivre pleinement. Mais vivre à l'aveugle, sans chercher à tirer aucun enseignement, provoque une désillusion plus grande encore. C'est en fait justement parce que cet apprentissage est vain qu'il faut apprendre à vivre avec l'idée de la mort. Cet « art de vivre », même s'il est toujours imparfait, conduit à une consolation nécessaire.

LA CITATION d'Aragon présente comme vain tout effort pour apprendre à vivre : la vie ne se déroule pas selon un projet réfléchi.

Il faut renoncer à apprendre à vivre car la vie n'offre aucune certitude. La seule assurance que peut apporter la vie, c'est qu'elle prendra fin, comme le formule Hugo en concluant le poème XI de *Pauca meæ* : « On arrive, on recule, on lutte avec effort... – / Puis, le vaste et profond silence de la mort ! »[1] Ainsi, la « lutte » pour comprendre la vie n'aurait ni sens ni pertinence, car elle ne trouverait pour réponse que le « silence de la mort ». En d'autres termes, la vie fait naître un questionnement qui n'apporte pas d'autre réponse que la mort. C'est pourquoi Nietzsche estime dans la préface (§4) du *Gai Savoir*, que la recherche de la vérité est non seulement vaine mais peut nuire à la vie : « Non, ce mauvais goût, cette volonté de vérité, de "vérité à tout prix", cette démence d'adolescent dans l'amour de la vérité nous fait horreur »[2]. Cette conception peut être généralisée à la vie dans son ensemble : le meilleur moyen de vivre serait de le faire sans y chercher un enseignement.

Ce parti-pris apparaît plutôt risqué : il faudrait alors renoncer à vivre raisonnablement, à cultiver un art de vivre, et ainsi accepter de « vivre dangereusement ». C'est en prenant des risques que l'on peut tirer de la vie le plus grand bénéfice, comme le formule Nietzsche (§283) : « Car, croyez-moi ! Le secret pour retirer de l'existence la plus grande fécondité et la plus grande jouissance, c'est : *vivre dangereusement* ! »[3] Toutefois, le risque et l'incertitude rendent le contenu de la vie inexprimable, comme l'énonce « une voix solitaire » dans le prologue de *La Supplication* : « Les gens n'ont pas envie d'entendre parler de la mort. De l'horrible... »[4] Pourtant, l'ignorance au moins partielle du danger nous permet de nous engager à jouer le jeu risqué qu'est la vie.

Au-delà d'empêcher de considérer le malheur, cette vie improvisée donne même l'illusion du bonheur. Hugo fait ainsi l'éloge dans *Écrit en 1846* d'un chemin de vie instinctif : « Vous dites : Où vas-tu ? Je l'ignore ; et j'y vais. / Quand le chemin est droit, jamais il n'est mauvais. / [...] Je vois, et rien de plus ; je crois, et rien de moins. / Mon avenir à moi n'est pas un de mes soins. »[5] Le « chemin » suivi n'est pas lié à une réflexion

---

[1] p. 207 [2] p. 32 [3] p. 231 [4] p. 30 [5] p. 234–235

préalable ni à un apprentissage ; il mène au but justement parce qu'il n'est pas pensé : en cela, vivre c'est errer. Cette vie déconnectée des préoccupations existentielles apparaît rassurante pour l'homme, mais ce bonheur, permis par l'improvisation, n'est qu'une illusion, et Nietzsche (§ 295), d'ailleurs, craint plus que tout une vie sans habitude établie : « La chose sans conteste la plus insupportable, la chose vraiment terrifiante serait pour moi une vie entièrement vierge d'habitudes, une vie qui exige continuellement l'improvisation : – ce serait mon exil et ma Sibérie. »[6] La comparaison à l'exil est ici éclairante : vivre sans apprendre, c'est en fait s'éloigner de la vie, en ayant l'impression de l'avoir trouvée.

Ce chemin de vie instinctif, sans apprentissage, peut donner l'impression d'être heureux, mais fait craindre une désillusion, manifestant qu'il est « déjà trop tard ».

Il est vain de réfléchir à sa vie, car cela nous conduirait à penser à la mort, seule vérité offerte par la vie. Pour pouvoir accéder à cette vie improvisée, il faut toutefois se libérer de l'angoisse de la mort en apprenant à vivre avant qu'il ne soit « déjà trop tard ».

En effet, la peur de mourir peut empêcher de vivre : ce « déjà trop tard » rendrait vains à la fois l'apprentissage et la vie elle-même. Alexievitch rapporte dans le « Monologue sur ce dont on peut parler avec les vivants et les morts » que la mort fait peur parce qu'on ne la connaît pas : « Il n'est pas difficile de mourir, mais cela me fait peur »[7], contrairement à la radiation qui n'effraie pas parce qu'elle a été vue : « Nous n'étions pas très effrayés par cette radiation. Si on ne l'avait pas vue, on en aurait peut-être eu peur, mais lorsque nous l'avons vue, il n'y avait pas de quoi en être tellement effrayé. »[8] La mort effraie parce qu'elle est invisible, inconnue, et ainsi elle nuit à la quiétude de la vie. La souffrance que peut causer la mort, dans le cas du deuil pour Hugo, empêche de voir la vie sous d'autres aspects que notre douleur (*À Villequier*) et de la comprendre : « l'œil qui pleure trop finit par s'aveugler »[9]. La mort, en tant que seule certitude, rend confus tout le reste de la vie.

Puisqu'il serait dangereux d'avoir peur de la mort, et vain de tenter de lutter contre elle, il faut apprendre à vivre avec l'idée de la mort. Selon la conception de Nietzsche (§303), le péril mortel est ce qui permet de connaître la vie, et ainsi de la posséder : « je connais mieux la vie pour avoir été si souvent sur le point de la perdre ; et c'est justement pourquoi je *possède* plus, en fait de vie, que vous tous ! »[10] Prendre conscience de la fragilité de la vie permet alors paradoxalement de vivre plus fortement. La souffrance alors n'aveugle plus, mais à l'inverse permet

[6] p. 242 [7] p. 37 [8] p. 38 [9] p. 214 [10] p. 249

d'accéder à une clairvoyance nouvelle, plus sereine : « La vie en larmes m'a doucement corrigé »[11], se convainc Hugo dans le poème *Écrit en 1846*. Apprendre à vivre n'est donc pas un projet préalable de celui qui vit, mais un effet de la vie elle-même.

Plutôt que d'apprendre à vivre, il faut chercher à apprendre à mourir. On peut ainsi vivre plus fortement. Alexievitch, dans le « Monologue sur le regret du rôle et du sujet », évoque à ce propos l'énergie donnée par la mort, comme le rapporte un prêtre : « Dans de tels moments, je me sens tout-puissant. Aucune cérémonie religieuse ne me donne autant d'énergie que l'office des morts. »[12] De même, des journalistes étrangers avouent : « Cela nous plaît de venir ici. Cela nous donne une charge énergétique puissante. »[13] Le rapport à la mort offre paradoxalement l'énergie nécessaire pour vivre. La connaissance de la mort donne alors sens à la vie et permet de l'affronter sereinement, comme Victor Hugo le formule dans « À Aug. V. » : « Trouvant la chute belle et le malheur propice, / Calme, tu t'es jeté dans le grand précipice ! »[14] Apprendre à vivre, c'est alors aussi trouver une beauté dans la mort et dans le malheur, afin d'accepter une vie qui mène à l'une en passant par l'autre.

En apprenant à vivre avec l'idée de la mort, on cultive un art de vivre, qui, même vain, n'est pas sans effet consolateur.

SI LA vie ne peut se comprendre que par la mort, l'art de vivre s'imposerait alors comme une consolation. Bien que cet apprentissage soit vain, il paraît nécessaire.

La vie apparaît comme un mystère qu'il faudrait chercher à résoudre. Ce serait alors cette quête qui serait plus importante que l'enseignement tiré lui-même. Alexievitch justifie ainsi dans l'« Interview de l'auteur par elle-même sur l'histoire manquée » sa démarche d'écriture par l'exploration du *mystère* de Tchernobyl : « Je m'intéressais aux sensations, aux sentiments des individus qui ont touché à l'inconnu. Au mystère. Tchernobyl est un mystère qu'il nous faut encore élucider. »[15] Apprendre à vivre, ce serait alors tenter d'« élucider » l'« inconnu » que nous rencontrons : cela donnerait sens à notre vie, et nous permettrait de vivre plus sereinement que dans l'improvisation inconsciente. Hugo, dans son poème dédicacé au marquis de C. d'E..., pose une question qui revendique une réflexion active sur la vie : « Dois-je exister sans être et regarder sans voir ? »[16] Le regard sur la vie n'est pas la simple contemplation d'une existence indépendante de tout projet : il permet de « voir » et donc d'apprendre. Nietzsche fait très clairement (§ 324) l'éloge de la vie comme accès au savoir : « "*La vie, moyen de la connaissance*" – avec ce principe au

---

[11] p. 229 [12] p. 142 [13] p. 142 [14] p. 222 [15] p. 30 [16] p. 228

cœur, on peut non seulement vaillamment, mais même *gaiement vivre et gaiement rire* ! »[17] À l'inverse de la vie improvisée, comparée à l'exil, la vie à laquelle on peut réfléchir est source de plaisir, voire de bonheur.

On vit ainsi mieux, si notre connaissance nous permet de trouver la lumière dans ce qui paraissait de l'ombre. Alexievitch, dans l'interview qu'elle fait d'elle-même, en commençant *La Supplication*, confirme que pour vivre avec la souffrance, pour l'accepter, il faut la comprendre et d'abord la nommer : « Chaque chose reçoit son nom lorsqu'elle est nommée pour la première fois. Il s'est produit un événement pour lequel nous n'avons ni système de représentation, ni analogies, ni expérience. [...] Pour comprendre, l'homme doit dépasser ses propres limites. »[18] L'homme doit alors apprendre à dépasser les limites de son expérience pour comprendre ce qu'il vit, et pouvoir le vivre. On peut dépasser sa souffrance, en tentant de la comprendre, de la reconsidérer, grâce à un regard renouvelé. Dans l'aphorisme 299 du *Gai Savoir*, à propos « De ce que l'on doit apprendre des artistes », Nietzsche nous y invite : « De quels moyens disposons-nous pour nous rendre les choses belles, attirantes, désirables lorsqu'elles ne le sont pas ? – et je suis d'avis qu'elles ne le sont jamais en soi ! [...] mais *nous*, nous voulons être les poètes de notre vie, et d'abord dans les choses les plus modestes et les plus quotidiennes. »[19] Ainsi, selon le philosophe, la beauté tient d'abord à notre propre poésie, à notre propre compréhension du monde plutôt que de résider dans les choses elles-mêmes.

Paradoxalement, l'apprentissage de la vie est nécessaire parce qu'il est vain : apprendre à vivre, c'est aussi reconnaître que l'influence de notre volonté sur le déroulement de notre vie est réduite, voire nulle. Hugo répète ainsi souvent dans *Les Contemplations* que la vie est une fatalité et qu'il ne faut pas tenter de la changer, en particulier dans le poème *À Villequier* : « Puisque ces choses sont, c'est qu'il faut qu'elles soient »[20]. Une fois admis l'aspect au moins partiellement nécessaire de notre vie, il nous faut apprendre à apprécier l'inéluctable ; c'est bien à cet *amor fati*, c'est-à-dire non seulement à l'acceptation des choses mais à la compréhension que toute réalité est bonne, que s'emploie Nietzsche lorsqu'il affirme tout au début du quatrième livre qu'il « veu[t] apprendre toujours plus à voir dans la nécessité des choses le beau »[21]. L'emploi du terme « apprendre » est ici particulièrement significatif : pour « embellir les choses », il faut apprendre à aimer de la vie ce que nous ne pouvons pas y changer.

---

[17] p. 261 [18] p. 31–32 [19] p. 244 [20] p. 212 [21] p. 225

Si apprendre à vivre semble vain face à la fatalité de la vie, c'est pourtant cette tentative de comprendre ce qui nécessairement nous échappe qui permet de retirer de la vie une connaissance, et donc une réjouissance. Il ne nous coûte rien de prendre « le temps d'apprendre à vivre », puisqu'il est de toute façon « déjà trop tard » : parce que nous devons de toute façon mourir, et que c'est notre seule certitude, autant essayer d'explorer le mystère de la vie.

La citation d'Aragon renvoie finalement, et paradoxalement, à une forme de *carpe diem*. Puisque le temps fuit et que la vie ne peut nous mener qu'à un « déjà trop tard », il faut se hâter de vivre et apprendre ainsi. La valorisation de l'apprentissage pour lui-même est aussi soulignée, et associée au *carpe diem*, dans cette pensée de Gandhi, elle aussi paradoxale : « Vis comme si tu devais mourir demain. Apprends comme si tu devais vivre toujours. » Peut-être que, finalement, « apprendre à vivre », c'est accepter de concilier les hypothèses, a priori contradictoires, de la mort imminente et de la vie éternelle.

IV Éviter le hors-sujet

« Vous dites que c'est si beau la vie. Je veux savoir comment je m'y prendrais pour vivre. » (Jean Anouilh, *Antigone*, 1944)

Cette autre citation, contemporaine de notre sujet, semble s'en rapprocher. On pourrait en effet reformuler la deuxième phrase par « Je veux apprendre à vivre. » On serait alors tenté d'appliquer une réflexion préconçue sur l'art de vivre, ou de traiter le sujet de la même manière que le nôtre.

La formulation d'Anouilh se distingue de celle d'Aragon à plusieurs niveaux : d'abord, le ton semble plus optimiste : la vie est présentée comme belle (même si Antigone, qui prononce la phrase, n'assume pas ce propos et l'attribue à son interlocuteur, Créon), et Antigone manifeste l'envie de profiter de la vie.

Surtout, la différence fondamentale entre les deux citations est la perspective adoptée : si la citation d'Aragon pense la vie par rapport à son terme, au « déjà trop tard » qui rendrait vain l'apprentissage de la vie et en même temps lui donnerait sens à, Antigone, elle, est à l'aube de sa vie et cherche à comprendre comment s'y engager plutôt que de se préparer à la mort. Ainsi, pour Aragon, l'apprentissage de la vie peut correspondre à un regret, à une attente déçue, alors que pour Antigone il s'agit d'un espoir. Les deux aspects se comprennent si on les distingue.

Notions abordées : sagesse, expérience, connaissance, individu

Sujet 7
Peut-on apprendre à vivre ?

Corrigé proposé par Tristan Isaac

I Analyse du sujet

1 Analyse des termes du sujet

La question posée par le sujet peut, à première vue, passer pour une plaisanterie absurde : ne dit-on pas en effet, non sans familiarité, que l'on va « apprendre à vivre » à quelqu'un ?

L'énoncé du thème de l'année, « la force de vivre », nous interdit toutefois d'envisager le verbe « vivre » dans son sens restreint de « savoir-vivre », et nous contraint à nous limiter à son sens littéral qui renvoie à un état biologique naturel. Dans cette perspective, la formule ne relève plus de l'évidence mais du paradoxe, pour ne pas dire de l'oxymore : l'idée d'apprendre à vivre n'a, dès lors, plus de sens, puisqu'on vit, dans l'acception première du mot, d'instinct. Personne ne nous a appris à respirer ou à boire, deux actions que nous effectuons sans y penser. Tout au plus pourra-t-on dire que le nouveau-né « apprend à vivre », lorsqu'il doit habituer ses poumons à la nécessité d'une respiration autonome, ou que les hommes primitifs devaient, à l'époque où la survie impliquait une lutte permanente, apprendre à assurer leur subsistance. Or, les individus qui vivent dans des sociétés organisées n'ont plus, selon l'expression consacrée, qu'à se laisser vivre.

Cependant, l'existence humaine n'est pas de la même nature que celle des autres êtres vivants : en plus de nos instincts primaires, qui répondent à nos besoins les plus naturels, nous disposons d'une volonté d'agir, qui dépend de notre raison et nous offre la possibilité d'effectuer une grève de la faim, ou même de nous ôter la vie. Mais, même si nous avons appris à faire usage de cette raison, nous ne l'avons pas acquise et elle est une partie intégrante de notre être. Il ne pourrait donc s'agir de se limiter au fait de cultiver notre raison : ce serait apprendre à être sage, acquérir des connaissances, mais pas « apprendre à vivre ».

De fait, cette formule implique surtout l'idée d'un « bien vivre ». Mais s'il paraît évident qu'il n'est pas nécessaire d'apprendre à vivre au sens biologique, il existe différentes manières de concevoir ce qu'est une vie conforme à nos attentes, tant et si bien qu'on dit traditionnellement qu'on peut « passer à côté de sa vie » ou pire, lorsqu'on est dans une profonde angoisse, que l'« on ne vit plus ». Il semblerait donc qu'il faille entendre dans le verbe « vivre » l'idée de mener une existence si ce n'est satisfaisante, du moins convenable, en ce qu'elle ne serait pas paralysée par l'angoisse de ne pas avoir une « bonne vie ». Dans la mesure où la plupart des caractéristiques et des événements de notre vie ne dépendent pas de nous, il devient légitime de se demander si l'être humain a la possibilité, autrement dit la capacité, d'apprendre à vivre.

2 Confrontation aux œuvres

La question de savoir si l'être humain peut apprendre à vivre une existence acceptable est centrale dans les trois œuvres au programme, même s'il s'agit moins pour les auteurs de savoir s'il est possible d'apprendre à vivre que de se demander s'ils peuvent réapprendre à vivre.

Le recueil des ***Contemplations*** est marqué par deux tragédies personnelles que Victor Hugo a dû successivement affronter : la perte de sa fille Léopoldine et l'exil que le Second Empire lui imposa. Les poèmes témoignent que ces deux traumatismes lui rendirent l'existence pénible et que le temps passant n'allégeait pas ses souffrances. Les livres IV et V du recueil présentent d'ailleurs un cheminement où le poète redonne progressivement du sens à sa vie.

De même, comme il l'explique dans la préface à la deuxième édition, Friedrich Nietzsche a écrit ***Le Gai Savoir*** alors qu'il venait tout juste de « recouvr[er] la santé » et qu'il était « assailli par l'espoir, [...] par l'*ivresse* de la guérison », et, ainsi que l'indique le titre de son poème liminaire « Saint janvier », double référence au mois et à Janus, dieu romain du renouveau, le quatrième livre travaille la question du retour à la vie et amène son lecteur à réfléchir, à travers ses aphorismes, à la meilleure manière de vivre.

Dans ***La Supplication*** enfin, Svetlana Alexievitch fait entendre les voix de celles et ceux dont l'existence a été profondément bouleversée par la catastrophe de Tchernobyl, et pour lesquels continuer à vivre constitue une véritable épreuve, d'autant que le cycle de la vie lui-même a été perturbé par les radiations émises lors de l'explosion des réacteurs nucléaires, au point d'altérer les mécanismes de la nature, ainsi que la possibilité de prolonger le vivant par la procréation.

3 Problématique

Est-il possible d'apprendre à mener une existence qui, du fait de la finitude humaine, est avant tout le résultat d'éléments qui nous dépassent et que nous devons subir ? L'être humain a-t-il la capacité d'apprendre à vivre convenablement ?

II Plan détaillé

I Vivre ne saurait faire l'objet d'un apprentissage
1. Chaque vie confronte à des situations particulières
2. Des leçons contradictoires peuvent valoir pour une même vie
3. Les aléas de l'existence forgent notre perception de la vie

Chaque vie est trop singulière pour que l'existence puisse donner lieu à une éducation. Pourtant, il n'est pas rare que l'on reçoive de véritables « leçons de vie ».

II Il existe bien des « leçons » de vie, différentes des autres savoirs
1. Certains connaissent mieux l'existence que d'autres
2. Ce ne sont pas les plus savants qui savent le mieux vivre
3. Le temps semble aider certains à apprendre à vivre

Il serait donc possible d'acquérir une certaine connaissance de la vie. Mais, si aucune éducation ne peut la transmettre, n'est-ce pas tout simplement qu'elle ne peut découler que du fait même de vivre ?

III L'expérience de la vie, seule leçon possible pour bien vivre
1. C'est en étant éprouvé par la vie que l'on apprend à vivre
2. Chacun juge ce qu'est une vie convenable
3. Il faut moins apprendre à vivre que savoir apprendre de la vie

III Dissertation rédigée

DANS la première des *Tusculanes*, le célèbre auteur latin Cicéron se demande si philosopher ne serait pas « apprendre à mourir ». Doit-on en déduire qu'il faudrait se contenter de cet enseignement, faute de pouvoir apprendre à vivre ? On peut, de fait, légitimement se demander s'il est possible d'apprendre à avoir une existence convenable. Or, on ne peut qu'être surpris par la variété des philosophies antiques qui ont proposé des enseignements différents, et souvent opposés, destinés à permettre à leurs disciples de « bien vivre » : en effet, rares sont les autres domaines de la connaissance soumis à une telle diversité d'approches et de propositions. Force est d'ailleurs de constater que la question de la « bonne vie » a été en partie délaissée, au fil des siècles, par les philosophes.

De fait, chaque vie est profondément singulière et c'est la raison pour laquelle il faut se demander s'il est possible d'apprendre à mener une existence qui, du fait de la finitude humaine, est avant tout le résultat d'éléments qui nous dépassent et que nous devons subir. L'être humain a-t-il la capacité d'apprendre à vivre convenablement ?

S'il semble, au premier abord, que la vie ne saurait faire l'objet d'un quelconque apprentissage, il faut admettre qu'on peut reconnaître la validité des certaines « leçons » de vie, tout en observant que leur nature est différente de celle des enseignements qui concernent les autres domaines du savoir. Ainsi, faire l'expérience de la vie s'avère sans doute le seul et unique moyen de pouvoir apprendre à vivre.

ÉTANT donné que nous avons tous une vie différente, et que nous ne sommes que très peu maîtres de ce qui arrive au cours de celle-ci, il semble difficile de concevoir un seul et même apprentissage à la vie.

La vie de tout un chacun est, de fait, singulière en ce qu'elle correspond à une situation et à des circonstances particulières. C'est la raison pour laquelle Svetlana Alexievitch, afin de rendre compte de la catastrophe de Tchernobyl, se voit contrainte de nous faire entendre une multitude de voix qui tantôt se rejoignent, tantôt s'opposent : ainsi, même si leurs destins semblent très similaires, la « voix solitaire »[1] qui ouvre l'ouvrage et l'« autre voix solitaire »[2] qui le clôt, ont vécu de manière opposée la mort de leur mari liquidateur : quand l'une vit dans la hantise que son enfant ne survive pas, la seconde « a été rendue à la vie »[3] grâce à son fils. Et dans l'aphorisme 303 du *Gai Savoir*, Nietzsche décrit « deux hommes heureux »[4] alors qu'ils ont des existences totalement contraires, le premier menant une vie improvisée qui lui sourit et l'autre une vie dont la prudence n'évite pas les échecs.

Et, de même que chaque vie est singulière, l'existence d'un même individu peut changer du tout au tout, rendant inappropriée une leçon préalablement adéquate. Le poème d'Hugo *Écrit en 1846* nous montre ainsi que des enseignements opposés peuvent valoir pour une seule et même vie : alors que c'est en adhérant aux convictions royalistes du vieux marquis auquel le texte est adressé que le poète s'est garanti une enfance heureuse, il ne lui est plus possible, au moment où il écrit, que d'être « jacobin »[5], c'est-à-dire républicain, pour se sentir en accord avec son époque et ses convictions. De même, apprendre à vivre impliquerait l'existence de leçons universelles s'appliquant à tous les moments de la vie. Or, dans le « Monologue sur la difficulté de vivre sans Tchekhov et Tolstoï »[6], Katia P. déplore qu'aucun des ouvrages écrits par les génies de la littérature russe ne permette de réapprendre à vivre après Tchernobyl.

Il faut en outre constater que notre perception de la vie est constitutive des événements qui la ponctuent, tant et si bien que, dans la préface de la deuxième édition du *Gai Savoir*, Nietzsche affirme que la philosophie n'est pas l'expression d'une quelconque « vérité »[7], mais uniquement la conséquence de l'état de santé dans lequel se trouve le penseur qui la conçoit. Aucun enseignement ne peut donc prétendre apprendre à vivre,

[1] p. 11 [2] p. 237 [3] p. 249 [4] p. 248 [5] p. 227 [6] p. 107 [7] p. 29

puisqu'il n'est que le symptôme des maux particuliers, d'autant que les « penseurs malades » seraient même « [majoritaires] dans l'histoire de la philosophie ». Ainsi, dans *À quoi songeaient les deux cavaliers dans la forêt*[8], Hugo se met en scène, dialoguant avec Hermann, un pessimiste profondément marqué par le malheur, que l'on a souvent interprété comme le Hugo de la période « germanique »,.

Chaque vie est trop singulière pour que l'existence puisse donner lieu à une éducation. Pourtant, il n'est pas rare que l'on reçoive de véritables « leçons de vie ».

CEPENDANT, même si l'on ne peut pas recevoir à proprement parler une éducation à la vie, il existe bel et bien des leçons de vie.

Ainsi, certains individus semblent disposer d'une meilleure connaissance de l'existence que d'autres. Dans *La Supplication*, une voix anonyme rappelle la phrase que prononce le prince Mychkine dans *L'Idiot*, roman de Dostoïevski : « Peut-on voir un arbre et ne pas être heureux ? »[9] Cet énoncé, si simple qu'il soit, n'en dénote pas moins un profond savoir de ce qu'est l'existence et du fait qu'il n'est possible de bien vivre qu'en se satisfaisant de ce qu'elle peut nous offrir. Or, selon Hugo, ce savoir serait différent et même incompatible avec celui qui concerne les autres domaines de la connaissance : aussi écrit-il, dans le poème *Trois ans après*, que Dieu ne donne pas aux mêmes personnes « le bonheur et la vérité »[10].

En effet, ce ne sont manifestement pas les plus savants qui vivent le mieux. Ainsi, dans l'aphorisme 302, Nietzsche rappelle que selon ses biographes antiques, Homère, dont le bonheur était d'« être habitué comme à l'aliment approprié et le plus proche à ce que l'esprit a de recherché et de meilleur »[11], serait mort de découragement faute d'avoir trouvé la réponse à une énigme puérile posée par des pêcheurs d'Ios. Ainsi, celui à qui les Anciens attribuaient un savoir universel n'aurait pas disposé de cette connaissance de la vie permettant de relativiser les échecs dérisoires. De même, toutes les connaissances dont dispose Vassili Nesterenko[12] au sujet de l'énergie nucléaire ne lui ont en rien permis de mieux appréhender la catastrophe que d'autres et l'ont, au contraire, condamné à vivre dans le ressentiment, au point qu'il a manqué être interné dans un hôpital psychiatrique.

Il semble, en outre, que le temps permette à certains d'entre nous d'apprendre à mieux vivre. Ainsi, au style emporté par lequel Victor Hugo se justifie d'avoir renoncé au royalisme, succède « après neuf ans », dans le poème *Écrit en 1855*[13], un dialogue apaisé qui témoigne que le poète

[8] p. 207 [9] p. 73 [10] p. 197 [11] p. 247 [12] p. 211–218 [13] p. 236

n'est plus, dans son cœur, en conflit avec le marquis qui le lui reprochait. En effet, le dernier alexandrin se conclut par les mots « Je suis content », dont le champ sémantique renvoyait à l'époque à un bonheur durable. De même, dans l'aphorisme 317, Nietzsche explique que le temps qui passe permet de comprendre dans quelle mesure une période de malheur « est intégralement *éthos*, et non *pathos* »[14], c'est-à-dire une habitude durable de vie et non une souffrance transitoire.

Il serait donc possible d'acquérir une certaine connaissance de la vie. Mais, si aucune éducation ne peut la transmettre, n'est-ce pas tout simplement qu'elle ne peut découler que du fait même de vivre ?

ON PEUT ainsi concevoir que, s'il l'on ne peut pas apprendre à vivre, la vie puisse tout de même nous faire la leçon. À condition toutefois de parvenir à faire de notre expérience de vie une leçon qui nous permette d'acquérir une meilleure connaissance de l'expérience.

De fait, c'est uniquement lorsqu'on est éprouvé par la vie que l'on peut apprendre à vivre convenablement. Ainsi, dans *La Supplication*, un chasseur raconte qu'un excentrique, ancien étudiant devenu vagabond, expliquait à qui voulait bien l'entendre que « Tchernobyl était destiné à faire naître des philosophes »[15] : ces paroles révèlent que la philosophie, comprise comme la capacité à accepter la vie telle qu'elle est, qui renvoie à son sens étymologique d'« amour de la sagesse », a tendance à naître de manière préférentielle chez des individus confrontés à des épreuves qui les éprouvent durement. C'est d'ailleurs la maladie qui a permis à Nietzsche, ainsi qu'il l'explique dans le premier aphorisme du livre IV du *Gai Savoir*, d'éprouver un *amor fati*, littéralement un amour du destin, lui offrant l'occasion de goûter à la « douceur de toute vie à venir »[16].

D'autant que chacun est libre de juger, selon des critères qui lui sont propres, ce que peut être une vie convenable. En témoigne *Les Malheureux* où Hugo met en scène une rencontre avec un vieillard dont les conditions d'existence semblent indiquer qu'il est, comme le dit un muletier, « un malheureux »[17]. Pourtant, ce dernier invite l'auteur, lorsqu'il le prend en pitié, à « alle[r] en plaindre un autre » et lui démontre que sa conception de l'existence le rend tout simplement « heureux ». En témoigne également Anna Badaïeva, une résidente sans autorisation de la zone interdite, qui rétorque à tous ceux qui s'alarment des dangers qu'elle court en restant sur place qu'« il faut bien vivre »[18].

Il semble donc qu'il faille finalement bien moins apprendre à vivre qu'apprendre de la vie. Aussi Nietzsche fait-il part, dans l'aphorisme 324,

---

[14] p. 257 [15] p. 100 [16] p. 225 [17] p. 266 [18] p. 69

de cette pensée « que la vie pourrait être une expérimentation de l'homme de connaissance »[19], une connaissance portant avant tout sur la question de l'existence. De fait, il ne saurait y avoir de quelconque savoir sur la vie qui ne soit tiré par l'individu lui-même des événements, et surtout des épreuves auxquelles son existence le confronte. Et si cette pensée est appelée par Nietzsche « la grande libératrice », c'est qu'elle permet, selon lui, à celui qui la fait sienne de « *gaiement vivre* »[20]. Et, même si Hugo ne partage pas totalement l'enthousiasme du philosophe allemand, il n'en exprime pas moins l'idée, dans *Écrit en 1846*, qu'elle permet de vivre en accord avec soi-même : « J'ai vécu ; j'ai songé. / La vie en larmes m'a doucement corrigé. »[21]

L'ÊTRE humain a-t-il, malgré sa finitude et le peu d'influence dont il dispose sur le réel, et même sur sa propre psyché, la possibilité d'apprendre à bien vivre ? Il semble, dans un premier temps, illusoire de pouvoir bénéficier d'une éducation à la vie, tant notre existence et sa perception nous sont personnelles. On ne peut pourtant nier qu'à défaut d'apprentissage, certains ont reçu de véritables leçons de vie, qu'ils ont mises à profit afin de mieux vivre. Ils n'ont, toutefois, pas bénéficié de l'enseignement d'un maître, mais se sont montrés capables de tirer leurs propres leçons des épreuves que la vie leur a opposées et ont su rendre la vie qui leur a été donnée la plus acceptable qu'il leur était possible.

C'est sans doute pourquoi, dans son dialogue *De la brièveté de la vie*, le philosophe latin Sénèque confiait à son dédicataire qu'« aucune science n'est plus difficile que celle de la vie » car, contrairement à toutes les autres, qui peuvent être possédées même par des enfants, « il faut toute la vie pour l'apprendre ».

IV Éviter le hors-sujet

Il ne faut pas commettre l'erreur de limiter le verbe « apprendre » au sens « enseigner ». La question de la possibilité d'apprendre à vivre aux autres est pertinente, mais elle ne convient pas aux œuvres au programme qui, bien qu'écrites pour nous apprendre à vivre, n'abordent ce thème que de manière marginale. Il ne serait alors pas possible de construire une dissertation complète, qui devrait partir du présupposé implicite de la question : nous vivons et ce que nous devons donc apprendre, c'est à bien vivre et non simplement à vivre.

Il ne faut pas non plus confondre ce sujet avec d'autres formulations très proches comme ce vers d'Aragon : « Le temps d'apprendre à vivre,

---

[19] p. 260 [20] p. 261 [21] p. 229

il est déjà trop tard », qui est traité dans la dissertation 6. S'il est certes question dans les deux énoncés d'un apprentissage de la vie, la citation n'amène pas, contrairement à notre sujet, à s'interroger sur la capacité pour l'être humain d'acquérir une telle connaissance. Le vers d'Aragon part d'un présupposé différent : il est possible d'apprendre à bien vivre, mais comme cet apprentissage s'étend tout au long de la vie, il est illusoire car on ne peut jamais mettre à profit le savoir que l'on a acquis.

Notions abordées : corps, esprit, organisme, souffrance, force, courage

Sujet 8
« Quelle souffrance que d'être ainsi vivant. Quelle abomination, quelle pourriture ! Comment mon corps, ce corps qui est à moi, qui appartient ou qui est le maître de cet esprit pas particulièrement attaché à la vie, a-t-il la force, le courage d'exister ? »
Vous analyserez cette citation de Le Clézio (*L'Extase matérielle*, 1967) à la lumière des œuvres au programme.

Corrigé proposé par Jacques Bianco

I Analyse du sujet

1 Analyse des termes du sujet

Le propos de Le Clézio semble soulever une question somme toute assez banale : comment conjuguer souffrance (inhérente à l'humaine condition, comme le suggère la formule « être ainsi vivant ») et force de vivre ? D'où vient l'entêtement à vivre une vie abominable ? Celle-ci est assimilée à une lente décomposition organique (« quelle pourriture ! ») et ne semble pas, selon l'expression populaire, valoir la peine d'être vécue.

Mais la question posée par Le Clézio, après l'exclamation de sa souffrance – voire de sa répugnance – à vivre, se révèle beaucoup plus intéressante si l'on regarde d'un peu plus près la manière dont il considère celui qui vit. L'écrivain s'inscrit dans la perspective cartésienne du corps-machine (j'ai un corps qui n'est pas moi), opérant une progressive dissociation entre le corps et l'être. À la suite de Descartes, Le Clézio reconnaît un dualisme entre corps et esprit, et pousse la distinction entre ces derniers au point de leur prêter une hiérarchie – sans décider toutefois lequel est maître de l'autre. Toutefois, l'esprit « pas particulièrement attaché à la vie » semble en retrait dans ce processus vital, presque indifférent ; c'est au corps que Le Clézio prête une mystérieuse « force [...] d'exister », c'est de lui qu'émane le « courage » à poursuivre une vie qui le fait pourrir.

Ainsi, alors qu'on aurait pu, a priori, attribuer à l'esprit pensant de l'écrivain exprimant sa souffrance l'émanation de ce courage et de cette force, cette volonté de vivre coûte que coûte, quels qu'en soient les désagréments, il apparaît que ces qualités proviennent d'ailleurs – puisque leur existence déconcerte l'esprit, spectateur et non moteur de leur manifestation. Courage et force existent-ils en soi, transcendant et par là réconciliant l'âme et la chair, réduisant le dualisme à une unique souffrance, soutenue par une seule force de vivre ? Sont-ils plutôt les ressources cachées, immanentes, d'un corps parfaitement autonome – qui décidément semble moins appartenir à l'esprit que s'en émanciper ? Le Clézio constate en effet l'existence de cette « force de vivre », de continuer à vivre, qui serait distincte de la volonté d'un esprit « pas particulièrement attaché à la vie » ; une force incompréhensible à l'esprit, issue des secrets du corps, faisant front à la décomposition organique qui lui est intrinsèque. C'est du corps, dont l'esprit constate la pourriture, que naîtraient paradoxalement la force et le courage – puissances débarrassées de la pensée, semblables à l'irréductible instinct de survie des bêtes.

2 Confrontation aux œuvres

Un tel sujet trouve toute sa résonance à la lecture de ***La Supplication***. Les deux axes principaux du propos de Le Clézio se vérifient, hélas, à presque chaque page des témoignages : une (sur)vie abominable, après le drame de Tchernobyl, dont on se demande comment et pourquoi elle peut bien se poursuivre ; une mise en scène du corps souffrant, victime des particules radioactives et « pourri[ssant] » plus vite qu'à l'ordinaire, affecté de brûlures qui donnent souvent l'impression d'une décomposition. Cependant, ce n'est pas d'un tel corps que proviennent force et courage, qui semblent plutôt trouver leur origine hors de la matière (l'attachement à la terre, le mythe patriotique soviétique...).

La philosophie nietzschéenne n'est certes pas désespérée comme peut l'être le propos de Le Clézio ; le titre même de l'œuvre, ***Le Gai Savoir***, contredit l'abattement perceptible de l'écrivain français. Toutefois, on constate une affinité entre les deux auteurs dans la place faite au corps comme moteur de la force de vie. En effet, Nietzsche affirme que le principe de vie – ainsi que la connaissance que nous en avons – est corps avant d'être esprit, que la pulsion précède la pensée, et même la détermine. La connaissance nietzschéenne se fait par le corps, et le « gai savoir » trouve son élan dans celui-ci.

Le lien entre le sujet et ***Les Contemplations*** est moins évident. Le corps n'y a qu'un rôle secondaire. La force et le courage qui permettent au poète d'écrire après la perte de sa fille, de se mettre « en marche », sont issus de l'esprit, et notamment de forces transcendantes : lorsqu'il est évoqué, le corps est le plus souvent celui du cadavre qui gît sous terre. Certes, la vie du père endeuillé est souffrance et abomination, et c'est bien le corps mort de Léopoldine qui, au poème XIV de *Pauca meæ*, redonne au poète l'élan vital perdu, mais s'il y a distinction entre les forces du corps et celles de l'âme, ce sont sans nul doute ces dernières qui animent l'existence.

3 Problématique

C'est du corps, pourtant périssable et pourrissant, que proviennent la force et le courage nécessaires pour continuer à vivre, alors même que l'esprit, lassé, blasé, ne comprend, ni l'origine, ni le sens de cet entêtement à exister. En quoi le corps, privé du soutien de l'esprit, peut-il soutenir seul le principe vital d'une existence abominable ?

II Plan détaillé

I La force et le courage de vivre sont des puissances mystérieuses du corps

1. C'est avant tout le corps qui vit et qui s'accroche à l'existence
2. Dans cette perspective, la douleur physique elle-même est féconde
3. Le corps assure une existence qui pourtant répugne à l'esprit

Force est de constater que cette force et ce courage, lorsqu'ils proviennent du seul corps, se révèlent in fine insuffisants à assurer l'existence, surtout si celle-ci est abominable. Le corps, faible ou malade, pourrait s'abandonner à la mort sans le soutien d'une force et d'un courage d'autres natures.

II Force et courage à l'œuvre ne sont pas seulement de nature corporelle

1. L'esprit pensant est un appui nécessaire aux puissances du corps
2. Surtout lorsqu'il est animé par un idéal qui le dépasse
3. Le corps serait alors un intermédiaire exprimant (ou non) une force et un courage extérieurs, étrangers à lui

Nous éprouvons les limites du dualisme prôné par Le Clézio, en ce qu'il ne parvient pas à rendre compte de l'origine des puissances assurant le maintien de la vie. Ce n'est pas dans l'opposition corps/esprit, mais dans leur réconciliation, que l'on trouve le secret d'une force incompréhensible.

III Force et courage assurent la pérennité de l'existence au-delà du dualisme

1. Force et courage sont avant tout définis par leur caractère insondable
2. Le « cœur », à mi-chemin entre le corps et l'esprit, est une source de force et de courage apte à réconcilier les deux substances
3. Force et courage naissent des caractères universels de l'humanité

III Dissertation rédigée

CHARLES Baudelaire conclut son *Voyage à Cythère*, un poème des *Fleurs du mal* par cette prière : « Ah ! Seigneur ! donnez-moi la force et le courage / De contempler mon cœur et mon corps sans dégoût ! » Si le poète déplore son impossibilité à « contempler » une vitalité dégoûtante, il faut admettre que force et courage ne lui manquent pas pour vivre – bien malgré lui, sans doute.

Le regard de Le Clézio sur sa propre existence est analogue lorsqu'il écrit : « Quelle souffrance que d'être ainsi vivant. Quelle abomination, quelle pourriture ! Comment mon corps, ce corps qui est à moi, qui appartient ou qui est le maître de cet esprit pas particulièrement attaché à la vie, a-t-il la force, le courage d'exister ? » Si Le Clézio parvient, lui, à contempler sa vie, il la juge abominable. L'écrivain s'étonne de l'existence même d'une force et d'un courage à exister. D'où proviennent-ils ? En dissociant l'esprit (qui constate et s'étonne) du corps (qui s'accroche absurdement à la vie), Le Clézio suggère que force et courage émanent du corps, considéré comme une machine autonome. Ce propos ne va pas de soi, d'autant plus que Le Clézio rappelle la « pourriture » inhérente au corps, moteur paradoxal d'une existence qui hâte sa décomposition. En quoi le corps, privé du soutien de l'esprit, pourrait-il soutenir seul le principe vital d'une existence abominable ?

Si la force et le courage nécessaires à la poursuite d'une existence malheureuse semblent bien provenir du corps, il faut toutefois admettre que, seuls, ils se révèlent inaptes à soutenir une vie qui requiert une force et un courage autres que physiques. Dès lors, le dualisme corps/esprit ne parvient plus à rendre compte de l'origine de cette persistance à être, qui naît justement de l'homme dans son essence, âme et chair.

Le corps œuvre pour sa propre survie : c'est donc de lui qu'émanent force et courage de vivre, quand bien même l'esprit répugne à cette existence.

Les témoignages de *La Supplication* évoquent les corps malades, radioactifs, exposés aux particules nucléaires. Or il arrive que ces corps, malgré l'horreur, s'accrochent à la vie comme on peut le voir dans le dernier témoignage, celui du liquidateur, dont la veuve décrit l'agonie d'un an : une survie désespérante, due au corps pourrissant qui se refuse à la mort. Cet homme, le dernier de son équipe à trépasser, est lui-même horrifié lorsqu'il se voit dans un miroir[1], et pourtant son corps trouve, on ne sait comment, la force qui lui permet de vivre un peu plus longtemps. On constate ici les limites de l'esprit à comprendre ce qui se produit dans la chair, ce qui « se passe en nous ». Nietzsche rappelle ces limites de la connaissance intellectuelle, savoir conscient qui oublie les « pulsions » dont le siège est le corps. Il souligne, au §333, que pour connaître, « il faut que chacune de ces pulsions ait d'abord exprimé son point de vue partial sur la chose »[2]. Le corps, comme l'affirme Le Clézio, suscite bien les forces nécessaires à sa propre vie.

Dans cette perspective, la douleur physique (intrinsèque, nécessaire, comme le souligne Le Clézio), peut elle-même s'avérer féconde. Dès la

[1] p. 242 [2] p. 267

préface, Nietzsche définit le « gai savoir » comme une science joyeuse issue de la maladie. Il faut avoir souffert pour se sonder, se connaître, se comprendre : « Seule la grande douleur est l'ultime libératrice de l'esprit. »[3] Si, chez Nietzsche, la souffrance amène la connaissance, chez Hugo elle est une étape nécessaire avant le retour à la vie : « Je conviens qu'il est bon, je conviens qu'il est juste / Que mon cœur ait saigné, puisque Dieu l'a voulu ! » écrit le poète dans *À Villequier*[4]. Ce texte marque le renouveau de l'élan vital après le pèlerinage sur la tombe de Léopoldine[5], où le poète retrouve la force et le courage qui lui manquaient. Le corps de la fille décédée lui permet de guérir les blessures de sa chair ; il est le moteur de sa propre régénérescence et suscite le courage de vivre au moment où l'esprit est le plus désabusé. En cela, la souffrance est nécessaire ; pourtant, le corps poursuit une existence qui répugne à l'esprit.

En effet, que vaut la force de vie insufflée par le corps si cette vie est méprisée, si l'esprit est révolté par l'existence qui demeure, douloureuse et abjecte ? Hugo pose la question, presque rhétorique : « Est-ce ton corps qui fait ta joie et qui t'est cher ? » Ce à quoi il répond : « Le corps, époux impur de l'âme, / [...] Traîne un ventre hideux, s'assouvit, mange et dort. »[6] En cela, certes, il satisfait ses besoins vitaux et nourrit la force qui lui permet de vivre – mais quelle force artificielle, quelle vie abominable ! Cela suffit à donner au corps, mécanique, qui ne pense pas, le courage nécessaire à la vie, mais de toute évidence pas à l'esprit. Dans *La Supplication*, la mère de la famille K. se sent certes « d'une force folle »[7] lorsqu'il s'agit de se révolter contre un collègue tadjik bien plus costaud qu'elle et qui veut chasser les Russes de sa terre, mais la force et ce courage physiques semblent vains au regard du désespoir de cette femme désabusée affirmant qu'« il n'y a rien de plus horrible que l'homme »[8]. Le corps qui agit de manière autonome, émancipé de l'esprit, se montre vain plutôt que moteur de l'existence.

Force est de constater que cette force et ce courage, lorsqu'ils proviennent du seul corps, se révèlent in fine insuffisants à assurer l'existence, surtout si celle-ci est abominable. Le corps, faible ou malade, pourrait s'abandonner à la mort sans le soutien d'une force et d'un courage d'autres natures.

POUR que l'existence suive son cours, la force et le courage exclusivement physiques se révèlent insuffisants ; dans les œuvres au programme, elles trouvent l'appui d'une force et d'un courage autres que corporels.

[3] p. 30 [4] p. 212 [5] IV, XIV, p. 210 [6] V, XXVI, p. 269 [7] p. 67 [8] p. 67

Quoique Le Clézio suggère un esprit détaché, réfractaire aux forces du corps qui maintiennent l'existence, il faut reconnaître que l'esprit pensant est un soutien absolument nécessaire. Dès la préface, c'est à l'esprit que Nietzsche associe les bienfaits du gai savoir, défini ainsi : « les saturnales d'un esprit qui a résisté patiemment à une terrible et longue oppression »[9]. Certes, il ne faut pas négliger les pulsions du corps, mais in fine c'est l'esprit qui jouit après la souffrance, c'est lui qui valide le renouveau des forces et du courage. Quand le soutien de l'esprit fait défaut, on constate que le corps est impuissant à susciter l'élan vital. Dans *Veni, vidi, vixi,* Hugo explique ainsi avoir « bien assez vécu » : « l'espoir serein dans mon âme est vaincu »[10]. Cette maladie de l'âme, qui retient le poète de vivre, est à l'œuvre dans toute la première partie de *Pauca meæ,* où l'on voit que le corps seul ne vaut pas grand-chose contre la lassitude de l'âme – dont la force et le courage paraissent alors au moins aussi nécessaires que ceux du corps.

Mais comment l'esprit lassé, désabusé par tant de souffrance, pourrait-il à son tour susciter force et courage ? La foi en un idéal (transcendant, c'est-à-dire extérieur au corps et même à l'âme) est un moteur à l'œuvre chez Alexievitch comme chez Hugo ; Nietzsche, en revanche, déplore le soutien de tels idéaux, qui ne sont que leurres. Chez Hugo, cet idéal est divin ; les forces de l'âme sont conférées par Dieu, maître des existences humaines. Après avoir un temps reproché à Dieu sa cruauté, Hugo s'en remet à sa puissance, qui suscite la sienne propre. Le poète revit, se lève et proclame : « Je viens à vous, Seigneur ! confessant que vous êtes / Bon, clément, indulgent et doux, ô Dieu vivant ! »[11] Quant aux témoignages de *La Supplication,* ils identifient bien souvent le patriotisme comme origine du courage des hommes envoyés à la centrale après l'accident. L'âme russe anime les corps, qui savent bien, pourtant, qu'ils courent à la mort : « il faut être là où il y a du danger, il faut défendre la patrie », rappelle une femme[12].

Dès lors, il nous est permis de considérer le corps comme un intermédiaire exaltant des puissances étrangères à lui. Au §293, Nietzsche définit l'« air » dans lequel l'homme viril « dispose de sa force en totalité »[13]. C'est certes une force physique, mais elle naît d'un ordre qui est étranger au corps et dans lequel celui-ci peut s'épanouir. Les forces nécessaires à l'existence trouvent moins leur origine dans le corps qu'elles ne se manifestent par son biais. Dans l'ouvrage d'Alexievitch, ce sont bien divers moteurs (l'amour, l'attachement à la terre...) qui maintiennent vigoureux le corps des survivants malgré l'abomination. On serait alors tenté d'inverser la hiérarchie suggérée par Le Clézio et de faire du corps un instrument des puissances exaltées par l'esprit ; ce faisant on risque-

[9] p. 25 [10] p. 209 [11] IV, XV, p. 211 [12] p. 144 [13] p. 239

rait toutefois de nier la spécificité de sa force et de son courage, de se confronter à la finitude, au pourrissement, et de continuer malgré tout.

Nous éprouvons les limites du dualisme prôné par Le Clézio, en ce qu'il ne parvient pas à rendre compte de l'origine des puissances assurant le maintien de la vie. Ce n'est pas dans l'opposition corps/esprit, mais dans leur réconciliation, que l'on trouve le secret d'une force incompréhensible.

Dès lors, il s'agit d'étudier comment corps et esprit se conjuguent pour soutenir une existence a priori insoutenable.

Si le dualisme se révèle inapte à rendre compte de l'origine de la force et du courage, c'est avant tout parce que ceux-ci sont caractérisés par leur mystère – déjà chez Le Clézio. Dès la préface, Nietzsche prévient : « Nous ne sommes pas libres [...] de séparer l'âme du corps »[14] ; plus tard, il ne parvient pas à définir la « chose en nous » qui « *veut* vivre et s'affirmer »[15]. On voit la difficulté, peut-être la vanité à dissocier l'âme du corps dans ce « nous ». Quoique Hugo fasse primer les puissances de l'esprit, c'est bien le corps du poète qui se met *En marche*, jusqu'en exil. Force et courage semblent moins naître de la distinction que de la conjugaison du corps et de l'esprit. Comment cette union se manifeste-t-elle ?

Hormis chez Nietzsche, qui le désigne comme « religion de la pitié »[16], c'est peut-être le cœur qui est à l'origine de cette force mystérieuse. Le cœur, qui désigne à la fois l'organe matériel et la conscience affective et morale de l'être (à mi-chemin, donc, entre le corps et l'esprit), redonne à l'être le courage de vivre. C'est un mot éminemment hugolien : lorsque le « cœur est mort »[17], le poète refuse d'avancer ; à l'inverse, Aug. V. (Auguste Vacquerie), le frère du gendre décédé auquel est consacré le premier poème de *En marche*, est un « cœur fier »[18] qui ouvre la voie au renouveau. Chez Alexievitch, un père orphelin de sa fille désigne le cœur comme régulateur du courage à poursuivre ou non son témoignage : « Lorsque je raconte cela, j'ai l'impression de commettre une trahison. C'est mon cœur qui me le dit »[19]. Qu'il s'agisse de vivre ou de raconter, le cœur réconcilie corps et esprit, leur confère la force et le courage nécessaires.

Or, qu'est-ce que le cœur, si ce n'est la qualité humaine par excellence ? Avoir du cœur, c'est faire preuve d'humanité. C'est dans les caractères essentiels, universels de l'humanité – faite d'âme et de chair – que nous pouvons peut-être identifier la source de la force et du courage à l'œuvre chez tous les êtres humains vivants. Au §337 du *Gai Savoir*, Nietzsche anticipe un « sentiment nouveau » à travers lequel l'individu,

[14] p. 29 [15] §307, p. 252 [16] §338, p. 275 [17] IV, XIII, p. 209 [18] V, I, p. 221 [19] p. 46

apte à ressentir l'histoire de l'ensemble des hommes, goûterait à leur force : « Ce sentiment divin s'appellerait alors – humanité ! »[20] Alexievitch elle-même, à la fin du prologue de son livre, écrit que l'humanité, qui connaît mal, qui se connaît mal, « se dévoile » en se racontant, en surmontant sa souffrance[21]. On verra, à la lecture de ce texte, que c'est bien d'elle que naissent la force et le courage de ces individus qui souffrent mais vivent et racontent malgré tout.

Si le dualisme paraît un temps rendre compte de l'essence d'une force vitale, puisque les œuvres au programme elles-mêmes distinguent les puissances du corps de celles de l'esprit, nous devons finalement reconnaître que c'est l'union de l'âme et de la chair qui fait de l'homme ce qu'il est, prêt à braver l'existence malgré la souffrance qui l'atteint, parfois jusqu'à l'absurde.

Au-delà d'une origine jusqu'à laquelle il est malaisé de remonter, nous pouvons constater la parenté entre une force et une autre, un courage et un autre : ceux qui permettent de vivre, de poursuivre l'existence, animent ceux qui permettent d'écrire et de raconter.

IV Éviter le hors-sujet

On peut imaginer de nombreux sujets prenant la forme de cris du cœur désespérés, dégoûtés ou sceptiques, suggérant que la vie « ne vaut pas la peine d'être vécue ». Il faut donc porter une attention toute particulière à la spécificité du sujet donné, en l'occurrence ici la dissociation étonnante entre l'esprit, lassé et dubitatif, et le corps, mystérieux moteur de sa conservation.

Dans un autre poème des *Fleurs du mal*, Baudelaire écrit : « Elle pleure, insensé, parce qu'elle a vécu ! / Et parce qu'elle vit ! Mais ce qu'elle déplore / Surtout, ce qui la fait frémir jusqu'aux genoux, / C'est que demain, hélas ! il faudra vivre encore ! / Demain, après-demain, et toujours ! – comme nous ! » On constate les similitudes entre les deux propos : deux regards pessimistes sur une existence dont on se demande pourquoi et comment elle continue. Mais Baudelaire, contrairement à Le Clézio, ne cherche pas à identifier le siège de cette « force de vivre » : le corps comme l'esprit répugnent à l'existence et la force de vivre les dépasse l'un et l'autre. Baudelaire déplore plutôt deux caractéristiques communes au vivant : la durée, la continuité voire l'infinité de l'existence, et son caractère universel – hors de toute perspective dualiste.

---

[20] p. 274 [21] p. 33

Notions abordées : grandeur, continuité, jeunesse, idéal, réalisme

Sujet 9
« Amis, qu'est-ce qu'une grande vie, sinon une pensée de la jeunesse exécutée par l'âge mûr ? » Vous analyserez et commenterez cette citation d'Alfred de Vigny (*Cinq-mars*, 1826) à la lumière des œuvres au programme.

Corrigé proposé par Paul-Joseph Michel

I Analyse du sujet

1 Analyse des termes du sujet

Sous la forme d'une apostrophe nous invitant à réfléchir, Alfred de Vigny propose une définition : « une grande vie » serait « une pensée de la jeunesse exécutée par l'âge mûr ». On remarque d'emblée une opposition entre la « jeunesse » et sa « pensée » d'une part, entre l'« âge mûr » et l'« exécution » de cette pensée d'autre part, sur fond de continuité : une grande vie serait la mise en pratique effective dans l'âge mûr de la pensée de jeunesse. Et cette continuité est même une complémentarité : l'une apporte à l'autre ce qu'elle n'a pas, ou n'a plus. La jeunesse apporte fraîcheur et idéal, l'âge mûr, quant à lui, constance et réalisme.

On peut interpréter la « pensée » comme les principes, les valeurs, voire les idéaux qui marquent la jeunesse ; si la jeunesse est le temps du rêve et de l'illusion, alors « l'âge mûr » est le temps de la réalité et du désenchantement. La « grande vie » serait alors celle où, une fois parvenus à l'âge mûr, quand difficultés et souffrances nous assaillent, nous trouvons suffisamment d'énergie physique et morale pour suivre nos principes et nos valeurs.

Prise littéralement, cette définition semble réductrice : on ne pourrait, selon Vigny, parler de « grande vie » qu'a posteriori, une fois « exécutée » cette « pensée » dans l'« âge mûr ». Ou alors il faut interpréter le participe passé « exécutée » au sens large : on parlerait de « grande vie », même non encore réalisée, à condition de l'envisager dans une dynamique de continuité : on compte sur l'exécution de cette pensée.

Par ailleurs, il est une autre manière de comprendre le sujet, si l'on se penche sur l'adverbe « sinon », ce qui donnerait : « qu'est-ce qu'une grande vie, *si* elle *n'*est *pas* une pensée de la jeunesse exécutée par l'âge mûr ? » Il nous faut donc mettre en question cette continuité comprise comme seul critère pour juger de la grandeur d'une vie.

2 Confrontation aux œuvres

L'œuvre d'Hugo est peut-être celle qui se rapproche en apparence le plus du sujet, sans doute à cause de sa proximité littéraire avec Vigny. Les livres au programme des ***Contemplations*** présentent quelques reflets de la vie du poète, marquée par les épreuves, mais une vie où s'opère une fidélité et où se maintient une tension vers la grandeur qui tire ses racines dans la vision romantique du poète. Les « pensées de jeunesse » auxquelles Hugo semble se raccrocher page après page, année après année, pourraient être la réflexion métaphysique sur Dieu ou la Providence, la nature (le cosmos), le tout baigné d'une nostalgie mélancolique qui trouve son origine dans la mort de sa fille et qui apporte ainsi l'unité d'un regard rétrospectif.

La Supplication de Svetlana Alexievitch étant un recueil de témoignages sur la catastrophe de Tchernobyl que l'auteur a mis en forme et organisés, l'œuvre semble loin des enjeux du sujet. On trouve bien des témoignages empreints de cette sagesse dont parle Vigny, s'incarnant dans la continuité, venant de liquidateurs ou de veuves de « malades de Tchernobyl », qui se sont sacrifiés au prix de fortes radiations souvent fatales ; mais, dans l'ensemble, c'est plutôt de rupture qu'il s'agit : la question est de savoir comment envisager sa vie après une telle catastrophe. La vie continue pour les habitants des environs : certes, des enfants naissent (quoique de santé précaire), arbres et plantes potagères se couvrent de fruits et de légumes, mais il s'est passé quelque chose qui ne permet plus de penser la vie comme avant. La continuité est mise à l'épreuve, et c'est dans des vies bouleversées que la grandeur doit se faire un chemin.

Le Gai Savoir de Nietzsche n'est pas un recueil de témoignages mais d'aphorismes nés de diverses circonstances d'une vie marquée par la maladie et les épreuves. En effet, la préface introduit, dès le début de l'œuvre, la question de la santé physique, indissociable de la pensée philosophique et de la connaissance de soi. La « grande vie » n'est pas un thème très présent, mais celui de la valeur de la vie l'est : comme dans la citation de Vigny, on trouve de semblables apostrophes dans le texte nietzschéen, invitant à une forme d'héroïsme, de dépassement de soi. La vie doit être joyeuse, parce qu'elle procède de la connaissance, fruit d'une conquête sur soi. En cela, *Le Gai Savoir* s'inscrit dans le sujet : la réflexion sur ce qui fait la grandeur d'une vie et l'exécution de « pensées » pour y parvenir.

3 Problématique

Si la continuité entre un idéal et son exécution est le seul critère pour juger de la grandeur d'une vie, que penser de la rupture ? La grandeur d'une vie se mesure-t-elle vraiment après coup ou se construit-elle dans une dynamique ininterrompue de dépassement de ruptures successives ?

II Plan détaillé

I La grandeur d'une vie : la continuité entre un idéal et son exécution

1. La continuité, critère d'une grande vie
2. L'âge mûr déploie les potentialités de la pensée de jeunesse
3. La pensée de la jeunesse, flambeau dans les ténèbres de l'âge mûr

L'impossibilité de la continuité quand la rupture se présente ne chasse pas toute grandeur, car la rupture est l'occasion d'une transformation de cette pensée de la jeunesse, source d'une nouvelle grandeur.

II La rupture : dépasser les illusions de jeunesse

1. Dans la rupture, primat de la connaissance de soi sur la continuité
2. Une grande vie, pensée de la jeunesse remise en cause par l'âge mûr
3. Le courage de la rupture

Dans une vie, la rupture, qui purifie la « pensée de jeunesse », n'a vraiment de sens que si elle est l'occasion pour celui qui la vit d'un dépassement vers la poursuite d'une exigence morale, nouvel idéal.

III Donner de la grandeur à sa vie en dépassant les ruptures successives

1. Le courage de se relever
2. Chercher à comprendre
3. Le courage de l'idéal et du sacrifice

III Dissertation rédigée

« Qui n'est pas communiste à vingt ans n'a pas de cœur, qui l'est encore à quarante n'a pas de tête », selon une formule à l'attribution incertaine : la jeunesse serait l'âge de l'idéalisme, l'âge adulte celui du réalisme, vision dont Alfred de Vigny, dans *Cinq-mars*, semble prendre le contre-pied lorsqu'il déclare, dans une définition rhétorique : « Amis, qu'est-ce qu'une grande vie, sinon une pensée de la jeunesse exécutée par l'âge mûr ? » Pour qu'une vie soit grande, il faut qu'elle se fonde sur la continuité et non sur la rupture. La « pensée de la jeunesse », ce seraient les principes et les valeurs auxquels, étant jeunes, nous croyons, et qu'il faut maintenir toute notre vie durant, malgré les épreuves. Ainsi, nous ne pourrions parler de « grande vie » qu'au terme de l'existence, s'il y apparaît une continuité, elle-même source de grandeur.

Mais celle-ci peut-elle être le seul critère ? Au milieu des épreuves et des ruptures, qui sont autant d'occasions pour mieux nous connaître, la continuité, qui est parfois tant une fidélité à des illusions de jeunesse qu'un aveuglement au monde, n'est pas l'aspect le plus grand d'une vie : il faut alors convertir notre regard et nous intéresser, plutôt qu'à une « grande vie » achevée, à ce qui fait la grandeur d'une vie dans son cheminement progressif et souvent imprévisible.

Assurément, la continuité observée dans une vie achevée en fait la grandeur, en lui apportant force et cohérence ; mais en rester là nous empêcherait de reconnaître les bienfaits de la rupture, qui s'avère être une occasion d'approfondir notre liberté et le regard que nous portons sur le monde. C'est alors qu'il nous faut considérer, plutôt que la « grande vie », ce qui fait la « grandeur d'une vie » : un cheminement fait de ruptures et de dépassements grâce auquel notre liberté, tendant vers un idéal, est source de grandeur.

TOUTE âme généreuse fonde sa vie sur une « pensée de la jeunesse » et la grandeur effective d'une telle vie tient dans la fidélité à cet idéal.

Nous constatons dans certains témoignages de *La Supplication* cette continuité dans une vie entre une pensée et son exécution : dans « Le chœur des soldats », certains hommes qui ont travaillé dans la zone de Tchernobyl pour limiter les dégâts de la radiation avouent des motivations très « humaines » : gloire, argent ; d'autres en revanche apparaissent plus désintéressés et n'y voient que la conséquence du patriotisme, leur « pensée de jeunesse », auquel ils donnent ainsi continuité. Le poète des *Contemplations* donne une idée de la « grande vie » dans l'agencement des poèmes au sein du recueil : le quatrième poème du livre IV date de 1852, tandis que plusieurs autres datés antérieurement viennent après. De plus, ce même livre s'ouvre sur deux poèmes écrits avant le décès de sa fille, et qui lui sont consacrés. Ainsi, c'est la disparition de sa fille qui assure une continuité, le poète ayant voulu relire sa vie en l'inscrivant dans une telle continuité, celle de l'amour, l'amour pour sa fille se trouvant prolongé par son amour de l'humanité.

L'âge mûr sait déployer les potentialités contenues dans la pensée de jeunesse, parfois jusque-là insoupçonnées. C'est ainsi que le colonel Vodolajski[1], pilote d'hélicoptère, dans le « Monologue sur le regret du rôle et du sujet », a accepté plus de missions que nécessaire dans le seul souci de faire profiter de son expérience le plus de pilotes possible, afin

[1] p. 139

d'épargner des vies et tout en sachant qu'il en mourrait : cette « pensée de jeunesse » mise à exécution à l'heure de l'épreuve fut son dévouement patriotique, qui s'est révélé d'une générosité unique. Dans l'aphorisme 277 intitulé « Providence personnelle », Nietzsche, rejetant « dieux » et « génies », s'émerveille de ce « cher hasard » qui, joint à « notre propre adresse pratique et théorique »[2], lui fait tirer profit de tout ce qui arrive : il faut donc garder confiance en soi et dans le temps, capables de toujours révéler de nouvelles potentialités.

La pensée de la jeunesse, un flambeau dans les ténèbres de l'âge mûr : cette assertion par trop imagée conviendrait cependant à certaines pages des *Contemplations.* « Chaque homme dans sa nuit s'en va vers sa lumière »[3], dit Hugo dans le troisième poème du livre V : cette lumière peut être ce Dieu, à la providence duquel il se range devant la mort de sa famille, ou les souffrances des peuples, ou même, simplement, le destin opérant cette continuité dans la vie de chacun. Nietzsche, qui critique par ailleurs la vertu de « fidélité », fait du courage pour s'accomplir soi-même une nécessité physique plus que morale : c'est ainsi que l'aphorisme 296 rappelle au lecteur « l'anathème » qui compte aujourd'hui : « On peut compter sur lui, il ne varie pas »[4]. Cette idée contre laquelle se construit toute son œuvre est une lumière censée guider l'esprit du lecteur.

Mais l'impossibilité de la continuité quand la rupture se présente ne chasse pas toute grandeur : cette rupture est alors l'occasion d'une transformation de cette pensée de la jeunesse, source à son tour d'une véritable grandeur.

La rupture permet des transformations : celui qui la vit grandit en connaissance de soi et ne reste pas figé dans ses illusions de jeunesse.

L'âge mûr acquiert le discernement qui manque à la jeunesse et s'ouvre aux épreuves de la vie. Dans la préface à la seconde édition du *Gai Savoir,* Nietzsche se présente comme un « homme qui guérit »[5], et parce que philosophie et santé marchent ensemble, on est en droit de parler de rupture et de nouveau départ. Au vingt-cinquième poème du livre V, Hugo se dépeint comme un homme que la « douleur » et le « drame » ont fait « avant l'heure vieillard »[6], et construit dans ce poème un contraste significatif : un monde heureux et à l'imparfait d'abord, un monde sombre dominé par le passé composé et le présent ensuite. Voilà qui figure la vie d'Hugo, marquée par des ruptures qui ont modifié son regard sur le monde. Dans *La Supplication,* c'est l'ancien « pécheur » devenu ermite, du « Monologue sur l'homme qui n'est raffiné que dans le mal [...] », dont la vie présente une nouvelle dignité, riche des ruptures successives[7].

---

2 p. 227 3 p. 227 4 p. 242 5 p. 25 6 p. 264 7 p. 71–74

Une grande vie est une pensée de la jeunesse remise en cause par l'âge mûr, comme en témoigne le Victor Hugo de la maturité embrassant le républicanisme après le royalisme de sa jeunesse : « La seconde âme en nous se greffe à la première ; / Toujours la même tige avec une autre fleur. »[8] Dans sa préface, Nietzsche déclare que pour une même personne il y a tout autant de philosophies que de « santés »[9] : à chaque rupture, ou maladie, une « transfiguration », susceptible de remettre en cause ce qui précède. Une remise en cause décisive, en outre, fut, dans *La Supplication*, celle de ce physicien du « Monologue sur la physique, dont nous étions tous amoureux »[10] : la foi dans la physique est balayée par la catastrophe et ses conséquences tragiques, parce que l'échelle de valeurs sur laquelle s'appuyait la vie est revue. La grandeur consiste à être réceptif à la vérité qui se fait jour dans la rupture.

La rupture nécessite du courage, pour faire face à soi et à la société, comme le propose Nietzsche à son lecteur dans « *Excelsior !* » : « homme du renoncement, veux-tu en tout cela renoncer ? Qui t'en donnera la force ? »[11] C'est également la « bonne conscience » qui exige le courage d'affronter la société et de perdre sa « réputation »[12]. C'est du courage qu'il a fallu au physicien Vassili Borissovitch Nesterenko, dans le « Monologue sur le pouvoir démesuré d'un homme sur un autre »[13] pour annoncer la vérité à ses proches et collaborateurs sur les conséquences mortelles de la catastrophe. C'est une sorte de courage dont fait preuve Hugo qui le pousse à tenir, exilé sur l'île de Jersey : « le chardon bleu des sables »[14] des « Paroles sur la dune » figurerait cet espoir qui le guide : ce courage est un combat contre soi et contre la société.

Dans une vie, les ruptures, outre qu'elles renversent, ou purifient seulement, la « pensée de jeunesse », donnent à celui qui les reçoit l'occasion de nouveaux dépassements, pour une continuité dans la fidélité à soi et à l'exigence de vérité.

NE PARLONS pas tant de « grande vie » que de la « grandeur » dans une vie, qui vient de ces dépassements des ruptures successives que la vie apporte.

Après la rupture, il faut le courage de se relever : c'est « l'exultation de la force qui est de retour »[15] dont parle Nietzsche dans sa préface qui est à l'origine de la « pensée » qui, pour « la nouvelle année » de l'aphorisme 276, « doit être pour [lui] le fondement, la garantie et la douceur de toute vie à venir ! »[16] Par ailleurs, il n'est pas anodin qu'Hugo ait placé à la suite l'un de l'autre les poèmes XIII et XIV du livre IV, le premier datant de

[8] p. 227 [9] p. 29 [10] p. 176 [11] p. 232–233 [12] p. 243 [13] p. 211 [14] p. 250 [15] p. 26
[16] p. 225

1848, dans lequel le poète, épuisé, se présente comme un « esprit sans joie »[17] devant le printemps ; le second date de 1847 mais exprime un nouveau départ : le souvenir de sa fille lui donne le courage de se relever. Les femmes dont les témoignages ouvrent et referment *La Supplication* disent toutes deux que c'est le fait d'avoir eu un enfant qui les fait aller de l'avant, puisque celui-ci les tourne vers l'avenir.

Ces dépassements, suites courageuses des ruptures successives, trouvent leur grandeur dans l'ouverture au sens qui les accompagne, aussi difficile soit-elle : « Pour comprendre, l'homme doit dépasser ses propres limites »[18], écrit Svetlana Alexievitch dans son interview par elle-même. Mais parfois cette ouverture est acceptation de l'incompréhension, même du mystère : « As-tu pensé [...] / [...] que ceux qui veulent comprendre / Finissent par ne plus aimer ? »[19] Ainsi Hugo s'interroge-t-il « [t]rois ans après » au sujet de la mort de sa fille. Pensons aussi à la célèbre phrase de Nietzsche dans sa préface : « Ces Grecs étaient superficiels... *par profondeur* ! »[20] : à trop creuser, on s'attire des ennuis ou on s'empêche d'avancer ; vient alors un moment où il faut savoir vivre, comme cet ancien pécheur soviétique qui avoue : « Je peux vivre comme je peux ne pas vivre »[21].

Enfin, c'est le maintien d'un idéal qui permet à une vie d'acquérir de la grandeur ainsi qu'une tension vers un but. Invoquons le dernier poème du livre V des *Contemplations* : « Le soleil est le fruit de ces branches funèbres / [...] Et la joie est le fruit du grand arbre douleur. »[22] L'humanité progresse par le sacrifice de ceux qui meurent pour leur idéal. La purification de ces « pensées de jeunesse » corrigées « par l'âge mûr » à l'occasion des ruptures est le signe qu'une grandeur est à l'œuvre. Dans l'aphorisme « Vive la physique ! »[23], Nietzsche invite le lecteur à un « idéal nouveau », ce substantif revenant trois fois. « L'homme sans idéal ? C'est horrible.. »[24], déclare le témoin du « Monologue sur l'éternel et le maudit [...] » que rapporte Alexievitch, conscient cependant de l'erreur sur laquelle peut se fonder un idéal. Malgré cela, une vie sans idéal ne vaudrait pas la peine d'être vécue.

La phrase de Vigny, qui propose une définition de la grande vie, n'est pas suffisante prise littéralement : la rupture qui survient dans une vie, particulièrement manifeste dans deux des trois œuvres du programme (le deuil et la catastrophe), est une occasion pour celui qui la vit d'approfondir sa pensée de jeunesse, voire de s'en défaire. Réceptivité à l'égard du monde extérieur et connaissance de soi sont deux armes pour qui veut grandir en sagesse et éviter de s'en tenir à des attitudes figées.

[17] p. 209 [18] p. 32 [19] p. 197 [20] p. 33 [21] p. 72 [22] p. 268 [23] p. 269 [24] p. 201

Si la continuité d'une vie achevée par l'exécution d'une pensée de jeunesse n'est pas le meilleur critère pour faire qu'une vie soit grande, les dépassements consécutifs aux ruptures trouvent cependant leur grandeur dans leur rattachement à un idéal, qui maintient la vie dans une tension vers un but qui lui donne sens.

IV Éviter le hors-sujet

Un écueil sur un sujet qui propose une définition serait de s'intéresser à ce qui n'y est pas dit. Vigny parle de « grande vie » sans évoquer les « vies normales », ou les « petites vies » : la question n'est pas alors de savoir si toute vie est grande ou non, mais bien de s'interroger sur la raison pour laquelle il existe de grandes vies. La thèse donnée par Vigny est déjà problématique en elle-même sans qu'il y ait besoin d'aller voir ailleurs.

Bergson écrit, dans *L'Évolution créatrice* (1907) : « Si l'unité de la vie est tout entière dans l'élan qui la pousse sur la route du temps, l'harmonie n'est pas en avant, mais en arrière. » Le point commun de ce sujet avec le nôtre est la question de l'unité d'une vie donnée par la « jeunesse » (Vigny) ou l'« arrière » (Bergson), la vie suivant alors un cours linéaire vers un accomplissement donné d'avance. Mais la différence essentielle de ce sujet tient dans sa formulation hypothétique, où il faut également penser à la réciproque et à la contraposée. Vigny nous donne une définition à creuser et à nuancer, Bergson nous donne une équation à interroger, voire à remettre en cause.

Notions abordées : élan vital, mort, morts, chagrin, héritage

Sujet 10
« Ce que les morts laissent aux vivants ; c'est certes un chagrin inconsolable, mais aussi un surcroît de devoir vivre, d'accomplir la part de vie dont les morts ont dû apparemment se séparer, mais qui reste intacte. » (François Cheng, *L'Éternité n'est pas de trop*, 2002).
Vous commenterez cette citation à la lumière des œuvres au programme.

Corrigé proposé par Gabrielle Veillet

I Analyse du sujet

1 Analyse des termes du sujet

C'est avec emphase que François Cheng s'approprie l'opposition bien connue entre les vivants et les morts, en cherchant à insister sur l'héritage que ceux-ci « laissent aux vivants ». Cette seule et unique phrase propose d'expliciter cet héritage en s'appuyant sur un système d'oppositions. En plus de la première proposition, on en retrouve deux autres, coordonnées par la conjonction adversative « mais » : le « chagrin inconsolable », lieu commun de la mort et de la perte, est annulé par l'expression « un surcroît de devoir vivre », tandis que la vie censée avoir quitté les morts demeure « intacte ». L'auteur semble ainsi vouloir dépasser les clichés : la mort des proches n'est plus une perte, elle devient au contraire une charge supplémentaire qui vient s'ajouter à la vie des vivants. Ceux-ci se retrouvent alors dans une position d'obligation vis-à-vis des défunts : la « part de vie » qui a quitté ces derniers n'a pas disparu, mais elle devient la responsabilité des vivants, leur tâche à « accomplir ». En notant le champ sémantique de la trace (« laissent », « reste »), on observe en effet que les morts ne disparaissent pas mais semblent au contraire imposer leur volonté aux vivants : dès lors, il ne s'agit plus de s'appesantir dans le chagrin mais de redoubler de vie, enrichie par le legs des morts.

La notion de « devoir vivre » nous fait par ailleurs entrer dans le domaine de la morale et de la nécessité. L'élan vital n'est plus égoïste, c'est un impératif imposé par les morts. Rien de statique dans la mort : au contraire, elle se fait impulsion, mouvement en avant, force de vie ! Il apparaît alors un paradoxe : comment la mort pourrait-elle devenir force de vie ? François Cheng le résout en refusant la séparation traditionnelle entre la vie et la mort : la « part de vie » des morts demeure « intacte », la mort n'est plus la fin de toutes choses, mais seulement un transfert, un legs d'un surplus de vie.

Cependant, on aurait tort d'oublier que les morts laissent « certes » aussi un « chagrin inconsolable ». François Cheng résout ainsi la tension entre la mort comme perte, arrêt, une mort statique et immuable, et la mort comme moteur de la vie, élan vital qui amorce le mouvement.

2 Confrontation aux œuvres

Les défunts occupent une place fondamentale dans l'élaboration des ***Contemplations***. Hugo désigne d'ailleurs lui-même son recueil comme étant le « livre d'un mort ». De la confrontation à la mort naît un élan vital, celui de l'écriture. En effet, le livre IV, *Pauca meæ*, est hanté par le fantôme de sa fille Léopoldine : souvenirs, impressions et pleurs s'y pressent tant et si bien que le livre semble devenir le legs de la jeune défunte. C'est du « chagrin inconsolable » d'un père que naît celui-ci, incarnation écrite de la « part de vie » de Léopoldine, passée au prisme du poète. Il en va de même pour le livre V, dont le titre déjà, *En marche*, indique que la poésie est l'incarnation de cet élan vital du poète. Ce livre est le livre de l'exil du poète sur l'île de Jersey : c'est donc bien de la mort que naît cette impulsion. Dès lors, c'est cette mort sociale et politique qui le pousse à se mettre en branle, à écrire pour se réapproprier son exil, pour transformer le monde.

Chez **Nietzsche**, le « gai savoir », élan de vie revendiqué, ne doit rien à l'héritage des morts, mais trouve plutôt sa force dans la pleine acceptation du corps et de ses pulsions naturelles. Pour le philosophe, ce n'est pas la confrontation à la mort d'autrui qui apporte un « surcroît de devoir vivre », c'est la confrontation à sa propre mort : le livre est ainsi parcouru par l'idée que la maladie, avatar de la mort, vient ajouter un surplus à la vie. En faisant du « gai savoir » les « saturnales » de l'esprit, le poète suggère une inversion : la douleur, la maladie se font guérison, progrès, libération de l'esprit, qui en ressort plus fin, plus joyeux, plus avide de vie, enfin.

Svetlana Alexievitch cherche, au contraire, à donner la parole aux vivants dans *La Supplication*. À travers eux, pourtant, ce sont les morts qui transparaissent, comme autant de fantômes hantant les multiples monologues. En s'intéressant aux « sensations », et non aux « événements », c'est bien l'impact de la mort sur la vie des vivants qu'elle éclaire. La mort causée par l'explosion de la centrale devient l'occasion d'élucider le mystère de l'héritage des défunts pour les vivants. La question de savoir si le contact de l'indicible et de l'horreur a modifié l'attitude des vivants envers le monde et envers eux-mêmes revient bien à s'interroger sur la leçon que ceux-ci tirent des morts, mais aussi sur « la part de vie » qu'ils leur doivent.

3 Problématique

En quoi peut-on dire que la vie reçoit son impulsion des morts ?

II Plan détaillé

I Les morts motivent notre vie et lui confèrent une valeur supplémentaire

1. Le souvenir de nos morts : accueillir en nous « la part de vie dont [ils] ont dû [...] se séparer »
2. Le respect envers les morts : affirmer nos idées et malgré tout se montrer digne de nos morts
3. « La part de vie dont les morts ont dû [...] se séparer » : hériter d'un surplus d'énergie

Les morts n'incarnent des puissances motrices de nos vies que lorsque le « chagrin inconsolable », bien que douloureux, a été surmonté. Si tel n'est pas le cas, ils peuvent, en lui ôtant tout sens, devenir des freins à la vie.

II Quand le « chagrin inconsolable » dû à la perte est insurmontable, les morts deviennent des freins à la vie

1. Le « chagrin inconsolable » empêche de penser la vie et marque l'arrêt des activités
2. Ce « chagrin inconsolable » laissé par l'absence des défunts peut même pousser à rechercher la mort
3. Pour surmonter cela, c'est pour soi qu'il faut vouloir vivre

C'est alors ce dualisme entre pulsion de vie égoïste et animale et pulsion de vie héritée des morts qui fait la spécificité des hommes.

III Cette tension non résoluble entre pulsion de vie égoïste et pulsion de vie héritée des morts est ce qui fait la spécificité de l'humanité

1. Au sein même de la vie, la mort se fait moyen de connaissance...
2. ... qui impose un nouvel espace où rencontrer les morts, celui de la spiritualité
3. C'est la philosophie, la capacité de l'homme à penser sa propre condition, qui vient résoudre cette tension

III Dissertation rédigée

« ILS NE m'ont jamais vraiment quitté », écrit Romain Gary dans *La Promesse de l'aube* à propos de ses camarades aviateurs durant la Seconde Guerre mondiale : la sagesse populaire nous enseigne que les morts ne nous quittent pas, mais qu'ils demeurent vivants en nous.

C'est ce qu'affirme aussi François Cheng : « Ce que les morts laissent aux vivants ; c'est certes un chagrin inconsolable, mais aussi un surcroît de devoir vivre, d'accomplir la part de vie dont les morts ont dû apparemment se séparer, mais qui reste intacte. » Comme l'indique le champ sémantique de la trace (« laissent », « reste »), non seulement les défunts ne nous quittent pas, mais ils nous investissent d'un devoir moral à leur égard : poursuivre notre vie, chargés de « la part de vie dont [ils] ont dû [...] se séparer ». La pulsion de vie ne peut plus être égoïste, elle devient impératif moral, obligation envers les morts. La douleur « inconsolable » laissée par la perte est dépassée par le « surcroît de devoir vivre » dans une mise en tension qui, bien loin de l'idée d'immobilité liée au deuil, fait de la mort des uns le surplus de vie des autres. Dès lors, que penser d'un tel paradoxe, et en quoi peut-on dire que la vie reçoit son impulsion des morts ?

Nous verrons que si les morts peuvent effectivement motiver notre vie et lui conférer une valeur supplémentaire, ils peuvent cependant aussi représenter des freins à l'élan vital lorsque le « chagrin inconsolable » né de la perte est insurmontable : c'est cette tension entre pulsion de vie égoïste et pulsion de vie héritée des morts qui constitue la spécificité de l'humanité en ouvrant au domaine de la pensée.

PARCE qu'ils nous chargent d'un « surcroît de devoir vivre », les morts motivent notre vie en lui conférant une valeur supplémentaire.

Le devoir de mémoire envers nos défunts est la première chose qui contribue à doter nos vies d'un sens supplémentaire. C'est en perpétuant leur souvenir que nous accomplissons « la part de vie dont [ils] ont dû [...] se séparer ». Hugo s'en acquitte dans *Dolorosæ*[1] et montre que c'est en lui qu'il permet à sa fille de survivre : « Nous avons pris la sombre et charmante habitude / De voir son ombre vivre en notre solitude »[2]. La rime « habitude / solitude », la proximité phonique de « sombre » et « ombre » insistent sur la pérennité avec laquelle les Hugo ont pensé à leur fille, malgré la douleur et la solitude. C'est du même devoir de mémoire que s'acquittent les survivants de Tchernobyl dans *La Supplication* : la possibilité ou non de visiter les tombes des victimes représente l'un des enjeux du livre. Ainsi, la jeune femme qui doit partir et qui emporte « dans une sacoche un peu de terre de la tombe de [sa] mère »[3] fait de cette terre, qui l'alourdit bien physiquement et symboliquement, la représentation matérielle de la « part de vie » restée « intacte » de la morte.

Cette acceptation de la charge vitale de nos défunts se double par ailleurs d'une exigence supplémentaire : celle de concilier nos idées et le respect des leurs. La mort d'autrui n'impose pas que nous reniions nos propres idées pour lui rendre hommage, mais ces désaccords doivent cependant nous pousser à nous montrer dignes des défunts, contribuant

[1] p. 247 [2] p. 248 [3] p. 47

à rendre notre pensée plus fine. Dans « Socrate mourant »[4], Nietzsche renie certes la dernière parole de Socrate et se sert de ce qu'il voit comme son pessimisme pour étoffer sa caractérisation du « gai savoir » ; il n'en rend pas moins hommage au penseur, qu'il « admire », usant pour cela d'un vocabulaire mélioratif (« le bavard le plus sage », « grand »...). De la même manière, et alors qu'il renie désormais les valeurs royalistes de sa défunte mère, Hugo cherche cependant à en rester digne : dans *Écrit en 1846*, il affirme sa bonne conscience et sa foi en ses idées politiques tout en cherchant à rester placé sous « l'œil de [sa] mère morte »[5].

Enfin, s'ils nous aident à mieux penser, les morts nous apportent aussi parfois un surplus d'énergie en nous léguant leur « part de vie ». C'est ainsi que leur proximité spatiale confère aux vivants qui se trouvent à Tchernobyl un regain d'énergie. Ces paroles d'un prêtre, « aucune cérémonie religieuse ne me donne autant d'énergie que l'office des morts »[6], rapprochées du témoignage de journalistes étrangers à qui « cela [...] plaît de venir ici », « cela [...] donne une charge énergétique puissante », peuvent surprendre. Mais selon Nietzsche, c'est le propre des hommes « héroïques » que de n'accéder à ces instants « suprêmes » qu'au seul contact de la « douleur »[7], la douleur de la perte d'autrui pouvant bien entrer dans cette considération. La proximité avec les morts se fait alors absorption de la « part de vie » restée « intacte » des défunts et confère une vitalité supplémentaire aux vivants.

Les morts n'incarnent des puissances motrices de nos vies que lorsque le « chagrin inconsolable », bien que douloureux, a été surmonté. Si tel n'est pas le cas, ils peuvent, en lui ôtant tout sens, devenir des freins à la vie.

LORSQUE nous sommes dans l'incapacité de dépasser la mort d'autrui, les défunts nous entravent plus qu'ils ne nous poussent en avant.

Le « chagrin inconsolable » peut dans un premier temps nous empêcher de réfléchir à notre vie, en la mettant entre parenthèses. C'est ce que montre Nietzsche dans « La pensée de la mort »[8] : l'homme, confronté à la mort d'autrui, et apeuré en ce qu'elle lui rappelle sa propre finitude, refuse d'y penser. Cette hâte d'avenir l'empêche du même coup de penser la vie et contribue à l'immobiliser. Cela se traduit chez Hugo par une impossibilité d'écrire. En effet, la mort de sa fille concorde avec l'arrêt brutal de l'activité littéraire, matérialisée par la ligne de points sous la date du « 4 septembre 1843 »[9], date de la mort de Léopoldine. Lorsqu'il reprendra sa plume, « trois ans après », le poète répondra à ceux qui l'appellent à retrouver son rôle de guide que, « brisé »[10], il n'y parvient plus.

[4] p. 278 [5] p. 235 [6] p. 142 [7] § 318, p. 258 [8] p. 227 [9] p. 195 [10] p. 198

Si les morts deviennent des obstacles à l'élan vital en figeant les vivants dans le chagrin, ceux-ci vont même parfois jusqu'à souhaiter y mettre fin, pour rejoindre les disparus. Cette tentation de la mort encadre d'ailleurs le livre de Svetlana Alexievitch : deux « voix solitaire[s] » ouvrent et ferment le livre. Entre ces deux femmes ayant perdu leur désir de vivre en même temps que leur amour (« je n'avais plus aucun désir de vivre »[11], déclare la première, « comment vais-je vivre ? »[12], s'interroge la seconde), c'est sur le sens de la vie après la mort des autres que s'interrogent les survivants. Circonscrire les témoignages entre ces deux voix, c'est souligner l'absence de sens que revêt la vie après le départ des nôtres, une absence de sens qui dure tout le long de l'œuvre. Ce désir d'en finir est également récurrent chez Hugo : dans « Trois ans après », le poète, muet depuis la mort de sa fille, ne reprend la parole que pour appeler la mort de ses vœux, dans une première strophe où les « ténèbres où l'on dort » répondent, par le jeu des rimes, au cruel « sort »[13]. Huit ans plus tard, ce désir ne l'a toujours pas quitté, et il déplore dans « Paroles sur la dune »[14] la froideur de la mort à son égard, lui pour qui les plis de l'onde demeurent « infranchissables ».

Lorsque le « chagrin inconsolable » se fait insurmontable et que c'est à la mort qu'appellent les défunts, il apparaît que c'est pour soi et non pour autrui qu'il faut vouloir vivre. Pour l'homme du « monologue sur l'homme qui n'est raffiné que dans le mal [...] », qui s'est « enfui du monde »[15] pour survivre, Tchernobyl représente une terre où retrouver sa liberté dans la solitude. Il vit pour lui, à la manière des animaux : « Si l'on prend un oiseau ou un autre être vivant, nous ne pouvons pas les comprendre car ils vivent pour eux-mêmes et non pour les autres »[16] : les morts ne sont pour lui que le moyen de subvenir à ses besoins (il se nourrit des dons laissés sur les tombes). Vouloir vivre pour soi présuppose ainsi d'accepter toutes ses pulsions, sans mauvaise conscience, et de trouver son chemin propre ; « Vis caché afin de pouvoir vivre pour toi ! »[17], écrit Nietzsche dans *Le Gai Savoir*. Les morts, ôtant avec leur départ tout sens à nos vies, nous poussent à chercher en nous notre élan vital.

C'est alors ce dualisme entre pulsion de vie égoïste et animale et pulsion de vie héritée des morts qui fait la spécificité des hommes.

En se confrontant à la dualité de leur vie, prise entre instinct égoïste et mémoire des morts, les hommes se mettent à penser leur condition.

La présence des morts dans l'esprit des vivants symbolise la présence de la mort au sein même de la vie. C'est en acceptant ce paradoxe que les hommes peuvent l'appréhender comme moyen de connaissance. Ainsi,

[11] p. 28 [12] p. 249 [13] p. 195 [14] p. 248 [15] p. 71 [16] p. 73 [17] p. 277

pour Nietzsche, c'est parce que « la grande libératrice est descendue sur [lui] »[18] qu'il a éprouvé ce principe fondamental du gai savoir : « La vie, moyen de connaissance ». Désormais, les hommes doivent s'étudier eux-mêmes « avec autant de rigueur qu'une expérimentation scientifique »[19]. En devenant « [eux]-mêmes [leurs] expériences et [leurs] cobayes »[20], ils pourront dépasser la raideur du chagrin comme l'instinct de la vie. C'est la même analyse de sa vie, de ses douleurs et de ses pertes qui permet au poète des « Malheureux » de se poser en guide ayant accès à une connaissance plus grande, étant passé « à travers [...] / Les lueurs des tombeaux, les spectres des chevets »[21].

Si la mort est désormais, au sein de la vie, un moyen de connaissance, elle exige un nouvel espace autorisant la rencontre avec les défunts : celui-ci n'est accessible que par l'esprit. Dans « À quoi songeaient les deux cavaliers dans la forêt », Hugo fait de la forêt le lieu de cet entre-deux où la rencontre avec les morts est possible. La discussion avec le personnage d'Hermann, double du poète dans le monde des morts, soulève la question de la porosité des deux mondes. En effet, la proximité des défunts se fait omniprésente et se donne à entendre à travers la voix de la forêt, humanisée par les verbes de parole : « les fontaines chant[ent] », « les chênes murmur[ent] » et « les buissons chuchot[ent] »[22]. Les défunts nous amèneraient donc à découvrir de nouveaux espaces où concilier notre vie et leur mort. C'est de la même expérience que fait état le « chœur des enfants » à la fin de *La Supplication*, lorsque l'un d'entre eux remarque que « le ciel, maintenant, est vivant. Et quand [on] le regarde... Ils sont là ! »[23]

Dès lors, la résolution de cette tension entre pulsion de vie égoïste et pulsion de vie héritée des morts, c'est la capacité de l'homme à penser sa propre condition. L'entreprise de Svetlana Alexievitch naît ainsi de la volonté de tirer les enseignements de cette présence des morts parmi les vivants. Si « tous ceux avec qui [on] parle de Tchernobyl ont envie de philosopher »[24], l'auteur ne déroge pas à la règle et cherche, elle aussi, à répondre aux grandes questions de l'humanité[25]. Nous pouvons alors dire avec Nietzsche que c'est cette confrontation à la douleur causée par la mort d'autrui, et contrebalancée sans cesse par une pulsion égoïste de vivre, qui donne accès au « sentiment divin [qui] s'appellerait [...] humanité ! », mais aussi au concept d'histoire, puisque tous les morts passés se condensent dans les survivants « en une universalisation formidable »[26]. Svetlana Alexievitch parvient au même constat en faisant naître, de la somme des témoignages qu'elle recueille, l'Histoire : « Un événement raconté par une seule personne est son destin. Raconté par plusieurs,

---

18 p. 260 19 p. 258–259 20 p. 259 21 p. 267 22 p. 208 23 p. 235 24 p. 135 25 p. 33
26 § 337, p. 274

il devient l'Histoire. »[27] Dès lors, la dualité entre pulsion de vie et mémoire des morts se trouve au fondement de la spécificité humaine : philosopher sur sa propre condition.

Ainsi, les morts, en nous chargeant de leur « part de vie » restée « intacte », ne se constituent moteurs de nos vies que dans la mesure où nous sommes capables de dépasser le « chagrin inconsolable » laissé par leur absence. De ce difficile équilibre entre immobilité de la perte et mouvement vers l'avant naît une tension qui fait la spécificité du genre humain et qui se résout dans la capacité humaine à penser, avec ses morts, sa propre condition, c'est-à-dire à philosopher et à penser la continuité historique.

Cela étant dit, les morts semblent alors moteurs de notre part d'humanité plus que de notre élan vital. L'anthropologie moderne considère ainsi que les Homo Sapiens et les Néandertaliens franchirent un degré d'humanité lorsqu'ils commencèrent à enterrer leurs morts, voici cent mille ans.

IV Éviter le hors-sujet

Dès lors qu'il est question de force de vie, les sujets exploitant l'opposition entre les vivants et les morts et relayant l'idée que ceux-ci ne disparaîtraient pas complètement mais laisseraient au contraire un héritage aux premiers se font nombreux. C'est pourquoi il est important de ne pas foncer tête baissée et de prêter attention à la particularité du sujet donné, à savoir, ici, le dualisme entre pulsion de vie héritée des morts et immobilité douloureuse du chagrin. De là doit naître votre réflexion, et non pas de la tentation de réduire le sujet à des connaissances préalables (la mort n'est qu'un appel à une exaltation de la vie) sans voir la thèse qu'il propose précisément.

Ainsi lorsque Dumas écrit dans *Le Comte de Monte-Cristo* « Il faut avoir voulu mourir [...] pour savoir combien il est bon de vivre », il propose bien de voir la mort comme ce qui justifie la vie et la jouissance épicurienne. Attention alors à ne pas oublier qu'à l'inverse, pour François Cheng, ce n'est pas notre propre mort qui se fait impulsion à la vie, ce sont les défunts. C'est alors de l'héritage des morts, et non pas de la mort, qu'il faut partir pour ne pas passer à côté de la spécificité de notre sujet.

---

[27] p. 32

Force de vivre, forces de la nature

Passages clés analysés et commentés

Texte n° 1

La grandeur de l'homme au sein de la nature

Victor Hugo, *Les Contemplations*

Je payai le pêcheur qui passa son chemin (p. 261)

Le vingt-deuxième poème d'*En marche* fait partie d'une séquence dans laquelle le poète se penche sur le quotidien de l'île de Jersey (dont le nom s'inscrit à la fin de chaque poème de cette section), ses petites gens comme le mendiant ou la chevrière, et découvre une forme nouvelle de communion entre l'homme et la nature. Il s'agit, au fond, du triomphe de l'homme.

Une fable animalière

Le récit double et le double symbolique

Le poème est un récit en deux temps. On se concentre sur l'apologue du crabe, mais il ne faut pas oublier le pêcheur, qui est évoqué deux fois (aux vers 1 et 12), toujours associé à l'argent (« je payai » et « qui me l'avait vendu »). Les hommes coopèrent entre eux, dans un rapport économique et social, tandis que l'homme et l'animal luttent (« nous luttions tous deux »). Cette lutte héroï-comique, ridicule parce qu'elle se joue à petite échelle (au niveau des « dents » et des « doigts »), rappelle que ce sont les rapports de force qui régissent la nature.

La grandeur de l'homme

La fable se conclut par une morale, exprimée ici dans le dernier vers du poème au présent de vérité générale. Le récit cherche à montrer la supériorité de l'homme sur la nature : le crabe est un être abject capable de faire le mal pour se défendre, alors que l'homme, même mordu, décide de sauver l'animal. Figure de la magnanimité, l'homme est présenté comme supérieur puisqu'il accomplit un acte gratuit et beau qui s'oppose à l'instinct le plus primaire (il achète le crabe au pêcheur pour le manger mais décide de le libérer), là où la nature n'est menée que par l'instinct de survie (le crabe se débat pour sa vie). « Il tâchait de me mordre » est répété, insistant sur l'aspect mécanique de la lutte pour survivre. L'homme a donc une place particulière au sein de la nature, et une grandeur unique.

L'animal, figure inversée de l'homme

La description dépréciative de l'animal permet de comprendre à quel point il est un contre-modèle : « bête horrible », « être obscur », « une bouche affreuse ; un noir moignon », « spectre hideux ». Afin de préparer le triomphe de l'homme sur la nature, le crabe est décrit avec le pire vocabulaire. Plus encore, il est replacé, par sa taillé médiane, dans la chaîne du vivant et il est comparé à plus grand (« hydre ») et plus petit (« cloporte »). On a donc une vision horrifique de l'ensemble des créatures du vivant. Dans cette histoire naturelle poétique, le crabe n'a ni « forme », ni « nom » : les créatures du vivant sont à mi-chemin de l'ombre et de Dieu, de l'insignifiant et du Tout-Puissant.

Une figure christique

Nature et religion

Le champ lexical de la religion parcourt tout le poème : « comme Dieu », « Dieu », « sois béni », « vase baptismal ». Ce vocabulaire prépare la réflexion morale de la fin : si l'homme est une figure particulière dans la nature, c'est qu'il est seul capable de reconnaître « le bien » et « le mal ». La présence par deux fois de la figure divine dans la nature rappelle qu'il est le Créateur (de toutes les créatures, y compris les plus hideuses que l'on trouve dans la mer) et la cause d'un « ordre » du monde. C'est aussi une vision particulière de la nature, où le déséquilibre entre grandeur de l'homme et petitesse du crabe est rendu possible par une communion paradoxale, où les uns servent les autres dans une « immensité formidable » que Dieu a créée.

La générosité, une vertu chrétienne

La nature s'organise donc selon un principe divin, mais l'homme est capable de dépasser les instincts primaires pour faire « le bien » puisqu'il a été créé à l'image de Dieu. En ce sens, on comprend le geste sublime de la fin, qui prouve la générosité de celui qui est le plus fort et qui aurait dû gagner le combat. Cette générosité permet à l'homme de devenir à la fois une figure de salut et de prophète : le crabe est rendu à l'océan, qui est poétiquement appelé « vase baptismal » du soleil, comme si le poète baptisait le petit animal pour le sauver. Les deux êtres sont finalement associés par une même parole : le poète parle au discours direct au vers 14, puis le verbe « dire » est répété, le crabe étant porteur de la parole du poète devenu prophète du salut.

Conclusion

Seul l'homme dépasse le stade de l'instinct pour accomplir des actes beaux, qui sont d'autant plus sublimes qu'ils sont gratuits. En cela, il est une force de la nature.

Texte n° 2

Philosophie et médecine

Nietzsche, *Le Gai Savoir*, 2e paragraphe de la préface à la seconde édition (p. 27 – 29)

Que pourrait-on attendre de la philosophie, sinon qu'elle nous aide à vivre mieux ? Mais encore faudrait-il que nous trouvions la bonne philosophie, et que celle-ci ait un pouvoir réel sur notre vie. Avons-nous raison de croire que la philosophie a cette force, ce pouvoir ? Et si ce n'est pas le cas, quel est le sens de cette activité ?

La philosophie qui est la nôtre

Qu'est-ce qui fait qu'une philosophie devient la nôtre ?

Premièrement, elle pourrait être la nôtre dans le sens où elle nous a convaincus, qu'elle nous semble vraie. Nous en avons examiné les thèses, les arguments, et ils satisfont notre raison. Deuxièmement, une philosophie pourrait être la nôtre parce qu'elle nous plaît, nous convient, ou simplement qu'on l'a choisie. Ici, il n'est plus question de vérité, mais de décision souveraine, de ce pouvoir d'élection qu'on appelle le libre arbitre.

« On a la philosophie de sa personne »

Nietzsche nie l'une et l'autre hypothèse et prétend qu'en réalité « on a la philosophie de sa personne ». Que veut-il dire par là ?

« Il ne s'agissait pas jusqu'à présent de vérité » : d'après lui, ce n'est pas la reconnaissance de sa vérité qui nous pousserait à l'adopter. En effet, si l'on est honnête, combien de fois nous est-il arrivé de constater qu'une théorie est vraie sans parvenir à y croire vraiment, ou plutôt à en tenir réellement compte ? Le fumeur est au courant pour le cancer à venir... et il rallume une cigarette. N'en va-t-il pas de même avec la philosophie, dont le bel argument ne nous empêche pas de continuer à vivre comme avant ?

« À supposer que l'on soit une personne » : le deuxième argument tient au soupçon de Nietzsche quant à la notion de « personne ». Une personne, ce n'est pas un simple être vivant, un animal. C'est un « sujet », qui dispose de la raison, du libre arbitre. Une personne pèse ses actes, les choisit et peut donc en répondre. Toutefois, pour Nietzsche, l'existence de cette liberté qui fonde la personne n'est qu'une supposition. On ne peut pas dire que l'homme choisit sa philosophie. Au contraire, adoptant un point de vue plutôt rationaliste et scientifique, Nietzsche étudie la relation entre l'individu et sa philosophie comme un phénomène naturel.

L'approche du « philosophe-médecin »

C'est pas moi, c'est mon corps !

La philosophie, comme toute œuvre de la culture, est une conséquence, une expression de la nature de chacun. La réaction que nous avons face à elle, notre plus ou moins grande foi en elle est aussi un effet naturel, inévitable, de l'état des forces en présence. C'est la notion de « corps » qui résume cette dimension pour Nietzsche. Nous écrivons et aimons les philosophies que notre corps et notre humeur nous poussent à aimer. Ainsi, pour lire la philosophie sans se laisser prendre à l'implicite ou à l'inconscient, il faudrait la lire en « médecin », pour démasquer ce qu'elle cache parfois.

La philosophie des volontés faibles et malades

Si c'est le corps qui choisit, alors il est logique que la philosophie soit analysée en fonction de la valeur la plus corporelle : la santé. Dès lors, il faut distinguer deux cas. Le premier est celui où les « faiblesses philosophent », exprimant une pensée « malade ». Cette philosophie se repère à des traits, des symptômes, comme la tendance à parler d'états « ultimes » qui, s'ils existaient, justifieraient un droit de se reposer. Or c'est ce dont ont physiquement besoin le corps et la volonté fatigués. De même, l'appel à un monde « en marge de, un au-delà » fournit espoir ou consolation à l'individu qui trouverait sa vie difficile ou ratée.

La philosophie des volontés fortes

Qu'est-ce que la santé ? Ce n'est pas l'absence de maladie. En réalité, notre corps subit à chaque instant l'assaut des virus et bactéries. Être en bonne santé, c'est arriver à contenir ces assauts, à se relever continuellement du combat contre les agents pathogènes. De même, l'homme en bonne santé morale traverse la vie sans s'effondrer à chaque obstacle rencontré – ce qui ne veut pas dire qu'il ne souffre pas. Parfois, cet homme aura l'énergie et l'envie d'exprimer sa propre force dans une œuvre (philosophique ou autre), mais il n'en aura pas un besoin vital. La philosophie est pour lui un « beau luxe ».

Conclusion

Nietzsche propose ici une clé de lecture de toute philosophie, et de toute œuvre culturelle : il s'agit de chercher quels besoins sont exprimés par la philosophie, ainsi que par ceux qui en apprécient une en particulier. Mais un certain déterminisme se fait jour, qui réduit la philosophie à un instrument de prise de conscience, de dévoilement de possibilités dont seule l'expérience frontale de la vie nous dira si elles étaient, finalement, faites pour nous.

Texte n° 3

Quand la force de vivre se fait mortifère

Alexievitch, *La Supplication*, Monologue sur un petit monstre qu'on aimerait quand même (p. 194–195)

Une des conséquences biologiques les plus redoutées de la radiation, et sujette à fantasmes, terreur et tristesse, concerne la possibilité de malformations et de maladies chez les bébés, soit parce que la mère y a été exposée durant sa grossesse, soit parce que cette radiation a altéré le système reproductif d'un ou des parent(s). Ce monologue en est une des expressions les plus transparentes et les plus poignantes.

Vivre et aimer vivre dans le risque biologique

Une projection pathétique

Cette mère, un médecin de Khoïniki, ville très affectée par les retombées radioactives, narre une confidence de sa fille, âgée d'environ huit ans en 1986. Elle pense, comme ses amies, qu'elle risque d'avoir un « monstre » pour enfant. Cependant, tandis que sa mère ne supporte plus d'aller voir un couple « jeune et beau » dont le nourrisson est né récemment avec « une énorme fente en guise de bouche et pas d'oreilles », sa fille continue à leur rendre visite. La mère en déduit que sa fille « veut se faire à l'idée », anticipe d'avoir à aimer ou pense aimer quand même un « petit monstre ».

Les « lépreux »

Il apparaît que, refugiée à Minsk dans les « premiers jours » qui ont suivi l'accident, elle a été mise à la rue par sa propre sœur, convaincue qu'elle et sa fille représentaient un danger pour son nourrisson. Sur le moment, ce rejet a donné à la mère expulsée l'envie de se tuer ; toutefois elle imaginait elle-même « des maladies horribles, inconcevables » et comprenait que des non-médecins envisagent encore pire.

Une identité assumée

En conséquence, cette famille se voit comme appartenant « au peuple de Tchernobyl », ayant « peur de l'extérieur », « partout ailleurs [...] des étrangers. Des lépreux » ; impression qui remonte à cette fuite au moment de l'explosion, qui finit par produire le regret paradoxal de ne pas avoir été enfermé dans la zone. L'identité tchernobylienne se construit autour d'un ostracisme que les tchernobyliens reprennent à leur compte et qui consiste, entre autres, à se nourrir, malgré le danger, d'aliments de la zone : le danger est vécu comme venant désormais du monde extérieur.

La peur de la vie au sein de la vie même

Un diagnostic brutal

Une certaine lucidité se fait jour cependant : le contraste évoqué par cette femme entre la génération de ses parents, qui « avaient la victoire » à la guerre, une « formidable énergie vitale » et « n'avaient peur de rien », et la sienne, qui a « peur de tout » « pour [ses] enfants » et « pour les petits-enfants qu'[ils] n'ont pas encore », suggère le désir de montrer à quel point cette guerre, modèle perpétuellement affiché d'une horreur inégalable, n'est rien au regard du modèle actuel de menace constante.

Un repli sur soi agressif

Dans ce contexte, le désir que « personne n'écrive plus sur nous » afin que les autres aient « alors moins peur de nous » exprime, à la fois une agressivité envers le projet de l'écrivain Alexievitch, et une adhésion à l'idée selon laquelle le secret et le silence préservent. Il ne s'agit pas d'être préservé de tout cancer ou tare, mais de ne pas en parler lorsque c'est inéluctable ; la confidence initiale de la jeune fille ne tient alors pas à son contenu mais à son expression, que la mère aurait d'ailleurs préféré deviner sans qu'on la lui explique.

La peur biologique

La question du degré de risque réel de malformation foetale demeure pour le lecteur, dans un contexte où il découvre que, d'une part la population prend peu de précautions, d'autre part qu'elle est soumise à l'extérieur à des préjugés sans fondement qui s'exacerbent vis-à-vis des enfants. Pour ces derniers, la mère prétend à la réactivation de mythes nucléaires complètement éculés : « lucioles » qui brillent dans le noir et « hérissons » de Tchernobyl, c'est-à-dire sans piquants, qui sont des victimes toutes désignées. Reste donc l'atroce image d'une mise à nu.

Conclusion

Les études sur la santé des enfants de la zone ont été et sont encore aujourd'hui, à plus forte raison trente ans plus tard, inconclusives et peu fournies. En revanche, les études multigénérationnelles liées aux bombes au Japon démontrent qu'il n'y a eu jusqu'ici aucune instance de mutation génétique transmissible. Il est certain que l'anxiété générée par la situation nourrit et se nourrit de tous les mécanismes d'ostracisme et de rejet connus.

Notions abordées : vie, valeur, morale, biologie, conflit, souffrance

Sujet 11
« La mesure de la vie est donc, en général, la différence qui existe entre l'effort des puissances extérieures, et celui de la résistance intérieure. L'excès des unes annonce sa faiblesse ; la prédominance de l'autre est l'indice de sa force. » (Xavier Bichat, *Recherches physiologiques sur la vie et la mort*, 1799) En quoi les trois œuvres au programme font-elles écho aux propos de Bichat ?

Corrigé proposé par Philippe Goulais

I Analyse du sujet

1 Analyse des termes du sujet

Le médecin et biologiste Bichat établit un critère de mesure de la vie. Si la vie peut être mesurée, cela implique qu'il ne faut pas l'entendre simplement comme un état opposé à la mort ou à l'inerte, mais comme une force capable de variations : on est plus ou moins vivant.

Ce critère, c'est celui d'un équilibre conflictuel entre deux efforts : d'une part celui « des puissances extérieures », d'autre part celui « de la résistance intérieure ». La vie est d'emblée, par définition, un combat, défini par deux déséquilibres, à l'image d'une balance à deux plateaux où l'ascension de l'un implique l'abaissement de l'autre : soit la résistance intérieure prédomine, soit à l'inverse elle est submergée par les puissances extérieures. Si c'est la résistance intérieure qui prédomine sur les puissances extérieures, alors nous pouvons parler de « force » de vie, et à l'opposé de « faiblesse ».

Si cette mesure de la vie est essentiellement biologique, nous pouvons penser qu'elle ne s'applique pas seulement à la santé dans un sens purement organique, mais qu'elle est aussi une clé pour comprendre l'ensemble des manifestations vitales. En effet, les créations de l'esprit, la puissance de la pensée, les émotions exprimant une santé spirituelle sont aussi des expressions de notre force de vie face à l'adversité.

À partir de cette analyse, plusieurs interrogations peuvent apparaître : d'abord, celle de savoir si la vie doit être comprise essentiellement comme conflictuelle. Faudrait-il alors, pour favoriser la prédominance de la vie sur les puissances destructrices, éviter toute confrontation avec les puissances extérieures ou, au contraire, assumer une telle confrontation ? Par ailleurs, nous pouvons nous demander si la force de la vie implique seulement une victoire contre des forces extérieures ou si nous n'avons pas aussi à lutter contre des tentations nihilistes et des forces de mort qui nous habitent.

2 Confrontation aux œuvres

Nietzsche propose d'évaluer les productions culturelles, spirituelles et l'ensemble des valeurs comme des expressions de notre force de vie. Certaines erreurs sont peut-être nécessaires à notre vie. À l'inverse, certaines valeurs doivent être dénoncées comme nihilistes en tant qu'elles nient la vie dans sa force et son exubérance. C'est bien la mesure de la vie qui constitue le critère ultime permettant de juger toute valeur, y compris celle de la vérité. La bonne santé spirituelle, que Nietzsche appelle la « grande santé », consiste à retrouver l'affirmation joyeuse de la vie, en se libérant des valeurs qui l'affaiblissent ou la nient.

Dans ***La Supplication***, la mesure de la vie ne peut se réduire non plus à la capacité de survivre face aux dangers de la radiation. Il s'agit de savoir comment vivre dans un monde bouleversé où tous les anciens repères ont disparu. La force de vie n'est donc pas seulement organique, mais aussi psychologique et spirituelle. Les individus doivent définir leur attitude face à des situations inédites où leurs valeurs morales traditionnelles leur semblent incapables de les soutenir. Les puissances extérieures menacent non seulement de détruire le corps, mais encore de faire perdre la raison.

C'est aussi à un drame analogue qu'est confronté Victor Hugo à la mort de sa fille : sa foi, son statut même de prophète, qu'il s'attribue en tant que poète, semblent incapables de le soutenir face à cette perte irrémédiable. Les poèmes des ***Contemplations*** gardent la trace d'une telle lutte intérieure : comment continuer à vivre et à écrire alors que la perte d'un être cher nous a rendu insensible aux beautés de la vie ?

3 Problématique

Douter de la valeur de la vie, c'est être défait par des forces internes de mort. La mesure de la vie n'est-elle pas dans notre capacité à accepter sa dimension conflictuelle, que ce soit contre des puissances extérieures ou contre une tentation intérieure ?

II Plan détaillé

I La vie est la mesure de toutes choses
1. Nos pensées sont des symptômes de notre état de santé
2. La souffrance peut nous amener à interroger la valeur de la vie
3. Mais vivre vraiment, ce n'est pas seulement survivre biologiquement

Nous avons vu que si la question de la valeur de la vie peut se poser, c'est précisément parce que la vie elle-même dans toute son intensité, et non seulement la survie, est la mesure de toute valeur. Or la force de vivre dépend de notre capacité non seulement à résister, mais aussi à assumer le combat contre les forces de mort

II Or la vie se mesure par notre capacité à assumer le conflit
1. Vivre intensément implique d'assumer un combat
2. Il faut refuser les consolations faciles cherchant à atténuer les conflits
3. Reconnaître la souffrance comme un mode de connaissance

La force de vivre n'est pas une négation de la souffrance, mais au contraire une capacité à l'assumer. Or cela n'implique pas seulement de résister aux puissances extérieures, mais aussi aux tentations intérieures de désespérer de la vie.

III Mais c'est aussi contre des forces de mort intérieures qu'il faut résister
1. Surmonter la tentation nihiliste
2. Quand les anciennes valeurs n'aident plus à vivre
3. Apprendre à dire oui même aux souffrances de la vie

III Dissertation rédigée

Alors que nous pourrions vivre dans le confort, certains préfèrent se mettre en danger dans des expéditions périlleuses, escaladant des sommets enneigés, partant en solitaire à la voile ou encore pratiquant des sports extrêmes. Face à une menace extérieure trop grande pour nos forces, nous sommes angoissés ; mais, installés dans le confort, nous avons la sensation de ne même pas vivre. Vivre, n'est-ce pas par définition être engagé dans une lutte ? N'est-ce pas à cela que se mesure l'intensité de la vie ?

Notre vitalité, non seulement dans le sens d'une santé des organes, mais aussi dans celui d'une intensité de vie, se révèle dans l'épreuve quotidienne que nous faisons contre les forces extérieures. C'est en ce sens que Bichat écrit : « La mesure de la vie est donc, en général, la différence qui existe entre l'effort des puissances extérieures, et celui de la résistance intérieure. L'excès des unes annonce sa faiblesse ; la prédominance de l'autre est l'indice de sa force. » La force de vie se mesure donc à notre capacité à assumer le combat contre les puissances extérieures qui la menacent. Mais ce ne sont pas seulement contre des forces extérieures qu'il nous faut lutter, mais aussi contre des forces internes, lorsque nous doutons parfois de la valeur de la vie. La vie ne doit-elle pas être mesurée à notre capacité à assumer sa nature conflictuelle ?

Dans un premier temps, nous verrons qu'il n'y a pas à douter de la valeur de la vie, car c'est la vie même qui est la mesure de toutes choses. Or nous verrons dans un deuxième temps que la vie est par définition un combat. Cependant, nous verrons que ce combat n'implique pas seulement de résister aux puissances extérieures, mais aussi aux forces de mort intérieures.

Nous nous posons parfois la question de la valeur de notre vie, comme si celle-ci devait se mesurer à l'aune de valeurs transcendantes, supérieures à celle-ci. Mais n'est-ce pas plutôt la vie qui doit être la mesure de toutes choses ?

Il est généralement admis que notre manière de penser influence notre état d'être, et que des pensées négatives et décourageantes peuvent amener à un manque général de vitalité, à la fois physique et mentale. Pourtant, on envisage rarement que nos pensées peuvent être non seulement la cause, mais aussi l'expression d'un tel manque de force de vie. Nos pensées ne sont pas des analyses absolument rigoureuses et objectives de l'état du monde, elles sont plutôt des symptômes de notre état de santé, affirme Nietzsche. Il remet en doute la valeur objective des systèmes de pensée philosophiques, prétendant à l'universalité de la rigueur argumentative : nous avons « nécessairement », dit-il dans la préface au *Gai Savoir*, « la philosophie de [notre] personne ». Or cette philosophie exprime notre état vital : « Chez l'un, ce sont les manques qui philosophent, chez l'autre, les richesses et les forces. »[1] Pour le premier, la philosophie est avant tout un remède et une consolation, tandis que pour le second elle est expression de sa force de vie. Même les idéaux les plus spirituels sont des interprétations du corps : en tant que tels, ce sont des mensonges vitaux. Dans *La Supplication*, la confrontation à l'horreur de Tchernobyl peut conduire à une certaine « connaissance de soi-même »[2] et une lucidité sur la manière dont on se ment à soi-même[3] : c'est ainsi qu'un cadreur de cinéma a conscience qu'il s'invente des explications pour de ne pas se souvenir de ses journées dans la zone[4].

[1] Section 2, p. 27 [2] p. 134 [3] p. 141 [4] p. 115

L'intensité de la souffrance peut mener à se poser la question de la valeur de la vie. Dans *La Supplication*, le cadreur de cinéma rapporte le sentiment d'horreur qu'il a éprouvé quand dans son enfance une voisine lui a raconté qu'elle avait étranglé son bébé pour ne pas être découverte par les Allemands alors qu'ils se cachaient dans un marais pendant la guerre : « Quel sens, dès lors, donner à la vie ? Après un tel récit, je n'avais plus envie de vivre. »[5] Mais l'horreur vient d'avoir cherché à survivre au lieu de favoriser la vie d'un nourrisson. Victor Hugo rend hommage à son gendre, notamment dans le poème qui porte son nom, *Charles Vacquerie*[6], lui qui à l'inverse perdit la vie en tentant de sauver celle de son amour.

Cela signifie que vivre, ce n'est pas seulement survivre, au sens biologique. Nous cherchons dans la vie une intensité de vie qui peut même menacer notre survie ; d'après Nietzsche dans la préface au *Gai Savoir*, l'épreuve de la souffrance et de la maladie nous enseigne « l'art de la transfiguration »[7] : « Vivre – cela veut dire pour nous métamorphoser constamment tout ce que nous sommes en lumière et en flamme »[8]. À l'inverse, si l'héroïsme ne consistait qu'à accorder un « prix très bas »[9] à la vie, alors ce ne serait qu'une forme de fatalisme nihiliste. Reconnaître la valeur de la vie, c'est entrer dans une générosité qu'exprime Hugo face au crabe, malgré sa laideur et sa morsure : « "Vis ! et sois béni, pauvre maudit !" Et je le rejetai dans la vague profonde, / Afin qu'il allât dire à l'océan qui gronde, / Et qui sert au soleil de vase baptismal, / Que l'homme rend le bien au monstre pour le mal. »[10] En ce cas, risquer sa vie, bénir même ce qui peut la menacer, ce n'est pas mépriser la vie, mais l'aimer intensément.

Nous avons vu que si la question de la valeur de la vie peut se poser, c'est précisément parce que la vie elle-même dans toute son intensité, et non seulement la survie, est la mesure de toute valeur. Or la force de vivre dépend de notre capacité non seulement à résister, mais aussi à assumer le combat contre les forces de mort.

La vie est par essence un conflit permanent contre les forces de destruction extérieures. Cependant, vivre ne consiste pas seulement à se protéger de telles forces, car nous ne pouvons éviter le conflit : la vie se mesure par notre capacité à assumer ce combat.

Une grande part de notre vie consiste à lutter pour obtenir un certain confort matériel. Et pourtant, s'installer dans ce confort ne semble pas nous satisfaire. Sans combat extérieur, la vie semble perdre son sens. C'est ainsi que Nietzsche affirme dans la préface du *Gai Savoir* : « Toute

[5] p. 115 [6] p. 216 [7] p. 29. [8] p. 30 [9] p. 138 [10] V, XXII, v. 14–18, p. 261

philosophie qui place la paix plus haut que la guerre [...] autorise à demander si ce n'est pas la maladie qui a inspiré le philosophe. »[11] C'est un tel combat que Hugo loue chez Auguste Vacquerie, le frère de son gendre, qui a accepté d'assumer la douleur de leur sort commun, autant dans la perte d'un proche que dans l'exil : « Tu n'as pas reculé devant les noires portes »[12]. Dans *La Supplication*, malgré l'absurdité tragique de la manière dont l'État soviétique a géré la catastrophe nucléaire, sacrifiant sans cesse les personnes, les témoins survivants continuent à exprimer du mépris envers ceux qui ont cherché à se défiler face aux tâches à accomplir : « Chez nous, un seul homme avait vraiment peur. »[13]

L'éthique de la vie consiste à ne pas fuir le combat et à refuser les consolations faciles. Nietzsche revendique la fierté d'une pensée qui refuse les conclusions de la douleur cherchant des consolations : « cette tyrannie de la douleur, surpassée encore par la tyrannie de la fierté qui repoussait les *conclusions* de la douleur – et les conclusions sont des consolations »[14]. C'est ainsi que Hugo dans *Dolorosæ* se vante de n'avoir pas oublié sa douleur : « Mère, nous n'avons pas plié, quoique roseaux, / Ni perdu la bonté vis-à-vis l'un de l'autre, / Ni demandé la fin de mon deuil et du vôtre / À cette lâcheté qu'on appelle l'oubli. »[15] L'éthique consiste à faire preuve de suffisamment de force de vie pour à la fois entretenir la mémoire de la douleur et conserver sa bonté malgré celle-ci.

La souffrance n'enlève pas de la valeur à la vie, mais elle est au contraire un mode de connaissance révélant la valeur des êtres. Dans *Les Malheureux*, Hugo rapporte une vision de tous les grands hommes de l'humanité : Caton, Dante, Jeanne d'Arc, Campanella... Tous ont souffert[16]. Bien plus, ils sont allés au-devant des souffrances. Les difficultés extérieures sont en cela un révélateur : affronter le malheur n'est pas de la résignation passive face aux forces extérieures, mais l'indice que l'on préfère le combat aux plaisirs faciles : « L'abjection du sort fait la gloire de l'homme. »[17] Si nous sommes si troublés par le récit des souffrances des victimes de Tchernobyl, c'est parce que nous sentons leur valeur infinie en tant qu'êtres humains. Or, au sein même de cette souffrance, certaines victimes peuvent découvrir la valeur de toute vie : « Je remarque soudain chaque feuille, la couleur vive des fleurs, le ciel brillant, l'asphalte d'un gris éclatant et, dans ses fissures, les fourmis qui s'affairent. Je pense : "Non, il faut les contourner." [...] Pourquoi faudrait-il qu'elles meurent ? »[18] Tout se passe comme si certaines souffrances pouvaient nous éveiller d'une sorte d'anesthésie ou de somnambulisme pour nous rappeler à la vie. Ce qui signifie que vivre, c'est accepter de souffrir.

---

[11] p. 28 [12] V, I, v. 19 [13] p. 97–98 [14] p. 26 [15] p. 248 [16] p. 268 [17] p. 272 [18] p. 181

La force de vivre n'est pas une négation de la souffrance, mais au contraire une capacité à l'assumer. Or cela n'implique pas seulement de résister aux puissances extérieures, mais aussi aux tentations intérieures de désespérer de la vie.

La force de vivre consiste à savoir résister non seulement à l'effort des puissances extérieures, mais aussi à lutter contre des forces de mort intérieures, comme le découragement et le nihilisme.

Face à la souffrance, nous pouvons d'abord être tentés par une forme de nihilisme : ne plus reconnaître de valeur à la vie et par là à l'effort, perdre toute force de vivre. Cependant, Nietzsche voit aussi dans les consolations métaphysiques dénigrant la vie et le désir, par lesquelles l'individu cherche à se protéger de la souffrance qui leur est inhérente, une forme plus sournoise de nihilisme. Comment face à la souffrance ne pas être tenté d'accuser la vie elle-même ? Dans *Claire P.*, Hugo s'écrie : « Qu'est-ce donc que la vie, hélas ! pour mettre ainsi / Les êtres les plus purs et les meilleurs en fuite ? »[19] Dans notre désir de dépasser cette souffrance, nous sommes tentés de dénigrer ce monde-ci comme le lieu d'un bonheur illusoire : « Le parfum des fleurs est faux, l'aurore est fausse, / L'oiseau qui chante au bois ment, et le cygne ment, / L'étoile n'est pas vraie au fond du firmament, / Le ciel n'est pas le ciel et là-haut rien ne brille, / Puisque, lorsque je crie à ma fille : "Ma fille / Je suis là. Lève-toi !" quelqu'un le lui défend ; / Et que je ne puis pas réveiller mon enfant ! »[20]

Ce nihilisme est d'autant plus tentant que les anciennes valeurs, qui autrefois nous soutenaient, en semblent désormais incapables. Avec la catastrophe de Tchernobyl, tout un monde semble s'écrouler. « Bien sûr que je suis d'accord lorsque l'on dit que ce n'est pas le réacteur qui a explosé, mais tout l'ancien système de valeurs »,[21] dit l'un des témoins. Ils se rappellent leur foi naïve dans le soviétisme et la science : « Avec quelle foi vivions-nous à l'époque ! »[22] Une douleur intense vient de sa disparition : « Pour beaucoup de gens, l'effondrement de cette foi s'est soldé par un infarctus et des suicides. »[23] Même la littérature n'aide plus. Les habitants de la zone contaminée cherchent dans les livres quelque chose qui puisse faire écho à leur souffrance et à leur situation nouvelle ; mais une enseignante se rend compte que son savoir n'aide ni elle ni ses élèves : « et si toute notre culture n'était qu'une caisse avec de vieux manuscrits ? »[24] Nietzsche ironise sur la valeur que l'on prête aux sentences morales ; il n'appelle pas cependant à l'abolition de toute valeur, mais plutôt à « *créer de nouvelles tables de biens qui nous soient propres* »[25]. Alors que les anciennes valeurs s'effritent, il faut apprendre à vivre à nouveau.

[19] p. 250 [20] V, XIV, p. 252 [21] p. 173 [22] p. 178 [23] p. 165 [24] p. 126 [25] § 335, p. 272

Cet art de vie, plus encore qu'une morale, implique de ne pas chercher toujours à fuir la souffrance. Hugo fait preuve d'une telle force de vivre quand il se refuse à haïr sa douleur et lui offre même son sourire : « Nous avons essuyé des fortunes diverses, / Ce qu'on nomme malheur, adversité, traverses, / Sans trembler, sans fléchir, sans haïr les écueils, / Donnant aux deuils du cœur, à l'absence, aux cercueils, / [...] Nos pleurs, et le sourire à toute autre douleur. »[26] Même une souffrance aussi absurde que celle provoquée par Tchernobyl a pu être accueillie par certains survivants : « J'ai peur de le reconnaître, mais nous aimons Tchernobyl. Cela a redonné un sens à notre vie... Le sens de la souffrance. »[27] La souffrance, en effet, est inhérente à la vie, et accepter la souffrance, c'est accepter la vie.

VIVRE, nous dit Bichat, est un combat permanent contre la mort. Or, face à la souffrance et aux conflits, nous pouvons être désemparés et dans l'angoisse, et chercher la sécurité. Mais la vie elle-même perd de sa valeur si elle se réduit à la seule conservation. Nous ne désirons pas seulement survivre, mais vivre véritablement, ce qui implique non seulement de résister aux forces de mort extérieures, mais aussi d'assumer cette dimension conflictuelle de la vie. C'est ainsi que la force de vivre se mesure : par notre capacité à assumer le conflit et la souffrance inhérents à la vie. Or cela n'implique pas seulement de résister aux puissances extérieures de mort, mais aussi aux tentations intérieures du nihilisme et du découragement.

Toutes les philosophies qui prétendent mettre fin à la souffrance ne sont-elles pas, de ce fait, des négations de la vie, comme le soupçonne Nietzsche ? N'avons-nous pas besoin d'une philosophie qui ne refuse ni la souffrance ni la joie, mais qui comprend leur interrelation ?

IV Éviter le hors-sujet

Le thème de la souffrance inhérente à la vie va réapparaître constamment lors de l'étude de ce programme. Mais il faut prêter attention à la spécificité de chacune de ses réitérations. Dans *Où es-tu ?*, Marc Levy, affirmant qu'« On peut accepter de mourir et de vivre les choses au lieu de les combattre », nous fait retrouver la question du combat et de l'acceptation de la souffrance. Cependant, la citation de Marc Levy invite à accepter la souffrance en arrêtant le combat, ici conçu comme une protestation inutile nous empêchant de vivre les choses. Cela rejoint un certain nombre de sagesses qui invitent à l'abandon, à la résignation, à se laisser porter par la vie comme un nageur sur le courant de l'eau. La citation de Bichat au contraire nous invite à voir la vie comme étant inévitablement un conflit.

[26] V, XII, p. 248 [27] p. 223

Notions abordées : connaissance de soi, raison de vivre, motivation, choix

Sujet 12
Peut-on savoir ce qui nous fait vivre ?

Corrigé proposé par Paul-Joseph Michel

I Analyse du sujet

1 Analyse des termes du sujet

Le sujet prend la forme d'une interrogation totale, c'est-à-dire qui attend une réponse par oui ou par non. Cependant, elle appelle à la nuance. Pour cela, nous pouvons la décomposer en deux unités : « peut-on savoir », tout d'abord ; « ce qui nous fait vivre », ensuite. L'expression « peut-on » a dans le langage courant plusieurs nuances : « est-il possible de », « est-il en notre pouvoir de », « est-on en mesure de », « est-il permis de », « faut-il », « doit-on » ; toutes ces nuances, qui viennent enrichir la compréhension du sujet, se ramènent à deux principales : la capacité et la légitimité. Le sujet reviendrait donc à se demander à la fois « A-t-on la capacité de savoir ce qui nous fait vivre ? » et « Est-il légitime de savoir ce qui nous fait vivre ? »

La seconde unité interroge « ce qui nous fait vivre ». Cette unité pourrait être remplacée par un nom : « raisons (de vivre) ». La question deviendrait : « Est-il en notre capacité / est-il légitime de savoir (connaître) nos raisons de vivre ? » On peut chercher à éclaircir ces « raisons » en proposant des synonymes : « ressorts », « causes » ou « motivations », autant de termes qui explorent les assises de notre vie, ce qui la soutient dans son déroulement, et qui peuvent être de diverses natures (physique, morale ou spirituelle) ; ces ressorts, causes ou motivations de diverses natures qui fondent notre vie peuvent tout à fait coexister entre elles, se révéler à nous-mêmes à différents moments : elles ne sont pas exclusives.

Nous sommes tentés de répondre d'emblée oui à cette question, car nous pensons aux valeurs qui motivent et soutiennent nos actions. Pourquoi la question se pose-t-elle alors ? Dans les épreuves, nos agissements ne sont pas toujours à la hauteur de nos valeurs ; dans certaines circonstances de notre vie, nous agissons d'une manière que nous peinons à comprendre, dont nous ne voyons pas les motivations profondes. Nous nous demandons si, parmi ces raisons qui nous font vivre, il en est une qui soit définitive, fondamentale ; si nous pouvons fonder notre vie sur une de ces raisons ou si c'est la vie qui se charge de nous en donner une, ou plusieurs.

Peut-on savoir ce qui nous fait vivre ? La question se pose justement parce que d'un côté nous avons l'impression de bien connaître nos motivations, et de l'autre nous faisons le constat que, bien souvent, chacun est une énigme pour lui-même, ou simplement que, imprévisible, la vie se charge de renverser nos certitudes. L'enjeu n'est donc pas de savoir quelles sont les choses qui nous font vraiment vivre ; mais plutôt de savoir si la vie vaut la peine que non seulement nous la vivions, mais qu'en plus nous la vivions avec l'ambition d'en connaître les raisons profondes.

2 Confrontation aux œuvres

Le Gai Savoir de Nietzsche semble être, des trois œuvres, celle qui se prête le mieux à ce sujet, car elle traite de la connaissance de soi et du travail que le lecteur est invité à effectuer sur lui-même pour mettre au jour les motivations profondes de son agir, et juger de leur degré de liberté ou d'aliénation. Débusquant la vertu ou l'impératif moral que la société a semés en nous, nous sommes prêts à renaître afin de conduire librement notre vie, contre la société et notre entourage ; nous pouvons même dire que le savoir que l'on a sur ce qui nous fait vivre n'a d'égal que notre capacité à nous remettre en question comme à remettre en question ce que nous recevons de la morale et de la tradition.

Dans ses ***Contemplations***, Victor Hugo nous présente son cheminement personnel moral, politique et religieux sur de nombreuses années, marquées par de dures épreuves : le décès de sa fille, l'exil comme conséquence de ses choix politiques. Il livre ses réflexions sur Dieu, la nature, la Providence, les souffrances de l'humanité et le sens qu'on peut donner à celles-ci. Ces épreuves qu'il traverse sont autant d'occasions qu'il saisit pour sonder ses motivations profondes, raffermir ses idéaux après le doute et l'incertitude, mettre en scène la fidélité à ses propres convictions.

Enfin, les nombreux témoignages que retranscrit Svetlana Alexievitch dans ***La Supplication*** nous éclairent sur la conscience humaine aux prises avec une catastrophe sans précédent, catastrophe sanitaire tout autant que politique et philosophique, et telle qu'on se demande si l'on sait encore pourquoi l'on vit. Par ailleurs, c'est souvent à l'occasion de tels événements que se révèle la profondeur de l'âme humaine, dans ses bassesses comme dans sa grandeur. Faut-il alors chercher à comprendre, souffrir, ou bien laisser tomber et continuer, malgré tout, de vivre ? Divers comportements sont rapportés, des motivations sont données, avouées du bout des lèvres parfois, expliquées et justifiées d'autres fois.

3 Problématique

Devons-nous absolument chercher à savoir ce qui nous fait vivre ? Pouvons-nous vivre, et en même temps chercher à savoir ce qui nous fait vivre, au risque d'être trompés sur nous-mêmes et sur la vie ?

II Plan détaillé

I Nous sommes en mesure de savoir ce qui nous fait vivre
1. La famille que nous avons choisie, notre raison de vivre
2. Nous vivons par et pour un idéal
3. Ce qui nous fait vivre donne sens et par là valeur à notre vie

Mais quand viennent les crises ou les épreuves, nos certitudes sont ébranlées et nous découvrons des motivations profondes qui nous échappent : la connaissance de nous-mêmes joue en notre défaveur.

II Il est vain de chercher à savoir ce qui nous fait vivre
1. Nous échappons souvent à nous-mêmes
2. Découvrir nos motivations peut nous dégoûter de nous-mêmes
3. La vie se charge de vivre à notre place

Même si la volonté de connaître ce qui nous fait vivre nous mène dans des zones d'ombre, il ne faut pas l'abandonner pour autant, car c'est un vrai défi pour notre liberté.

III Chercher à savoir ce qui nous fait vivre, le vrai défi de notre liberté
1. Savoir ce qui nous fait vivre permet l'expression d'un choix
2. Connaître ses raisons de vivre : l'affaire de toute une vie
3. Savoir ce qui nous fait vivre : une exigence de notre liberté

III Dissertation rédigée

« L'ESPOIR fait vivre ! », dit-on parfois, par plaisanterie, à une personne confrontée à des échecs répétés. Mais il y a un implicite à cette expression : l'espoir est en mesure de soutenir une vie tout entière. C'est ce thème-là qu'interroge la question qui nous est posée : « Peut-on savoir ce qui nous fait vivre ? » La réponse vient aussitôt, intuitive : oui, on peut le savoir, puisque nous sommes en mesure de vivre selon un idéal, d'être fidèles à nos proches, de poursuivre une noble quête ou de mener à bien un projet d'envergure. Mais si la question se pose, c'est que parfois un événement vient ébranler nos certitudes et nous découvrir une partie de nous-mêmes que nous ignorions, ou bien la vie nous apprend que ce que nous croyions fondé ne l'était pas. Nous repartons alors à la recherche de ce qui nous fait vivre, mais nous sommes bien souvent déçus, tandis que nous continuons de vivre normalement : nous en concluons alors que nous n'avons pas tant de prise que cela sur notre vie. Ainsi, non seulement il n'est pas certain que nous soyons capables de savoir ce qui nous fait vivre, mais encore il n'est pas dit qu'il soit légitime ou de notre devoir de le chercher.

Faut-il donc toujours chercher à savoir ce qui nous fait vivre ? Pouvons-nous vivre sans raison de vivre ? Si cette quête peut amener difficultés et déceptions, il n'en demeure pas moins qu'elle est le moyen dont nous disposons pour nous connaître nous-mêmes et par là grandir dans l'exercice de notre liberté.

Le fait d'être en mesure de savoir ce qui nous fait vivre est un signe de notre liberté. Mais il serait insuffisant d'en demeurer là : quelque raison de vivre que nous ayons, les hasards de la vie et la méconnaissance de nous-mêmes rendent vain ce savoir. Notre liberté constitue alors un défi : savoir ce qui nous fait vivre est un risque à assumer pleinement.

C'EST parce que nous sommes libres de mener notre vie comme bon nous semble que nous sommes capables de savoir ce qui nous fait vivre : nos choix nous éclairent sur la question.

La vie familiale illustre une telle idée : dans le neuvième poème du livre IV, Victor Hugo met en avant le bonheur et l'harmonie qu'il a connus en famille avant la mort de sa fille : « Aube pure ! / Tout chantait sous ces frais berceaux, / Ma famille avec la nature, / Mes enfants avec les oiseaux ! »[1] L'imparfait semble ressusciter le bonheur enfoui et rappeler le poète au devoir du souvenir et de la fidélité. C'est également la famille qui donne aux deux femmes dont le témoignage ouvre puis ferme *La Supplication* une raison de vivre : « Maintenant, j'ai quelqu'un pour qui vivre et respirer »[2], dit la première des deux en parlant de son fils. La famille autrefois choisie devient la raison de vivre ; un choix passé peut soutenir dans le présent.

La raison de vivre est aussi cet idéal pour lequel certaines personnes choisissent de vivre, temporairement ou tout au long de leur vie. C'est la fidélité de Victor Hugo à sa patrie et à son idéal républicain qui apparaît dans *Lueur au couchant* : « Ô patrie ! ô concorde entre les citoyens ! »[3], s'exclame-t-il de manière pathétique. La « patrie » et la « concorde » sont deux réalités d'autant plus précieuses qu'elles lui manquent alors qu'il est exilé et persécuté. Mais cet idéal lui fait accepter l'exil, par la douceur que lui en procure le souvenir. Dans l'aphorisme 276 du *Gai Savoir*, Nietzsche se choisit presque solennellement un idéal en formulant la « pensée [qui]

[1] p. 205 [2] p. 29 [3] p. 255

doit être pour [lui] le fondement, la garantie et la douceur de toute vie à vivre ! »[4]

Enfin, c'est cet idéal, ces raisons de vivre qui donnent à la vie sens et valeur. C'est la question de l'héroïsme et du courage discutée par les intervenants du « Chœur des soldats » dans *La Supplication* : « [N]ous aurons toujours des héros ! »[5], dit l'un d'entre eux. Un autre évoque différentes motivations des volontaires, parmi lesquelles l'« élan héroïque »[6], tandis que certains avouaient ne pas en avoir vraiment. Chez Nietzsche, c'est la capacité, ambivalente par ailleurs, à être un « homme supérieur », formulée dans l'aphorisme 297, *Savoir contredire*, qui donne de la valeur à une vie : le titre de l'aphorisme est employé plus loin sans complément d'objet, comme si cette capacité était une valeur en soi, un idéal, ce qui est dit après : « C'est ce qu'il y a de vraiment grand, nouveau, étonnant dans notre culture, le pas de géant de l'esprit libéré »[7]. Ainsi, l'on sait ce qui nous fait vivre, et cela donne sens, valeur et grandeur à notre vie.

Mais quand viennent les crises ou les épreuves, nos certitudes sont ébranlées et nous découvrons des motivations profondes qui nous échappent : la connaissance de nous-mêmes joue en notre défaveur.

CHERCHER à savoir ce qui nous fait vivre est une occupation vaine : la connaissance de nous-mêmes est plus difficile que nous ne le pensons, et la connaissance de nos motivations peut même nous empêcher de vivre.

Nos motivations profondes sont obscures et changeantes. C'est ainsi que nous pouvons comprendre le onzième poème du livre IV des *Contemplations*, dans lequel le poète brosse un portrait double de sa vie et de ce qu'il est, comme si tout n'était que vanité devant le « vaste et profond silence de la mort »[8]. On ne parvient pas à démêler le définitif du transitoire : la mort seule apparaît salutaire au poète, qui dit dans *Veni, vidi, vixi* : « Puisque mon cœur est mort, j'ai bien assez vécu. »[9] Nietzsche avance une idée proche lorsqu'il ironise sur la connaissance de soi dans *Vive la physique !* : « "Chacun est à soi-même le plus éloigné" [...] ; et la sentence "connais-toi toi-même !", proférée par un dieu et adressée à des hommes, est presque une méchanceté. »[10]

Il est vain de savoir ce qui nous fait vivre, car nous pouvons nous rendre compte que ce ne sont pas toujours de belles motivations qui nous guident. Le *Monologue à deux voix pour un homme et une femme*[11] est éclairant à ce sujet : l'institutrice de Tchernobyl décrit des élèves incapables d'apprendre, comme déshumanisés, qui n'attendent que de retourner l'été en Europe de l'ouest afin d'avoir des cadeaux. Sans doute

[4] p. 225 [5] p. 72 [6] p. 68 [7] p. 243 [8] p. 207 [9] p. 209 [10] p. 269 [11] p. 123

n'est-il pas nécessaire de creuser la raison de vivre de ces enfants victimes de Tchernobyl. Puis son mari évoque les paysans de la région qui, ne sentant pas la radiation, voyant la nature continuer de vivre et n'ayant pas les moyens d'acheter des produits sains, vivent dans le déni du danger, car il faut bien continuer à vivre. Nietzsche a de semblables accents à l'heure de parler de la « profondeur » paradoxale des Grecs[12] : leur superficialité en est la cause. Face à l'impératif de survie et afin de garder une estime de nous-mêmes que nous perdrions en nous examinant de trop près, ne nous posons pas trop de questions et sachons vivre dans une vanité qui est en fait une sagesse pratique.

Plutôt que de nous connaître en sondant nos motivations profondes, peut-être devrions-nous plutôt laisser la vie et ses surprises nous donner les motivations et les raisons de vivre qui conviennent. N'est-ce pas ce que suggère Nietzsche, dans sa préface, lorsqu'il prétend qu'il y a tout autant de philosophies que de santés[13] ? Les prétendument nobles raisons de vivre prennent un dur coup : « Le déguisement inconscient des besoins physiologiques sous le costume de l'objectif, de l'idéel, du purement spirituel atteint un degré terrifiant »[14]. Nous sentons aussi ce renoncement à l'idéal et cet abandon à la vie dans ce qu'elle a d'implacable dans *Trois ans après*, au début du livre IV des *Contemplations* : « Maintenant, je veux qu'on me laisse ! / J'ai fini ! le sort est vainqueur. »[15] Dans ce poème de la révolte, Hugo tourne le dos à Dieu et à son devoir de « guider » l'humanité. La vie impose ses droits, auxquels, impuissant, Hugo se soumet un temps, en se laissant faire.

Même si la volonté de connaître ce qui nous fait vivre nous mène dans des zones d'ombre, il ne faut pas l'abandonner pour autant, car c'est un vrai défi pour notre liberté.

Nous cherchons à connaître notre raison de vivre malgré les obstacles, qu'ils soient intérieurs ou extérieurs : c'est un risque à courir pour prendre pleinement conscience de notre liberté.

Savoir ce qui nous fait vivre doit nous amener à choisir un idéal, à passer des « ressorts » d'une vie, qui peuvent être simplement physiologiques, comme des réflexes de survie, à des « raisons » de vivre. Svetlana Alexievitch nous y invite dans son *Interview [...] par elle-même sur l'histoire manquée* : Tchernobyl est un « défi pour ce nouveau siècle. Ce que l'homme a appris, deviné, découvert sur lui-même et dans son attitude envers le monde. »[16] Il nous faut élever le regard pour tirer des leçons, en sachant « dépasser [nos] propres limites »[17] : ce livre est en somme un phare pour guider les victimes de Tchernobyl. Prendre parti dans la

[12] p. 33 [13] p. 29 [14] p. 28 [15] p. 197 [16] p. 29 [17] p. 30

difficulté : travail difficile qu'Hugo affirme avoir fait, non sans douleur. Ainsi, « Dois-je exister sans être et regarder sans voir ? », demande-t-il dans *Écrit en 1846*, avant d'affirmer : « La vie en larmes m'a doucement corrigé. »[18] Après la chute, le relèvement.

Savoir ce qui nous fait vivre est l'affaire de toute une vie, et il convient que nous nous souciions en tout temps de ce qui nous fait vivre, comme nous le recommande Nietzsche dans *La Réputation de fermeté* : il ne faut pas « [jeter] le *discrédit* sur tout changement, toute réorientation, toute métamorphose de soi », au risque d'être l'esclave de cet « instinct de troupeau »[19]. Les instants de toute une vie sont bons pour servir à la liberté de l'ensemble : c'est ainsi que l'on peut comprendre le poème en forme de parabole de la source et l'océan au livre V des *Contemplations* : la « goutte » qui abreuve la mer, tombant « sans bruit ni gloire » « manque »[20] à cet océan pour être ce qu'il est. La liberté se construit pas à pas, avec persévérance et ténacité.

Quand bien même savoir ce qui nous fait vivre comporterait quelque danger, cela n'est pas vain, car c'est le moyen par lequel nous prendrons davantage conscience de notre liberté. Dans l'aphorisme *Providence personnelle*, Nietzsche nous met en garde contre le danger de l'« asservissement intellectuel » qui nous guette même au « sommet de la vie » : nous devons constamment et sans repos « subir notre épreuve la plus difficile »[21]. C'est aller contre la pente naturelle de notre comportement : savoir ce qui nous fait vivre est un combat de chaque instant qui demande effort et vigilance. Tchernobyl permit à cet homme qui témoigne dans le *Monologue sur l'homme qui n'est raffiné que dans le mal [...]* la découverte du « repentir »[22], seul moyen de tenir, après son « péché », dans le mystère du mal et de la vie. Autrement dit, notre capacité à reconnaître nos fautes, nos insuffisances et nos manquements nous permet de mener une vie plus digne, plus libre, quand bien même le malheur nous oppresserait.

« PEUT-ON savoir ce qui nous fait vivre ? » amène donc à s'interroger sur le défi que représente pour chacun le fait de se connaître et de sonder ses raisons de vivre. On peut savoir ce qui nous fait vivre, à condition d'oser aller au fond des choses et de nous-mêmes, de mettre au jour nos motivations même les plus basses en laissant la vie nous découvrir à nous-mêmes chaque jour un peu mieux.

Nous pouvons aussi vivre sans savoir ce qui nous fait vivre, ou bien en refusant de chercher à le savoir, mais il vaut la peine de relever le défi : nous connaître, trouver ce qui nous fait vivre, ce qui nous anime, permet même de renouer avec un idéal qui donne plus de dignité à notre liberté.

---

[18] p. 283–284 [19] p. 242 [20] p. 237 [21] p. 226 [22] p. 65

IV Éviter le hors-sujet

Il faut voir quels concepts sont convoqués par la question, mais aussi la manière dont ceux-ci s'articulent dans la question elle-même. Ainsi, un sujet comme « Qu'est-ce qui nous fait vivre ? » ressemble au nôtre par certains de ses enjeux : pourtant, « ce qui nous fait vivre » passe d'objet (savoir *ce qui nous fait vivre*) à sujet (qu'est-*ce qui nous fait vivre*). Dans ce sujet assez proche du nôtre, sous forme interrogative également, nous sommes conduits à nous pencher sur les raisons de vivre, les motivations de notre agir, les ressorts qui sont au principe de notre existence. C'est la complexité de cette réponse qui est mise en question. Dans notre sujet, au contraire, nous nous interrogeons sur les conditions de possibilité et sur la légitimité de l'accès à cette connaissance. La différence entre les deux sujets montre qu'il y a un écart dans le présupposé même de la question : dans un cas, il est acquis qu'il existe quelque chose qui nous fait vivre, non pas dans l'autre. On doit toujours expliciter ce présupposé dans l'analyse du sujet, sans quoi on risque de passer à côté de ses enjeux.

Notions abordées : vie, mort, valeur, suicide, forme, sens de la vie, absurde

Sujet 13

« Pourtant, après une pause due à l'épuisement, les pattes s'agitaient encore. C'était superbe, cette ultime protestation, si frénétique qu'elle réussit finalement à se retourner. Les sympathies, bien entendu, allaient toutes à la vie et j'étais étrangement émue – alors qu'il n'y avait personne pour s'apitoyer ou le savoir – par cet effort gigantesque d'une petite phalène* insignifiante pour s'opposer à une puissance aussi démesurée, afin de conserver ce qui n'avait de valeur pour personne, qui n'intéressait personne. Une fois de plus on voyait en quelque sorte la vie, une perle de vie très pure. »

* phalène : papillon de nuit.

Vous analyserez et commenterez cette citation de Virginia Woolf (*La Mort de la phalène*, 1942) à la lumière des œuvres au programme.

Corrigé proposé par Géraldine Deries

I Analyse du sujet

1 Analyse des termes du sujet

Vous ne vous trompez pas : Virginia Woolf décrit bien, avec beaucoup de précision, les derniers soubresauts d'un insecte, plus précisément d'un frêle papillon de nuit qui agonise. Connaître la nouvelle au-delà de son titre ne ferait que confirmer cette intuition et vous rassurerait : la mort saisit la phalène trois phrases plus loin, la nouvelle se conclut ensuite bien vite.

Le léger sentiment de révulsion qui nous saisit à la lecture se fonde donc bien sur la reconnaissance intuitive, organique, malgré notre distance avec cette bête, de l'énergie de la lutte finale contre la mort, que le mot de « râle » décrit souvent chez les humains. Nous sommes aussi partagés entre une sensation de malaise du fait du caractère presque clinique, en tout cas détaché, de la description de Woolf – « les pattes », « s'agitaient encore », « frénétique », « réussit finalement à se retourner » – et le constat de la mise en scène d'abord de son admiration, puis de son empathie. La description clinique elle-même entraîne d'abord Woolf vers une posture d'appréciation esthétique distanciée : « C'était superbe », associé à un premier jugement émotionnel et éthique – « ultime protestation ». Cette posture semble s'humaniser, sauf que le fait que « les » (pas tout à fait la sienne, donc) sympathies aillent « à la vie », vers le perdant du combat, est d'une banalité attendue – « bien entendu ». Admirer que la force de vivre perdure alors que tout est perdu ne serait d'abord qu'une forme d'identification minimale, de degré zéro de reconnaissance de l'organicité du plus petit des êtres. Ensuite, par le jeu de l'identification, cette admiration se porte sur nous et produit le sentiment un peu inquiétant d'une force en nous-mêmes qui nous fera, nous aussi, résister jusqu'au bout, peut-être un peu indécemment, pattes en l'air, malgré l'inévitable, pathétiquement mais vaillamment...

Dans la suite du texte, cependant, Woolf s'émeut sincèrement, quoiqu'« étrangement », du déséquilibre des forces en présence, ce combat d'un David « insignifiant » contre « une puissance aussi démesurée », le Goliath de la mort ; c'est ce réflexe impensé de la petite bête, qui, elle, ne se sait pas observée ou admirée, mais ne cherche à durer que pour elle-même, parce que c'est ce qui la définit, qui finit par arracher Woolf à un certain sadisme esthétisant. « Une fois de plus on voyait en quelque sorte la vie, une perle de vie très pure » : cet impensé, ce respect de soi qu'a l'infiniment petit dans l'intégrité de sa nature, est ce qui émeut Woolf – peut-être parce que, justement, soit elle en manquerait, soit elle refuserait cet impensé.

Mais pouvons-nous vraiment accepter cette posture de l'écrivain et penser, même sans ce léger apitoiement final, que notre vitalité, notre force de vivre, quand nous en avons, ne soit rien de plus que cette simple mécanicité ? Pouvons-nous penser de nous-mêmes que notre force de vivre ne soit en fin de parcours qu'une organicité impensée que ni l'intelligence, ni la volonté, ni même nos affections n'influencent ? Pouvons-nous même d'ailleurs le penser pour une bête, fût-ce un insecte – mais alors à partir de quel moment voyons-nous la vie comme un simple mécanisme de continuité ? Si c'est vrai pour le virus, pourquoi ne le serait-ce pas pour la bactérie, l'insecte, et pour tout être en remontant l'ordre de complexité du vivant ? C'est cette inquiétude, que nous soyons le jouet de nos propres forces biologiques, que déclenche la description par Woolf d'une agonie que nous ne pouvons nous empêcher de lire de façon personnifiée.

2 Confrontation aux œuvres

L'œuvre de **Hugo** est un vaste dispositif propre à complètement désavouer une telle idée : la mise en scène du désespoir et du silence après la mort de Léopoldine, suivis de la lente et fragile redécouverte de sa voix, de raisons de vivre et d'écrire, ne cesse de lier vitalité et sens de la vie pour le poète. Cela ne veut pas dire que lui-même n'ait pas été, sans en être conscient, une force de la nature incapable d'être abattue : mais il ne s'est certainement pas vécu ainsi, et son œuvre ne cesse de chercher à expliciter les sources de la vitalité, pour lui et pour les autres.

Nietzsche, dans sa revendication de la primauté de la vie, aurait pu lui aussi être fasciné par la vitalité à l'œuvre dans l'agonie de la phalène ; mais pas en revanche par l'impensé, tout au contraire son objectif étant d'être dans la « pensée de la vie »[1] et dans tout ce que la vie peut amener comme forme spécifique qui l'exprime.

Il y a parmi tous les témoins auxquels donne voix **Alexievitch** une telle variété dans les modes de perduration qu'on peut penser que même si l'ouvrage était mû par une perspective mécaniste du vivant, il la convertirait en un immense respect pour ce que les gens – y compris les pires, comme cet ancien apparatchik qui reste une figure ubuesque de rage autoritaire[2] – disent de ce qui les fait vivre. Or ce qui est frappant, c'est que, justement, même les témoins les moins réflexifs articulent des raisons de vivre, ne peuvent tenir une posture de survie inarticulée : être phalène n'est pas facile à l'être humain.

3 Problématique

La vitalité peut-elle se réduire au jeu des interactions biologiques qui nous composent ?

II Plan détaillé

I Une perspective mécaniste sur la vie y compris chez les humains est toujours possible

1. Dépasser le désespoir peut être vu comme ultimement biologique
2. L'altruisme peut se réduire à des formes complexes d'égoïsme
3. Les transcendances sont des illusions cache-organicité

Mais une telle perspective ne rend pas compte de la façon dont les gens voient leur vie : ils dénient l'absurde afin de protéger la vitalité.

II Cependant, la façon dont les êtres humains voient leur vie influence leur vitalité

1. Le matérialiste égocentrique lui-même justifie sa position éthiquement
2. Il provoque des sursauts de dénégation créatifs qui le transcendent
3. Et le choix du suicide face à l'absurde le réduit *in fine* au silence

[1] § 278, p. 228 [2] p. 204

La possibilité du suicide, même analysé en termes mécanistes, implique que l'homme transcende en fait sa propre nature biologique.

III En réalité, la force de vivre chez les êtres sensibles n'est pas qu'une donnée organique

1. Elle conditionne la capacité à vivre avec soi-même
2. Elle conditionne la capacité à vivre avec les autres
3. Et même si tout cela est le produit d'une force organique, les productions de la force de vivre dépassent cette organicité

III Dissertation rédigée

Une des choses qui frappent dans l'agonie est probablement son absence de sérénité. L'âme est déjà partie – l'agonisant ne peut revenir à la vie – mais le corps lutte pour respirer encore ; ce n'est qu'après le râle que le visage s'apaise, redonne à voir ce qu'on était.

Virginia Woolf a pu saisir ce même ultime moment, mais chez un insecte, et note d'abord le refus : « Pourtant, après une pause due à l'épuisement, les pattes s'agitaient encore. C'était superbe, cette ultime protestation, si frénétique qu'elle réussit finalement à se retourner. » Puis, de la part de l'interlocuteur : « Les sympathies, bien entendu, allaient toutes à la vie et j'étais étrangement émue – alors qu'il n'y avait personne pour s'apitoyer ou le savoir – par cet effort gigantesque d'une petite phalène insignifiante pour s'opposer à une puissance aussi démesurée, afin de conserver ce qui n'avait de valeur pour personne, qui n'intéressait personne. » Et la conclusion : « Une fois de plus on voyait en quelque sorte la vie, une perle de vie très pure. » Ici, la lutte ultime est valorisée simplement parce qu'elle exprime, en concentré, le caractère de la vie organique : ne pouvoir que vouloir durer. On peut se demander cependant si la vérité de la vitalité, de l'être, est vraiment seulement dans cette « perle » d'énergie, si elle se réduit au jeu des interactions biologiques qui nous composent.

Nous verrons d'abord que si une perspective mécaniste sur la vie y compris chez les humains est toujours possible, la façon dont les êtres humains voient leur vie influence cependant leur vitalité, si bien qu'en réalité la force de vivre chez les êtres sensibles n'est pas qu'une donnée organique.

Une perspective mécaniste sur la vie y compris chez les humains est toujours possible.

Lorsque Victor Hugo, étant descendu au fond de son désespoir et de son dégoût de la vie du fait de la mort de sa fille, se remet peu à peu à écrire, à faire chanter ses vers, s'agit-il d'un travail moral, voire divin en lui ? Dans le poème XIV de *Pauca meæ*, on apprend en fait seulement que le poète ne peut plus ne pas « partir » le lendemain, à l'aube[3] : ne s'agit-il pas simplement d'un organisme vigoureux qui se réaffirme ? Certains des « liquidateurs » les plus cyniques ou lucides s'exprimant chez Alexievitch expriment aussi le bonheur de « la liberté »[4] vécue dans ces conditions de risque incessant, sensation de joie et d'engagement partagés avec l'ensemble du groupe[5], dont la tonalité est à la fois communicative et joyeusement irraisonnée. Nietzsche aurait compris la beauté de cette affirmation de la santé et de l'envie de vivre dans les pires circonstances : n'est-il pas indigné d'imaginer Socrate mourant ayant « *souffert de la vie* ! »[6] Il ne s'agit pas de sortir laborieusement de la maladie, mais de laisser éclater une force de vie naturelle.

De même que Hugo oublie, dans sa vitalité retrouvée, dans l'activité reprise de la poésie et de la vie dans *En marche*, que sa fille est morte, le sacrifice de soi n'est souvent qu'une forme d'affirmation de soi, parfois détournée, parfois assumée. Les liquidateurs cités ci-dessus, qui se portent tous en avant pour une mission folle, exultent dans leur héroïsme collectif, leur identité exaltée[7]. Plus sombrement, Nietzsche voit chez « les compatissants » le souci surtout de leur propre « *confort* », allant jusqu'à attribuer à ceux qui font la guerre par « sacrifice de soi » et non par amour de la guerre la motivation secrète de chercher à « *se dérober à leur but* »[8]. Le moraliste exploite le lien aux autres pour cacher la faiblesse individuelle de son désir.

D'une manière générale, d'ailleurs, Nietzsche pense que le recours à des justifications transcendantes pour expliquer un comportement, ou surtout se l'interdire, relève d'un besoin de se mentir sur sa nature d'organisme vivant[9]. Il serait facile d'en dire autant des nombreux experts qu'Alexievitch nous montre incapables de dire la vérité au sujet des radiations ou du danger, au nom d'une « foi » dans le communisme[10] : ne se ménagent-ils pas simplement une vie confortable, sans même être capables de se l'admettre ? Ils semblent en plus s'offrir un supplément d'âme, qui leur confère de la profondeur et de la sensibilité, en communiquant à l'auteur leurs doutes et leurs réflexions philosophiques, sans en fait avouer ou rendre claires leurs motivations. Une pensée capable de coller à la réalité serait donc seulement celle qui cherche systématiquement derrière la « pensée consciente »[11], comme dirait Nietzsche, une vitalité bien plus pulsionnelle, fondée dans notre corps.

Mais une telle perspective ne rend pas compte de la façon dont les gens voient leur vie : ils dénient l'absurde afin de protéger la vitalité.

[3] p. 210 [4] p. 184 [5] p. 186, p. 188 [6] § 340, p. 279 [7] p. 186 [8] § 338 [9] § 292, 294, 304, 319, 326, 328, 335, 338 [10] p. 165 [11] § 333, p. 268

CEPENDANT, la façon dont les êtres humains voient leur vie influence leur vitalité.

Les experts d'Alexievitch, qui dans leurs réminiscences se souviennent avoir adhéré à des consignes contredisant leurs propres convictions, constatent que la perte de cette adhésion fait d'eux des « complices »[12] ; mais ils ne sombrent pas tous dans le désespoir : la lucidité peut soutenir, comme le dit parmi bien d'autres cette inspectrice de la préservation de la nature qui a « compris que, dans la vie, des choses horribles se passent de façon paisible et naturelle... »[13] La lucidité du poète Hugo sur la cruauté et la laideur du crabe serait même ce qui justifie qu'il le rende à la vie et à son cycle, « le rejet[ant] dans la vague profonde [...] qui sert au soleil de vase baptismal », ce qui explique « le bien » que fait « l'homme [...] au monstre ». Il s'agit de se voir alors dans un ordre temporel et physique qui nous dépasse, mais auquel nous participons.

On peut même dire que le sursaut de générosité du poète envers ce crabe est au fond une réaction éthique à la tentation de déduire de l'existence du mal l'absurdité de la vie. Son geste superbe a bien d'autres pendants, comme dans le poème XXIV d'*En marche*, qui le montre jetant une fleur dans l'océan, ou son admiration dans *Pasteurs et Troupeaux* pour « la douce chevrière »[14]. Hugo à ses moments les plus contemplatifs est bien à la hauteur des exigences de Nietzsche dans le plaisir qu'il prend à la vie et à ses manifestations. Loin d'une « religion de la pitié »[15], il est donc proche d'une « *co-réjouissance* »[16] avec ses sujets dans la compréhension et même la révélation de la particularité et de l'intégrité de leur être dans l'univers.

Le fait même que cette capacité à trouver et à exprimer un sens au moindre « caillou », comme il le fait dans *Mugitusque boum*[17], soit un choix œuvre contre l'idée qu'elle ne provienne « que » d'une vitalité impensée. L'homme peut se tourner contre sa propre envie de vivre s'il n'arrive plus à la voir autrement que comme une façon de se survivre, s'il n'y voit plus son propre développement : « Pour beaucoup de gens, l'effondrement de cette foi s'est soldé par des infarctus et des suicides. Certains se sont tiré une balle dans le cœur, comme l'académicien Legassov »[18], nous dit un des ingénieurs d'Alexievitch. Soit l'absence de sens a tué ces gens (l'infarctus, qui porte sur le cœur, siège symbolique de la vitalité), indiquant un lien entre conception de soi et vitalité organique ; soit l'absence de sens fait décider de mettre fin à sa vitalité organique (en choisissant là encore de façon privilégiée de viser le cœur), désormais inutile : et cela n'est possible qu'à l'homme. Nietzsche même, en insistant sur le fait de vivre de façon à pouvoir répondre oui au démon nous demandant si nous serions prêts à revivre éternellement notre vie[19], ne

[12] p. 165, p. 171 [13] p. 172 [14] p. 263 [15] p. 275 [16] p. 277 [17] p. 255, V, XVII [18] p. 165
[19] § 341

rappelle-t-il pas qu'en fin de parcours nous pouvons choisir de penser notre organicité même ?

La possibilité du suicide, même analysé en termes mécanistes, implique que l'homme transcende en fait sa propre nature biologique.

En réalité, la force de vivre chez les êtres sensibles n'est pas qu'une donnée organique.

Comme nous l'avons vu, la conception que nous avons de la vie et de son sens influe donc en réalité sur notre vitalité, au jour le jour. Nietzsche serait le premier à en convenir lorsqu'il cherche à déconstruire tout ce qui, dans nos conceptions morales et intellectuelles, peut nous décourager d'être nous-mêmes ou de choisir nos vies en toute individualité. Il vise en particulier les conceptions universalisantes de la morale ou de la justice[20], qui bloquent la pensée éthique personnelle sous des slogans appris. Avec ce paradoxe que bien sûr, pour certains, désapprendre ces conceptions serait mortifère ; mais, en un sens, quelle importance ? Que l'idéal communiste ait été une illusion a-t-il empêché certains liquidateurs de vivre les moments les plus intenses de leur vie à Tchernobyl[21] ? Que l'irradiation massive conduise à la mort a-t-il empêché certaines femmes de connaître alors un décuplement de leur amour pour leur homme, devenu « objet radioactif »[22] ou pourrissant vivant[23] ?

De la même façon, cette conception va influencer la façon dont nous vivons avec les autres, qui elle-même conditionne en retour notre vitalité. Il est clair que les femmes dont les monologues encadrent le livre d'Alexievitch trouvent dans le souvenir de l'amour donné et reçu la raison de perdurer pour elles-mêmes, dans ces témoignages, plus encore que pour les enfants qui restent – l'une comme l'autre se plaindront auprès d'Alexievitch d'avoir gommé certaines de leurs paroles (Ignatenko), voire leur nom (la dernière femme). La compassion de Hugo, comme dans *Le Mendiant*[24], sa condamnation des « malheureux » identifiés aux méchants, aux jouisseurs[25] peut sembler parfois ostentatoire, voire opportune, mais elle nourrit aussi un souffle épique et une attention aux autres, dans la multiplication des poèmes dédiés aux amis, à ceux restés en France, au petit peuple des îles, et au monde culturel ou naturel – *Cérigo*, *Mugitusque boum* –, qui avaient disparu dans le repli sur soi élégiaque de *Pauca meæ*.

Il est fort possible que toutes ces conceptions ne soient au fond que l'expression de la même organicité impuissante et inconsciente qui animait la phalène mourante de Virginia Woolf. Mais il est en tout cas indéniable que ces conceptions, élaborées comme nous avons pu le voir,

---

[20] § 335 [21] p. 156 [22] p. 22 [23] p. 237, « Une autre voix solitaire » [24] p. 245
[25] p. 273–74

dépassent une « agitation de pattes », notamment parce qu'elles représentent de nouvelles formes. C'est le cas pour le « roman documentaire » d'Alexievitch, dont le travail fait dépasser à ces témoignages les banalités individuelles de la survie, découvrir des confessions bouleversantes inattendues, et bien sûr pour le poète Hugo. En choisissant ainsi l'artificiel et l'apparence, en choisissant d'oublier le peu que représente ce qui les motive, ce qui les meut, ils rappellent l'éloge du style que fait Nietzsche[26], essentiel à mettre dans la vie, afin que « l'homme parvienne à être content de lui-même – fût-ce au moyen de telle ou telle poétisation et de tel ou tel art [...]. Car la vision du laid rend mauvais et sombre. »

RÉDUIRE la vitalité humaine au produit des forces chimiques et physiques qui régissent son organicité est non seulement toujours possible, mais aussi probablement juste dans une perspective purement matérialiste. Une telle perspective est en revanche insuffisante pour rendre compte de l'envie ou du désir de vivre, qui dépendent de visions plus complexes du rapport entre la vie humaine et son sens, en même temps qu'ils contribuent à les élaborer.

Ces visions peuvent être assez banales, mais aussi donner lieu à des élaborations et formes plus sophistiquées, comme dans nos œuvres. Dans un retour sur soi du matérialisme, il serait intéressant de se demander si elles ne sont pas aussi, au fond, de simples formes de vie, des « perles », comme dirait Woolf, un peu plus élaborées.

IV Éviter le hors-sujet

Le plus grand danger qui guette l'analyste de ce sujet est d'être trop timide dans l'interprétation de la scène d'agonie qui lui est soumise, et d'aller trop rapidement vers des interprétations esthétisantes ou éthiques concernant la capacité à faire face à la mort. Il ne faut pas passer à côté de l'organicité très travaillée de cette description, sa conclusion massivement réductrice sur la « perle de vie » qui gigoterait ainsi jusqu'à ce qu'elle, justement, ne gigote plus. Virginia Woolf n'est pas en train de dire seulement, comme Cervantès (*Au duc de Lemao*, 1616) que chacun « vi[t] de [s]on désir de vivre. Le temps [l]e presse, l'angoisse croît, l'espoir s'étiole et malgré cela, [chacun] vi[t] de [s]on désir de vivre et [...] voudrai[t] reculer le terme fatal. » Elle cherche une *reductio ad absurdum* de l'élan vital, qu'évidemment son propre engagement dans la scène dénie. Mais, avant de faire cette observation, il faut rendre compte de la tentative presque phénoménologique d'imaginer n'être que cela, cette « perle de vie ».

[26] § 290, p. 236

Notions abordées : matérialisme, animal, nature, vivant

Sujet 14
« Et la vie ?... La vie, une suite d'actions et de réactions... Vivant, j'agis et je réagis en masse... Mort, j'agis et je réagis en molécules... Je ne meurs donc point ?... Non, sans doute, je ne meurs point en ce sens, ni moi, ni quoi que ce soit... Naître, vivre et passer, c'est changer de formes... Et qu'importe une forme ou une autre ? Chaque forme a le bonheur et le malheur qui lui est propre. Depuis l'éléphant jusqu'au puceron... depuis le puceron jusqu'à la molécule sensible et vivante, l'origine de tout, pas un point dans la nature entière qui ne souffre ou qui ne jouisse. » (Denis Diderot, *Le Rêve de d'Alembert*, 1769) Vous analyserez et commenterez cette citation à la lumière des œuvres au programme.

Corrigé proposé par Morgan S. Trouillet

I Analyse du sujet

1 Analyse des termes du sujet

Dans *Le Neveu de Rameau* du même auteur, il y a cette formule prononcée par le personnage éponyme : « Je suis dans ce monde, et j'y reste. » Vivre est pour celui qui vit une évidence et il est alors tout naturel de s'interroger sur le sens de la vie. C'est ce que fait Diderot ici et le style même de la citation prend la forme d'un questionnement intérieur : après un premier silence que viennent ponctuer les points de suspension, la parole se libère et se cherche, et d'autres questions, suivies d'autres hésitations, comme un dialogue qu'on entamerait avec soi-même sur le sens à donner à la vie, imitent le tâtonnement du philosophe.

Des premières oppositions, « vivant » et « mort », « en masse » et « en molécules », l'auteur tire une conclusion polémique : « Je ne meurs donc point ». Elle est difficile à accepter, et d'ailleurs elle est suivie de modalisateurs « sans doute », « en ce sens » et d'un « Non » qui paradoxalement la confirme. Pour Diderot, la nature est l'affaire des « formes » prises par la matière de sorte que tout jugement moral est secondaire : « qu'importe une forme ou une autre ». Cela neutralise les oppositions formulées par les antithèses du sujet : le « vivant » et la « mort », le « bonheur » et le « malheur » et même « la souffrance » et la « jouissance ».

Ainsi, de l'énorme (« l'éléphant ») au petit (« le puceron ») et jusqu'au minuscule (« la molécule »), la matière est un flux continu dont « naître, vivre et passer » ne sont que les états transitoires. La vie n'est plus chez

Diderot qu'un ensemble de molécules capables d'« actions et réactions », qu'on appréhende par les sens (« forme sensible »). Cette position dite « matérialiste », qui nie toute explication transcendante de la vie, prend un relief nouveau dans un programme sur la « force de vivre » parce que la force en question relèverait de la physique et de la chimie. Ce serait alors aux seules sciences naturelles d'expliquer la force de vivre. Cette force étant la résultante de processus biologiques, elle est immanente (c'est-à-dire qu'elle est un principe intérieur à la matière, et ce depuis la plus petite particule), et ne serait plus transcendante (c'est-à-dire un principe extérieur, par exemple Dieu dans un paradigme chrétien, qui domine alors en France au siècle). Mais cette force ne s'applique pas qu'au vivant et le dépasse largement : elle réorganise sans cesse la matière et la rend sensible au point qu'il n'y a plus « un point dans la nature entière qui ne souffre ou qui ne jouisse ». En ce sens, « je ne meurs donc point » !

2 Confrontation aux œuvres

Une affirmation aussi radicalement matérialiste évoque **Nietzsche**, dont la pensée s'inscrit dans le naturalisme, selon lequel la philosophie est un prolongement des sciences naturelles. Chez Nietzsche, tous les idéaux sont des totems à détruire (c'est par exemple la mort de Dieu qu'on retrouve dans *Le Gai Savoir*) et toutes les philosophies qui cherchent des causes aux phénomènes humains hors de la nature se trompent. Ainsi, la maladie qui est à l'origine de l'écriture du *Gai Savoir* est bien d'abord une expérience du corps : Nietzsche cherche à élaborer une connaissance par le corps et non plus par l'esprit. L'oxymore du titre (puisque la connaissance est à « prendre au sérieux » selon le § 327) s'explique donc par l'« ivresse de la guérison » (préface). La psychologie dont Nietzsche se fait le héraut est donc la théorie des pulsions.

On n'a aucun mal non plus à concevoir un lien entre cette matière organique qu'est la vie et ***La Supplication***. Dans l'œuvre de Svetlana Alexievitch, les radiations causées par l'explosion d'un réacteur de centrale nucléaire modifient les corps, altèrent l'ADN, provoquent des maladies et produisent des monstres, au sens biologique. Les animaux, les plantes et les sols forment un tout organique avec les hommes puisque les radiations affectent l'ensemble de la matière sur leur passage. Enfin, les nombreux enfants nés atrophiés rappellent que la vie peut prendre une autre forme et se maintenir malgré tout. Les petits êtres qui parfois luttent, sans aucune raison (parce qu'ils n'ont pas encore d'entendement), sont bien la preuve d'une force propre à la matière. La mort n'est qu'une des fins possibles à l'exposition aux particules radioactives.

Il est plus difficile de faire un lien entre **Hugo** et Diderot, tant on sait combien le Romantisme s'est construit en réaction, au moins à ses débuts, à la pensée des Lumières. En effet, l'inspiration hugolienne, capable de dépasser la souffrance première liée au deuil, semble contredire le principe d'une force de la seule matière. Il y a une force qui vient de l'esprit chez Hugo. Cependant, le poète cherche véritablement sa voix autant que sa voie, et ce faisant il s'interroge sur sa place dans le monde. Les nombreux animaux, les éléments déchaînés de la nature dont il est le témoin privilégié depuis sa retraite de Guernesey, dessinent un certain panthéisme où l'homme apparaît comme un maillon dans la grande chaîne de la nature : en ce point la réflexion métaphysique des *Contemplations* croise le matérialisme enchanté de Diderot.

3 Problématique

Le matérialisme explique rationnellement la vie en la concevant comme une forme particulière de la matière. Diderot, substituant le vivant à la vie, neutralise à la fois l'explication spirituelle de l'origine de la vie et l'idée que seul l'homme est sensible. Toute matière est sensible et rien ne meurt. Comment la force de vie, pourtant simple principe de réorganisation de la matière, donne-t-elle un sens à l'ordre du vivant ?

II Plan détaillé

I Toute matière est sensible et la vie est une organisation de la matière

1. La vie est une forme particulière de la matière
2. La morale elle-même est expliquée par le matérialisme
3. « Suite d'actions et de réactions » : une réorganisation continue

Cependant, ce matérialisme radical n'explique pas comment il se fait qu'en temps de crise cette force de vivre est comme polarisée, aimantée par une volonté qui semble contrarier le flux naturel du vivant, par exemple en s'opposant à la mort, pourtant simple affaire de molécules.

II La force de vie, produit de l'esprit ?

1. La volonté n'est pas qu'affaire de survie
2. Le langage attribue une forme spirituelle à la force de vie
3. L'art et la philosophie : la force de vie comme force de création

Ainsi, on peut interpréter la force de vie comme un principe spirituel. Cela s'opposerait au matérialisme de Diderot, si ce n'était que chez lui « il n'y a qu'un seul grand individu, le tout ». Or, à l'échelle du Tout, le mécanisme n'est pas sans signification pour l'organisation de la matière. Le vivant est alors une chaîne où chaque maillon est sensible et correspond avec les autres : c'est aussi cela, la force de vie.

III La force de vie s'assimile à la chaîne du vivant
1. La matière s'organise comme un seul grand individu
2. La forme est en elle-même une force organisatrice du vivant
3. La force de vie traverse l'ensemble du vivant : la sympathie universelle

III Dissertation rédigée

L'ÉMISSION pour enfants *Il était une fois... la vie* avait un objectif pédagogique, expliquer les sciences naturelles aux plus jeunes. Toutefois son titre témoigne d'un véritable enchantement propre au conte, comme si la vie elle-même était une aventure, comme si le savoir des sciences pures était aussi romanesque que les contes pour enfants.

L'opposition entre la « magie » de la vie et son explication rationnelle par les sciences naturelles est au cœur du matérialisme de Diderot : « Et la vie ?... La vie, une suite d'actions et de réactions... Vivant, j'agis et je réagis en masse... Mort, j'agis et je réagis en molécules... Je ne meurs donc point ?... Non, sans doute, je ne meurs point en ce sens, ni moi, ni quoi que ce soit... Naître, vivre et passer, c'est changer de formes... Et qu'importe une forme ou une autre ? Chaque forme a le bonheur et le malheur qui lui est propre. Depuis l'éléphant jusqu'au puceron... depuis le puceron jusqu'à la molécule sensible et vivante, l'origine de tout, pas un point dans la nature entière qui ne souffre ou qui ne jouisse. » Comme tout un chacun, Diderot s'interroge, tâtonne, hésite et finit par affirmer son matérialisme. Cela lui permet de tirer un trait sur la peur de la mort : pas de mort, si après la vie elle-même il y a une organisation générale de la matière. Diderot substitue donc le vivant à la vie. De plus, il neutralise à la fois l'explication spirituelle de l'origine de la vie et l'idée que seul l'homme est sensible. Toute matière est sensible et rien ne meurt. Comment alors la force de vie, pourtant simple principe de réorganisation de la matière, donne-t-elle un sens à l'ordre du vivant ?

Nous montrerons que si toute matière est sensible et que la vie est bien une organisation de la matière, la force de vie n'en est pas moins un produit de l'esprit. Ainsi, c'est à l'échelle du vivant, pris comme un seul grand individu, que peut se comprendre la force de vie.

CHEZ Diderot, le véritable tour de force n'est pas simplement de donner la primauté à la matière sur l'esprit, c'est de dire que toute matière est sensible. C'est à ce prix qu'il peut affirmer que la mort n'est pas.

En effet, la vie est une forme particulière de la matière, qui aurait très bien pu en prendre une autre, comme l'attestent les monstres, au sens biologique, qui naissent après les radiations dans *La Supplication* : « À la naissance, ce n'était pas un bébé, mais un sac fermé de tous les côtés, sans aucune fente. »[1] Souvent ces enfants luttent pour survivre, prouvant que la vie trouve toujours sa voie même hors des formes « normales », comme de nombreux liquidateurs ou résidents sans autorisation l'affirment, évoquant les plantes et les animaux toujours présents aux alentours de la catastrophe nucléaire où « tout vit »[2]. Parfois, Hugo prend des accents panthéistes qui se rapprochent d'une telle conception, surtout lorsqu'il réécrit la *Genèse* : « Sur la terre, où la chair avec l'esprit se fond »[3] rappelle la condition physique de la vie terrestre (punition divine dans le premier livre de la Bible), où « On vit, on parle, on a le ciel et les nuages / Sur la tête »[4] comme si nous faisions partie intégrante de la nature.

La morale elle-même est expliquée par le matérialisme, puisque tout point de la nature « souffre et jouit » selon la formule de Diderot. On ne peut que penser à Nietzsche, chez qui la « nouvelle année »[5] fait suite à la mort de Dieu[6]. C'est pourquoi il ne peut que s'en prendre aux « calomniateurs de la nature »[7] puisque ces derniers accusent la nature des pulsions auxquels pourtant « bon nombre d'hommes [...] *ont le droit* de s'abandonner »[8]. Une telle idée trouve des échos chez certains interlocuteurs de Svetlana Alexievitch, par exemple pour l'inspecteur de la préservation de la nature qui proclame « que, dans la vie, des choses horribles se passent de façon paisible et naturelle »[9] et qui passe aisément d'une vision idyllique à une vision d'effroi sur les centrales.

C'est qu'il ne s'agit pas simplement d'une organisation de la matière mais d'une dynamique. C'est le sens de l'expression « suite d'actions et de réactions » : la réorganisation de la matière est continue. On le devine aisément avec *La Supplication* (il y a un avant mais aussi un après la catastrophe) ; il faut aussi le voir chez Hugo où le dernier vers de *Pauca meæ* met en scène la transition vers *En marche* par le verbe « changer » : « Tout à coup change en deux étoiles ! »[10] Ainsi est vaincue la mort puisqu'il y a transformation de la matière. Même si c'est poétique ou transcendant chez Hugo (le terme « étoile » est une métaphore traditionnelle et renvoie ici à un acte divin), il n'empêche qu'on voit une recomposition à l'œuvre, alors que chez Diderot tout se passe au seul niveau de la matière. Il y a donc bien l'idée d'un flux continu qui n'aurait plus de limite, qu'on retrouve dans les vagues[11] de la volonté de Nietzsche : « on deviendrait trop « supraterrestre » pour cette planète »[12].

Cependant, ce matérialisme radical n'explique pas comment il se fait qu'en temps de crise cette force de vivre est comme polarisée, aimantée par une volonté qui semble contrarier le flux naturel du vivant, par exemple en s'opposant à la mort, pourtant simple affaire de molécules.

---

[1] p. 89 [2] p. 40 [3] p. 275 [4] p. 207 [5] § 276 [6] troisième livre [7] § 294 [8] p. 240 [9] p. 172 [10] p. 220 [11] p. 253 [12] p. 257

Ainsi, et quand bien même l'esprit serait une organisation particulière de molécules qui sentent, la force de vie semble bien être un produit de cet esprit.

Dans cette volonté qui semble dépasser le cadre de la seule matière, il y a plus qu'une affaire de survie, qu'une simple volonté de préservation. Hugo met bien en scène le combat qui consiste à vivre, depuis le souffle coupé de la mort de Léopoldine que matérialisent les points[13] jusqu'aux combats républicains de la fin d'*En marche* : « Le sublime est en bas. Le grand choix, / C'est de choisir l'affront. »[14] affirme finalement le poète, poussé désormais par une volonté qui dépasse le cadre de sa survie et prend à bras le corps les questions sociales. C'est même le sens à la crise que tirent certains interlocuteurs d'Alexievitch : « Jusque-là, on s'était borné à survivre, à reconstruire, à faire des enfants. Pour Tchernobyl, ce sera la même chose... »[15] Cependant, le fait qu'elle préside l'association « Enfants de Tchernobyl » prouve qu'elle donne un sens collectif à sa propre vie.

C'est le langage qui attribue une forme spirituelle à la force de vie. C'est tout l'enjeu de l'acte poétique, au sens étymologique de création : dire pour le poète, ce n'est pas seulement chanter le monde, c'est le recréer. La poésie va donc servir de cadre dans lequel se développe la force de vivre. Chez Hugo, la poésie est bien une thérapie de l'âme. C'est ce qu'il met en scène dans le neuvième poème de *Pauca meæ* où il se souvient des histoires qu'il racontait à ses enfants et par où il « entrevoyai[t] un coin des cieux ! »[16] Homère qui est cité dans ce poème est également cité par Nietzsche, comme l'être le plus heureux pour avoir inventé « ses propres dieux »[17]. Il y a bien la reconnaissance par le philosophe du pouvoir créateur du langage, comme source de bonheur et de force de vie.

Ainsi, l'art et la philosophie font de la force de vie une force de création et de compréhension, et non une seule affaire de « passage » comme chez Diderot où on se contente de « changer de formes ». C'est tout l'enjeu des aphorismes de Nietzsche, qui s'inscrivent dans l'ivresse de la guérison : « "*La vie, moyen de la connaissance*" – avec ce principe au cœur, on peut non seulement vaillamment, mais même gaiement vivre et gaiement rire ! »[18] Le philosophe fait bien de la vie non une fin mais un « moyen » et assure que c'est un moyen vers la gaieté. Il ne s'agit donc plus de vivre pour survivre, mais pour dire et par là créer et comprendre : l'enseignant chez Alexievitch (chez qui il y a même une « couronne de la création ») qui dit « Je veux vivre après Tchernobyl et ne pas mourir de Tchernobyl. Je veux comprendre... »[19] associe de la même manière sa vie et la compréhension du monde.

[13] p. 195 [14] p. 271 [15] p. 219 [16] p. 206 [17] p. 247 [18] p. 261 [19] p. 128

Ainsi, on peut interpréter la force de vie comme un principe spirituel. Cela s'opposerait au matérialisme de Diderot, si ce n'était que chez lui « il n'y a qu'un seul grand individu, le tout ». Or, à l'échelle du Tout, le mécanisme n'est pas sans signification pour l'organisation de la matière. Le vivant est alors une chaîne où chaque maillon est sensible et correspond avec les autres : c'est aussi cela, la force de vie.

La force de vie s'assimile à la chaîne du vivant : elle organise cette correspondance entre les différentes formes de la matière.

Ainsi, la matière s'organise comme un seul grand individu : c'est à cette échelle qu'on peut comprendre l'enchantement du matérialisme de Diderot. Cela donne des images très poétiques chez Hugo : « Toutes ces choses sont passées / Comme l'ombre et comme le vent ! »[20] La comparaison n'est pas gratuite et associe les éléments de la nature à « toute chose ». Une même harmonie se devine chez de nombreux interlocuteurs d'Alexievitch qui nous demandent de voir la nature différemment et qui évoquent les nombreux animaux présents sur les lieux de la catastrophe, même les plus insignifiants : « Des fourmis courent sur le tronc d'arbre, tandis que des voitures militaires rugissent tout autour. »[21] La comparaison associe des êtres vivants et des objets inanimés, jouant aussi sur les échelles à l'image de l'éléphant et du puceron chez Diderot.

C'est que la forme est en elle-même une force organisatrice du vivant. La forme, c'est le produit de l'organisation de la matière mais c'est aussi une force de vie. Cette idée de la forme est présente chez Nietzsche, par exemple lorsqu'il évoque la ville de Gènes, qui aurait pris la forme de ses habitants : « c'est ce qu'ils me disent au moyen de leurs maisons »[22]. C'est aussi une question, chez le philosophe, d'allure (§ 282) et de style (§ 290). Il y a une manière d'être qui n'est pas que le produit d'une vie mais bien sa source même : « la catastrophe a permis à chacun de montrer sa vraie nature »[23] affirme le chef opérateur qui a trouvé un sens à sa vie et à son art « dans la zone ». En cherchant à donner forme à sa vision du monde, il se met à l'écoute du « langage secret »[24] de la nature pour mieux la célébrer et la défendre.

La force de vie traverse donc l'ensemble du vivant et cette relation suit un principe de sympathie universelle. Hugo, dans son poème répondant à une lettre du marquis de C. d'E..., s'en fait l'écho : « La seconde âme en nous se greffe à la première ; / Toujours la même tige avec une autre fleur »[25], évoquant ainsi la manière dont il a grandi en ayant perdu de vue cet ancien ami de la famille. Cependant, il y voit une « greffe », une continuité de son être qui n'a pas oublié les leçons d'antan même s'il n'y souscrit plus. Cette concordance entre diverses réalités physiques

---

[20] p. 202 [21] p. 129 [22] p. 237 [23] p. 116 [24] p. 122 [25] p. 227

se retrouve dans « l'amitié des astres » (§ 279) chez Nietzsche : « Il existe vraisemblablement une immense courbe et trajectoire sidérale invisible au sein de laquelle nos chemins et nos buts si différents peuvent *s'intégrer* comme de petits segments »[26].

Le matérialisme a beau expliquer le monde entier par le triomphe de la matière sur l'esprit (au point que l'esprit lui-même n'est qu'une forme particulière de matière), la vie a ses mystères et la force qui la fait tenir, si elle organise le vivant, est un produit de l'esprit. La force de vie fait tenir ensemble le monde du vivant, une chaîne où tous les points de l'univers, sensibles, sont en correspondance les uns avec les autres.

Cette position, radicale, permet de concilier une idéologie athée avec un spiritualisme nouveau. La force de vie devient le concept qui permet de concevoir et comprendre le lien entre la matière sensible dégagée de toute morale et la nécessité de maintenir un devoir de sympathie : l'harmonie se joue à cette échelle.

IV Éviter le hors-sujet

De nombreux sujets porteront sur ce qu'il y a de plus animal en nous, voire de plus organique, réduisant ainsi la force de vivre à l'instinct. Dans pareil cas, on serait tenté de rapprocher leurs pensées de celle de Diderot puisqu'ils s'attacheront à des forces naturelles. Ainsi un sujet comme « On ne pouvait rien contre la fatalité, contre les érosions naturelles » (Ionesco, *Le Roi se meurt*, 1962) renvoie à cette idée que la mort n'est plus une « fatalité » contre laquelle il faut lutter mais une simple « érosion naturelle ». Ces sujets ont pour point commun avec la phrase de Diderot de refuser l'exaltation des « forces de vivre » puisque mourir n'est plus un point final auquel ces forces s'opposent. Cependant, chez Ionesco il est question d'« érosion », c'est-à-dire d'un déclin considéré comme normal parce que « naturel » : on naît, on vit et on meurt. Mais le propos de Diderot va plus loin, il replace ces étapes dans un flux beaucoup plus large qui dépasse l'échelle de l'existence humaine. C'est toute la nature qui se recompose sans cesse. Il ne faut pas passer à côté de la position matérialiste radicale de Diderot car elle permet de dégager une thèse originale à discuter. La réduire à un simple refus de penser la mort comme fatalité, sans voir au nom de quelle thèse philosophique ce propos s'énonce, ne permet pas d'affronter la singularité de Diderot : une matière sensible, qui pense, souffre et jouit au-delà de ce qu'on appelle « le vivant ».

[26] p. 229

Notions abordées : nature, contemplation, méditation, société humaine

Sujet 15

« Et si tu passais, en juin, entre les prairies fauchées, à l'heure où la lune ruisselle sur les meules rondes qui sont les dunes de mon pays, tu sentirais, à leur parfum, s'ouvrir ton cœur. [...] Et si tu arrivais, un jour d'été, dans mon pays, au fond d'un jardin que je connais, un jardin noir de verdure et sans fleurs – si tu regardais bleuir, au lointain, une montagne ronde où les cailloux, les papillons et les chardons se teignent du même azur mauve et poussiéreux, tu m'oublierais, et tu t'assoirais là, pour n'en plus bouger jusqu'au terme de ta vie ! »

(Colette, *Les Vrilles de la vigne*, 1908)

Vous analyserez et commenterez cette citation à la lumière des œuvres au programme.

Corrigé proposé par Gabrielle Veillet

I Analyse du sujet

1 Analyse des termes du sujet

Dans une langue très poétique, Colette révèle à un « tu » (le lecteur ?) le secret qu'elle détient : l'élan de vie acquis dans la plénitude des sens ne s'atteint qu'au prix d'un périple long et rigoureux qui exige d'être à l'écoute de ses sensations (« tu sentirais [...] s'ouvrir ton cœur »), pour atteindre une contemplation de la nature détachée du monde, comme l'indique le verbe « oublier ».

Le long itinéraire du voyageur, mimé par une progression physique et temporelle (il « pass[e], en juin, entre les prairies fauchées », « arriv[e], un jour d'été, [...] au fond d'un jardin » pour s'y asseoir et « n'en plus bouger jusqu'au terme de [sa] vie »), le conduit alors de la civilisation (matérialisée par la présence des « prairies fauchées » et des « meules ») à la nature la plus brute : « une montagne ronde où les cailloux, les papillons et les chardons se teignent du même azur mauve et poussiéreux ». Là, tous les éléments du règne naturel (le minéral, l'animal et le végétal) peuvent fusionner en un « même azur mauve et poussiéreux », si bien que la nature sauvage est ce qui donne accès à la plénitude et à l'unité : y accéder, c'est pouvoir enfin vivre sa vie intensément, satisfaire une soif de vivre brutale certes douloureuse (cette nature séductrice n'en semble pas moins dangereuse, comme l'indique l'expression « un jardin noir de verdure »), mais ô combien plus riche que la lente attente du « terme » que proposent les douceurs de la civilisation. En effet, embrasser cette vitalité éclatante, c'est accepter de renoncer à la douce langueur de la société des hommes, c'est quitter une nuit tendre et lumineuse (« la lune [qui] ruisselle », « les meules rondes » et « les dunes ») pour aller volontairement vers un jour sombre et agressif. Dès lors, cette nature est bien éloignée de ce que nous enseigne le lieu commun du *locus amoenus*, c'est-à-dire d'une campagne idyllique faite de vallons, de ruisseaux et d'ombrage : ce n'est qu'en renonçant aux douceurs de la société et en acceptant les rigueurs d'une nature sauvage et vénéneuse que la vie se révèle dans toute sa force.

2 Confrontation aux œuvres

La nature occupe une place prépondérante dans ***Les Contemplations***. Le titre indique la volonté du poète de se perdre dans son admiration pour échapper aux réalités matérielles et y puiser sa force vitale. C'est dans l'adéquation entre la nature et ses états d'âme que le poète trouve le courage de continuer à vivre, malgré le deuil, malgré l'exil : de riante dans les souvenirs, cette nature devient morne et désolée dans le moment de l'écriture, celui du deuil et de la mort politique, en accord avec la souffrance d'un père exilé, puis transforme la douleur mortifère en élan créatif. Juste, elle s'oppose à la bêtise politique et met ses forces au service des opprimés.

Pour **Nietzsche**, la nature incarne la liberté et représente l'idéal que l'homme heureux, détenteur du « gai savoir », doit faire sien : comme la nature, indomptable, l'homme ne doit pas chercher à assujettir ses pulsions. Au contraire, il doit accepter qu'elles soient sauvages, arbitraires, pour atteindre au contentement de soi et embrasser pleinement et joyeusement sa propre vitalité. Autrement dit, de la contemplation désintéressée de la nature naît l'attitude de l'homme heureux qui dit oui à toutes choses, revendique la sauvagerie de son élan vital. La nature s'oppose ainsi à l'arrogance des « prédicateurs de morale »[1] et autres « calomniateurs »[2] qui souhaitent la perpétuation de la « mauvaise conscience ».

La Supplication, quant à elle, se fait la somme de témoignages interrogeant un rapport à la terre bien plus qu'une catastrophe nucléaire. Si l'explosion à Tchernobyl a fait de la nature une présence meurtrière, désormais bien plus ennemie que nourricière, les survivants ne cessent pourtant d'y revenir : les vieux paysans de la région de Pripiat s'accrochent à leurs champs et à leur forêt, à leurs pommes de terre et à leurs animaux, tandis que les plus jeunes et les citadins s'interrogent

---

[1] § 292 [2] § 294

sur la gravité de la situation, quand la nature est si belle, le ciel si bleu. Interroger ce rapport à une nature ambivalente, c'est alors chercher ce qui s'y constitue élan vers la vie.

3 Problématique

En quoi la contemplation des forces abruptes et exigeantes de la nature incarne-t-elle une force de vie plus vive et intense que celle passée au contact des douceurs de la société des hommes ?

II Plan détaillé

I La contemplation solitaire de la nature sauvage, exigeante et dure, donne accès à la liberté

1. La nature a beau être dure et indifférente aux malheurs des hommes...
2. ... elle n'en apporte pas moins du réconfort à celui qui la regarde
3. La nature est le modèle que l'homme libre doit imiter

Cette contemplation de la nature sauvage, dès lors qu'elle est érigée au rang de modèle pour l'homme, devient appropriation.

II Cette contemplation se fait appropriation

1. Toute contemplation de la nature, en lui assignant une valeur, est une appropriation
2. En apprivoisant la nature, l'homme l'intègre à la civilisation
3. Cette contemplation gagne alors à être partagée

S'il n'y a pas de contemplation de la nature en dehors de la société humaine, c'est que ce spectacle, en poussant l'homme à méditer sur sa propre condition, le charge aussi d'une sagesse nouvelle à partager avec le reste de la société.

III La contemplation solitaire de la nature permet à l'homme qui a médité sur sa propre condition de regagner la société enrichi d'une science de vivre nouvelle

1. La communauté de destin entre l'homme et la nature...
2. ... invite à une méditation solitaire...
3. ... qui ne vaut que dans la mesure où elle prendra fin : celui qui a su tirer les enseignements de la nature doit les partager avec la société des hommes

III Dissertation rédigée

DANS *Noces à Tipasa*, Camus fait de la nature glorieuse et assommante de soleil de la cité en ruines la source d'une vitalité libre et exaltée : en lui enseignant la « difficile science de vivre », celle-ci s'oppose au « savoir-vivre » mortifère de la société des hommes.

C'est déjà au même constat que parvient Colette lorsqu'elle invite celui à qui elle s'adresse à traverser « les prairies fauchées » de la nature assujettie par l'homme, pour venir, « au fond d'un jardin [...] noir de verdure et sans fleurs, [...] regard[er] bleuir, au lointain, une montagne ronde où les cailloux, les papillons et les chardons se teignent du même azur mauve et poussiéreux ». Cette nature séductrice qui appelle le voyageur semble aussi sauvage et dangereuse que les « meules » sont rondes et douces. Répondre à son appel, c'est accéder à une force de vie intense et exacerbée et « oubli[er] » les douceurs mortifères de la vie sociale. Paradoxalement, le terme du voyage conduit ainsi à une attente, celle du « terme de [sa] vie », passée dans la contemplation d'une nature exaltée et exaltante : cette attente devient alors jaillissement vital et s'oppose à l'action paralysante de la société humaine, dans laquelle les forces de vie s'enlisent. Dès lors, que penser d'un tel paradoxe, et en quoi peut-on dire que la contemplation des forces abruptes et exigeantes de la nature incarne une force de vie plus vive et intense que celle passée au contact des douceurs de la société des hommes ?

Nous verrons que si la contemplation solitaire de la nature sauvage donne accès à la liberté, celle-ci se révèle être une appropriation de la nature par l'homme : cette contemplation solitaire, qui pousse l'homme à méditer sur sa propre condition, est alors ce qui lui permet de regagner la société en disposant d'une science de vivre nouvelle.

LA CONTEMPLATION solitaire de la dure nature sauvage est ce qui permet à l'homme d'accéder à la liberté, exaltation suprême de l'élan vital.

La nature sauvage paraît dans un premier temps peu apte à exalter la force de vie humaine. En effet, elle est indifférente à l'action comme aux malheurs des hommes et ne saurait, par une attitude compatissante ou bienveillante, leur apporter du réconfort. Ainsi, dans *La Supplication*, ne compte-t-on plus les remarques récurrentes qui interrogent son indifférence face à la catastrophe nucléaire qui la concerne pourtant aussi. Une vieille femme, rapportant la scène d'horreur de l'évacuation des soldats, ne peut s'empêcher de noter que « le soleil brillait... »[3] : les points de suspension indiquent qu'elle s'interroge sur l'absurdité de la situation, devant une nature belle et cruelle, inchangée. Constatant cette indifférence face au sort des hommes, Nietzsche en déduit, lui, qu'il faut

[3] p. 40

« apprendre toujours plus à voir dans la nécessité des choses le beau »[4] : comme la nature insensible à l'horreur, l'homme ne doit pas se laisser affecter par le « laid ». Prenant exemple sur la nature, l'homme peut alors puiser en lui une force de vivre renouvelée, une sorte de fatalisme joyeux.

Ainsi, bien qu'insensible au sort des hommes, la nature apporte du réconfort à celui qui la regarde : de la permanence de sa beauté naît l'espoir, même dans les instants les plus sombres. Sa splendeur éclatante permet ainsi à Hugo, dans *À Villequier*, de trouver la force de continuer à vivre après la mort de Léopoldine : « Maintenant que je suis sous les branches des arbres, / Et que je puis songer à la beauté des cieux ; // Maintenant que du deuil qui m'a fait l'âme obscure / Je sors, pâle et vainqueur, / [...] je sens la paix de la grande nature / Qui m'entre dans le cœur »[5]. De la même manière, dans *La Supplication*, la nature immortelle incarne la force qui pousse les survivants à continuer, malgré la mort de leurs proches : « Tout vit ici. Absolument tout ! Le lézard vit, la grenouille vit. Et le ver de terre vit. Et il y a des souris ! Tout y est ! »[6] Cette vie omniprésente de la nature, en transmettant de sa force, devient le rempart au chagrin mortifère.

Dès lors, la sauvagerie indomptable et fougueuse de la nature est le modèle que l'homme doit imiter pour être libre et embrasser pleinement sa propre vitalité. Ainsi, et paradoxalement, c'est au cœur de l'exil sur une île sombre et menaçante, loin de la société humaine, qu'Hugo se sent le plus libre : « La solitude / Autour de moi toujours a la même attitude / Je ne vois que l'abîme, et la mer, et les cieux, / [...] Ici, le bruit du gouffre est tout ce qu'on entend ; / Tout est horreur et nuit. – Après ? – Je suis content. »[7] Le dernier hémistiche insiste sur l'exultation du poète qui trouve dans les éléments déchaînés de Jersey l'écho de sa liberté exaspérée : la mer en furie, la tempête deviennent la source d'une force de vie décuplée. En effet, tout comme la nature qui laisse libre cours à sa volonté et à sa sauvagerie, l'homme doit lui aussi embrasser joyeusement ses pulsions et ne pas en avoir honte. Nietzsche fait ainsi, lui aussi, de la formidable force arrogante des vagues le miroir de l'élan vital et de la volonté des hommes : « c'est ainsi que vivent les vagues – et c'est ainsi que nous vivons, nous qui voulons ! »[8] La nature est donc le modèle que l'homme pleinement vivant doit imiter, après l'avoir contemplé.

Cette contemplation de la nature sauvage, dès lors qu'elle est érigée au rang de modèle pour l'homme, devient appropriation et s'inscrit dans la civilisation.

[4] § 276, p. 225 [5] p. 210–211 [6] p. 42 [7] V, III, p. 236 [8] § 310, p. 253

CONTEMPLER la nature, même seul, c'est l'interpréter, la subordonner à la vie humaine.

En effet, la contemplation de la nature n'est jamais purement détachée de la condition humaine, puisque celui qui la regarde lui assigne une valeur. L'homme ne voit pas seulement la nature telle qu'elle est ; il l'interprète. Ainsi, dans le dixième poème de *Pauca meæ* : « Pendant que le marin [...] / Demande son chemin aux constellations ; / Pendant que le berger [...] / Cherche au milieu des bois son étoile et sa route »[9], Hugo cherche lui à voir dans la nature la présence des défunts. En observant la nature, en lui assignant une valeur, il crée. C'est ce que montre Nietzsche, pour qui toute contemplation est une création : si « la nature est toujours dénuée de valeur [...], une valeur lui a un jour été donnée et offerte, et *c'est nous* [les contemplatifs] qui avons donné et offert ! »[10]

Dès lors qu'il y a contemplation et interprétation, il y a jugement de valeur, et l'homme s'approprie la nature en l'intégrant à son mode de vie. Celle-ci, apprivoisée et exploitée, est adoucie, à l'image des « meules » et des douces « prairies fauchées » évoquées par Colette. Dans *La Supplication*, les paysans de la région de Pripiat sont certes attachés à la forêt, mais c'est surtout la nature domestiquée par l'homme, les champs, les animaux de ferme et de compagnie, qui revient dans leurs discours. La nature reste donc essentielle à l'homme ; mais maîtrisée, domestiquée, elle fait désormais partie intégrante de la civilisation. Ainsi dans *Gênes* Nietzsche montre-t-il bien que le regard de l'homme sur la nature est celui d'un conquérant souhaitant intégrer tout ce qui s'offre à son regard « à *son* plan et finir par se l'*approprier* en en faisant un élément de ce plan. »[11] En soulignant le déterminant « son » et le verbe « approprier », le philosophe se montre catégorique : toute contemplation de la nature assujettit celle-ci au monde des hommes.

Dès lors, si cette contemplation de la nature ne saurait être détachée de la société humaine, elle a tout à gagner à être partagée : c'est d'ailleurs bien à un autre, à un « tu » que s'adresse Colette. Pour Hugo, si la nature est riante dans les souvenirs, s'il prend plaisir à sa contemplation, c'est parce qu'elle est partagée avec sa famille. Le pronom « nous » revient régulièrement dans les poèmes du souvenir[12] et s'oppose à la solitude du « je » isolé au milieu de la nature menaçante de Jersey. De la même façon, pour les survivants de *La Supplication*, la contemplation des beautés de la nature est un appel au partage, malgré la mort : « À peine l'avait-on enterrée [sa fille] que le soleil est sorti de derrière les nuages. Et il brillait ! On avait vraiment envie de la sortir du trou. »[13] Dès lors, contempler la nature, même en solitaire, ne saurait se faire en dehors de toute société humaine.

[9] p. 206 [10] § 301, p. 247 [11] p. 237 [12] IV, VI, p. 200–202 et IX p. 204–206 [13] p. 43

S'il n'y a pas de contemplation de la nature en dehors de la société humaine, c'est que ce spectacle, en poussant l'homme à méditer sur sa propre condition, le charge aussi d'une sagesse nouvelle à partager avec le reste de la société.

En se confrontant seul aux forces de la nature, l'homme réfléchit à sa propre condition, ce qui lui permet de revenir à la civilisation enrichi d'une nouvelle science de vivre.

En s'absorbant dans la contemplation de la nature sauvage, l'homme s'aperçoit en effet qu'il existe entre lui et elle une communauté de destin. Après la catastrophe de Tchernobyl, la terre est, tout comme l'homme, enterrée plusieurs fois et semble connaître le même sort. Un homme interrogé par Svetlana Alexievitch en fait d'ailleurs le constat : « La vie de l'homme est comme l'herbe : elle pousse, se dessèche et brûle. »[14] En observant le cycle de la nature, l'homme est renvoyé à sa propre vie et à sa propre finitude, ce que note aussi Hugo : « Tout homme qui vieillit est ce roc solitaire / Et triste, Cérigo, qui fut jadis Cythère »[15]. En dédoublant la même île, en opposant sa jeunesse (« Cythère ») au naufrage de sa vieillesse (« Cérigo »), le poète fait de la nature le miroir de la vie humaine.

Cette communauté de destin entre l'homme et la nature le pousse ainsi à méditer sur sa propre condition. Ainsi, le même homme qui faisait remarquer à Svetlana Alexievitch le parallèle entre le cycle de la nature et la vie humaine annonce ensuite qu'il « aime méditer »[16]. De sa contemplation attentive et solitaire de la nature, il tire un enseignement sur sa propre condition. La nature incarne une nouvelle force de vie en modifiant le rapport de l'homme à lui-même. Pour Nietzsche, elle représente même l'espace idéal dans lequel l'homme doit méditer : « ce qui manque avant tout à nos grandes villes : des lieux calmes et vastes, de vastes dimensions où méditer, [...] des édifices et des jardins qui expriment comme un tout la sublimité de la réflexion et du cheminement à l'écart. »[17]

Si contempler la nature, c'est alors se confronter à soi-même, méditer sur sa propre condition et accéder à une nouvelle science de vivre, celle-ci n'a d'intérêt que dans la mesure où elle est partagée avec le reste de la société. Ainsi, ayant tiré les enseignements de sa méditation solitaire dans la « montagne », Zarathoustra entame-t-il sa descente vers les hommes dans le dernier aphorisme du livre IV[18], prouvant bien que si la nature est à la source d'une force de vie nouvelle, celle-ci doit être partagée avec autrui. Il en va de même pour Hugo, qui, du fond de son exil, face aux forces déchaînées de la nature de Jersey, acquiert paradoxalement un élan de vie nouveau, une force décuplée pour s'opposer à la bêtise politique :

[14] p. 72 [15] V, XX, p. 258 [16] p. 72 [17] § 280, p. 229 [18] § 342

« La nature est un drame avec des personnages ; / J'y vivais ; j'écoutais, comme des témoignages, / L'oiseau, le lys, l'eau vive et la nuit qui tombait. / Puis je me suis penché sur l'homme, autre alphabet. »[19] Tirant ses forces de la nature, y apprenant une nouvelle science de vivre, le poète peut alors regagner la société pour partager avec elle son savoir nouveau et rendre aux opprimés la force de vie qui leur a été ôtée. Si la confrontation à la nature sauvage permet d'accéder à une nouvelle science de vivre, cette force ne vaut et ne s'incarne en élan vers l'avant que dans la mesure où elle s'inscrit dans un rapport aux autres hommes.

Ainsi, si la contemplation de la nature sauvage apporte à l'homme qui s'y livre seul un savoir nouveau qui participe à décupler ses forces de vie, si elle nourrit la formidable vitalité humaine, son interprétation par l'homme, qui lui assigne des valeurs, est une forme d'appropriation : la contemplation de la nature ne saurait alors se faire en dehors de la société humaine. Dès lors, exacerbant dans un premier temps la vitalité de celui qui a vécu et appris à son contact, la nature procure ses forces vitales à tous les hommes, par l'intermédiaire du premier.

On comprend alors l'importance de l'écologie dans nos sociétés actuelles : si la nature préfigure notre propre liberté et notre élan vital, que penser d'un monde qui l'asphyxie, et qu'adviendra-t-il de nous, si elle venait à disparaître ?

IV Éviter le hors-sujet

Depuis l'Antiquité et le lieu commun du *locus amoenus*, il est fréquent de faire de la nature un lieu rassérénant et apaisant, refuge et force de vie. Si la nature vient souvent, dans l'imaginaire commun, ressourcer celui qui s'y rend, si elle lui apporte, par sa douceur et sa tendresse, santé et force de vivre, il ne faut pas se laisser aller à la simplicité en faisant, dans notre sujet aussi, de la nature et de sa contemplation les sources d'une vie idéale, loin de la société néfaste des hommes : pour Colette, c'est à une vitalité exacerbée et fougueuse, et non pas alanguie et douce, que donne accès la nature. Dès lors, goûter à la force de vivre que cette nature aussi dangereuse qu'envoûtante procure, c'est accepter de renoncer à la douceur asphyxiante et mortifère de la vie passée au milieu des hommes, comme à celle de la vie lénifiante passée dans une nature bucolique : c'est parce qu'elle est agressive et sauvage que la nature n'isole pas l'homme du collectif et de la société, mais l'y ramène grandi et chargé d'une science de vie nouvelle.

[19] V, III, p. 230

Forces de vivre et sens de la vie

Passages clés analysés et commentés

Texte n° 1

La douleur de ne pas trouver le sens de la vie dans la mort

Victor Hugo, *Les Contemplations, À qui donc sommes-nous ?* (p. 204)

Au début de *Pauca meæ*, il y a deux types de poèmes : les nostalgiques, qui évoquent des souvenirs heureux, et ceux qui développent une réflexion sur la mort. Le huitième poème de ce livre est le premier de la deuxième catégorie.

Une réflexion sur la vie et la mort

L'expérience du deuil devient réflexion

Les trois poèmes précédents sont tous des évocations du passé et de Léopoldine. Contemplant son malheur ainsi que la mort, métaphoriquement appelée « vautour fatalité », le poète passe de questions lancées sans espoir de réponse, comme des plaintes ou des pleurs, à de véritables réflexions. Le poème comporte treize points d'interrogation, mais ils se font de plus en plus rares au fil du poème tandis que les points d'exclamation prennent le dessus : dans la dernière strophe, il y a cinq points d'exclamation pour un seul point d'interrogation. La dernière phrase est une maxime à la tournure proverbiale (« Heureux ceux qui tout à coup s'éveillent / Et meurent en sursaut ! ») : le poète semble avoir tiré une leçon de son malheur

La peur de mourir ou la peur de penser ?

Mais à regarder de plus près cette maxime, on constate qu'il s'agit d'une réécriture parodique des Béatitudes rapportées par saint Matthieu : « Heureux les pauvres en esprit, car le royaume des cieux est à eux ! » Puisqu'il est préférable de mourir sans s'en rendre compte, ce que semble craindre le poète n'est donc pas la mort en tant que telle mais bien tout ce qui la précède, notamment les interrogations à son sujet. En se demandant à quel saint se vouer (voire à quelle religion), Hugo montre que l'inconnu l'angoisse plus que la mort elle-même : « qui craindre ? qui prier ? » L'allusion à plusieurs religions Le syncrétisme du poème montre que l'homme a l'embarras du choix : « Manès », « Zoroastres », « Dieu », « sphinx ». Ainsi, le poète renverse la traditionnelle image de l'homme jouant aux échecs avec la mort : ce sont ici les dieux qui jouent ensemble pour déterminer notre sort. Il n'y a plus de problème avec la mort en elle-même, mais bien avec le fait que « vivants, [nous serions] l'objet d'une dispute ». Cela plonge Hugo dans le désarroi : la mort devient le creuset permettant de forger de nombreux discours contradictoires sur le sens de la vie.

Une vision poétique

La vie est un songe

La dernière strophe éclaire davantage la réflexion du poème : « songe horrible ! » et « affreux rêve » soulignent une vision pessimiste de l'existence, comme si la vie se réduisait à un cauchemar. Cette image permet au poète d'exprimer son dégoût pour une vie dénuée de sens et d'exposer la conclusion paradoxale de ses réflexions. Il a sondé « l'âme humaine » et en a dégagé l'impossibilité d'expliquer l'absurdité de l'existence, comme un songe résistant à l'explication rationnelle : « l'ombre a pour repaires » « nos esprits ». Cette vision noire est donc particulièrement trompeuse : elle explique qu'on peut conclure sur l'inexplicable et qu'il est souhaitable d'attendre la mort sans trop y songer.

Le triomphe de la poésie

Le poème développe alors un imaginaire cosmique afin de donner une ampleur et un souffle à la douleur, dans une tentative de sublimer une souffrance d'autant plus grande qu'elle n'a pas de sens (la communion avec les soleils, le noir échiquier...) En déplaçant ce poème du sixième livre (le plus métaphysique) à *Pauca meæ*, dans lequel il sort du lot par sa tonalité bien plus prophétique, Hugo cherche à montrer le lien entre l'infiniment grand (jusqu'« au fond du ciel ») et l'histoire personnelle et singulière d'un homme. C'est bien le poète qui rend possible ce « fil de l'ombre » entre le monde cosmique et le monde intérieur. On comprend alors qu'il s'agit de faire parler les cieux. Lorsqu'il écrit : « parlez », « dis-moi le mot ! », Hugo veut mettre en parole le monde et, ce faisant, trouve sa voix. La structure même des strophes, avec les vers 3 et 6 qui sont comme des hémistiches d'alexandrins qu'on aurait oublié de finir, illustre cette parole qui se cherche, ainsi que le rythme heurté de la vie elle-même.

Conclusion

Il ne faut pas conclure trop hâtivement que l'expérience du deuil permet de dégager sans heurt une réflexion sur le sens de la vie. Au contraire, le premier poème des livres au programme qui développe une réflexion sur le sujet est plutôt une mise en échec d'une telle démarche. La douleur y est même accentuée face à l'absence de sens à laquelle arrive le poète. Cependant, c'est bien le déploiement d'une voix poétique qui se cherche encore qui est à l'œuvre.

Texte n° 2

Morale, physique et libération

Nietzsche, *Le Gai Savoir*, § 335 *Vive la physique !*
Depuis « Celui qui continue de juger » (p. 269) jusqu'à « vive encore plus ce qui nous y contraint – notre probité ! » (p. 273).

Le paragraphe 335, le plus long du livre IV, traite de la morale et s'intitule *Vive la physique !* Que vient faire la physique, qui étudie les forces et lois de la nature, dans une réflexion sur les jugements moraux ?

Critique de l'idée de loi morale

Toute morale repose sur un acte de jugement...

Qu'est-ce que la morale, sinon le fait de proposer à l'homme une conduite à suivre ? Or, cette proposition repose sur le fait de juger l'action, passée ou à venir. On juge que le mensonge passé était immoral, mauvais. On dit aux autres et à nous-même qu'il ne faut jamais mentir, comme le faisait Kant. Mais pour appuyer ces jugements, il faut disposer de critères et pouvoir classer avec certitude les différentes actions dans une catégorie, le bien ou le mal.

Les critères de jugement reposent sur des catégories générales

La critique de Nietzsche dans ce passage ne porte pas sur la pertinence ou le sens des notions de bien et de mal, mais sur les notions de « fait » et d'« action ». En effet, si je veux juger le mensonge, c'est que je suppose qu'il existe quelque chose comme une essence, une nature du mensonge. C'est cette définition qui m'autorise à juger, non seulement tel mensonge concret, mais tout mensonge passé ou à venir. Or, Nietzsche nie le droit de passer de tel mensonge au mensonge « en général ». D'après lui, « toute action demeure impénétrable », singulière et incomparable aux autres, même si elles lui ressemblent.

Il n'y a pas de savoir moral

Puisqu'il n'est pas permis de généraliser, aucune morale ne peut se présenter comme un savoir ou une science. En effet, on parle de science lorsque des lois exprimant des relations objectives entre des paramètres nous permettent de prédire et d'expliquer les phénomènes. Sans l'universalité qui définit l'idée de loi, on ne peut parler de science. En physique, la loi $U = R\,I$ parle de *toute* intensité, résistance et tension dans l'infinité des temps. Il est toutefois impossible de constituer des classes d'actions suffisamment homogènes pour parler « du » mensonge. Dès lors, on ne peut rien démontrer en morale puisqu'il n'y a pas de loi à appliquer. Si la morale devait exister, ce serait uniquement en tant que discours toujours singulier.

Que faire en l'absence de loi morale ?

S'abstenir de juger

C'est à Kant que Nietzsche s'en prend ici. Kant appuie l'idée de devoir sur celle de loi morale, et celle-ci sur la capacité de la raison à juger les actions d'un point de vue universel. La première conséquence est donc évidente : en l'absence de loi, il faudrait ne plus juger, ni soi ni autrui. Cela laisserait le loisir à tout le monde d'agir comme il l'entend. Peut-on aller jusqu'à dire que Nietzsche défend l'idée d'une liberté totale ? La fin du texte reviendra là-dessus.

« créer de nouvelles tables de biens qui nous soient propres »

Au lieu de juger, Nietzsche appelle chaque homme à créer ses propres tables de biens. Il semble vouloir dire qu'il faut limiter l'approche morale à ses propres actions, à l'application de nos critères personnels. Il y a là une difficulté : encourage-t-il à se juger soi-même après avoir dit que cela était de « mauvais goût » ? À quoi servent des tables de valeurs propres à chacun ?

« devenir ceux que nous sommes »

La plus grande leçon de morale faite par Nietzsche pourrait être sa déclaration d'intention : « nous voulons devenir ceux que nous sommes ». Si la morale devait avoir un but, ce serait de nous aider à affirmer ce qui nous définit, plutôt que d'essayer vainement de le limiter par le biais de la honte ou de la culpabilité. Il ne faut cependant pas y voir un éloge de la liberté au sens habituel. L'appel final à la physique prend alors tout son sens : celle-ci ne reconnaît aucune forme de liberté. Elle repose sur le déterminisme, l'idée que le monde n'est que le produit de forces et de lois qui s'appliquent de façon inévitable, nécessaire. Nietzsche ne parle pas de liberté mais de libération, de donner leur pleine expression aux forces qui sont en chacun de nous, d'où l'importance d'apprendre à se connaître.

Conclusion

Approfondir la connaissance lucide qu'on a de soi, identifier les forces qui nous animent, voilà ce qu'est selon Nietzsche la morale, qui ressemble plus une physique qu'à une « leçon de morale ». S'il loue la physique, c'est qu'il faut se regarder soi-même comme un phénomène naturel au sein duquel des forces s'expriment. L'enjeu profond de la morale n'est pas de distinguer le bien du mal, mais de choisir entre la lutte contre nos forces vitales douloureuses et stérilisantes et l'affirmation libératrice de nos forces.

Texte n° 3

L'éthique des comportements envers les populations affectées par la catastrophe

Alexievitch, *La Supplication*
Monologue sur les symboles d'un grand pays (p. 163–166)

Un des facteurs caractéristiques du drame de Tchernobyl fut l'absence de transparence, non seulement sur la condition du réacteur, mais surtout sur la situation alentour et ses conséquences sur la population. Les raisons de ce silence furent-elles systémiques ? socioculturelles ? Engagent-elles des culpabilités criminelles ? S'agit-il d'ignorance ? d'incompréhension ? Et surtout, aurait-il mieux valu en dire plus ou ce silence a-t-il favorisé la vie ?

Des silences en toute connaissance de cause

Des réponses adéquates

Le témoin, ancien ingénieur en chef de l'Institut de l'énergie nucléaire de Biélorussie, rappelle que son institut a rapidement été sollicité pour contrôler l'état de radioactivité « d'animaux domestiques et sauvages », du « lait », d'aliments transformés. Il a aussi effectué des mesures dans « la zone », constatant partout – dans « les champs », le « lait maternel », « le sable » des enfants, les « magasins » – que tout était devenu « déchet radioactif ».

« L'État trompait les gens »

Le lait transformé était en vente dans les magasins et a continué de l'être, mais sans étiquette, quand les gens ont compris, semble-t-il grâce à l'Institut – l'ingénieur est à la fois vague et clair quant à sa participation sur ce point précis – qu'il ne fallait pas l'acheter. Lorsque les scientifiques ont fait un compte rendu des mesures qu'ils avaient prises dans la zone et « demand[é] des instructions », on leur a dit de « continuer » et de « regarde[r] la télé », où « Gorbatchev était rassurant ». « L'État trompait les gens », dit-il – constat actuel ou fait à ce moment-là ?

Le silence des scientifiques : « Je sais bien mais quand même... »

Kokhanov sait que l'auteur lui demande « pourquoi avons-nous gardé le silence alors que nous savions » et décrit lui-même un état de dédoublement mental devant les propos des autorités : « Je savais bien qu'il fallait faire partir de là tout être vivant. » Il « y croyai[t] » toutefois. Cette sidération proviendrait de la « foi ».

« La foi de vivre dans une société belle et juste »

La victoire dans la Grande Guerre patriotique

Cette foi s'explique d'abord, comme on le constate très souvent dans les discours des témoins, par l'héritage de la victoire de « l'ex URSS » durant la guerre ; victoire arrachée par Staline au prix de souffrances considérables et surtout, ce qu'il faut lire entre les lignes car ce n'est jamais dit, d'erreurs massives et massivement meurtrières. « C'est le prix à payer et nous vaincrons » semble faire partie des modes de fonctionnement de tous les membres de cette société, du plus humble au plus responsable.

Une nation porteuse d'avenir

Ce patriotisme est aussi porté par la « discipline du parti », par la conviction de vivre « dans une société belle et juste » que « tout le monde vén[ère] », et par la foi de vivre au sein d'« un grand pays » dans lequel « l'homme [...] [est] la valeur suprême ». Cette discipline est aussi celle des professionnels.

Une préparation objective, des mesures objectives rendent impossible de croire à l'incurie des mesures

En effet, ils ont tous « fait des rapports, écrit des notes », et personne n'a refusé « d'aller en mission dans la zone » ; constat répété tant de fois ailleurs, chez les liquidateurs, les soldats, bien d'autres scientifiques, et pas par crainte ou intérêt. Au demeurant, il y avait « un plan de sauvegarde », comme dans « chaque centrale nucléaire », et ce plan commun avait d'ailleurs été élaboré à Tchernobyl. Le constat de cet homme, c'est que le système ne pouvait signaler qu'il fonctionnait à vide, puisqu'il fonctionnait ; c'est « l'effondrement de cette foi », plus tard, qui a transformé les « participants » en « complices » et provoqué ce désarroi dont lui-même est devenu victime.

Conclusion

Reste que le mode de traitement des conséquences de Tchernobyl, hors « effondrement de cette foi » et malgré ses pertes humaines, sa gabegie, ses absurdités – les tonnes de plomb et de sable versées sur le réacteur au prix de la vie des pilotes d'hélicoptères, n'ont par exemple pas du tout servi à l'éteindre – ou plutôt en raison de ces absurdités et de leur coût démentiel, était en parfait accord avec la société dans laquelle s'est produit l'accident. Le monologue ouvre donc bien sur l'une des questions posées par le livre : l'accident a-t-il rendu apparent des carences du système dans son rapport à sa population, ou l'effondrement du système a-t-il rendu visible les carences du traitement de l'accident ?

Notions abordées : absolu, immortalité, Dieu, joie, raison

Sujet 16
« La faim de Dieu, la soif d'éternité et de survie, étouffera toujours cette pauvre joie de vivre qui passe et ne demeure point. » Vous analyserez et commenterez cette citation de Miguel de Unamuno (*Le Sentiment tragique de la vie*, 1912) à la lumière des œuvres au programme.

Corrigé proposé par Quentin Delayen

I Analyse du sujet

1 Analyse des termes du sujet

La formule d'Unamuno est construite sur une opposition entre, d'un côté « la faim de Dieu, la soif d'éternité », et de l'autre « cette pauvre joie de vivre qui passe et ne demeure point ». Unamuno postule que l'aspiration à l'éternité est plus ancrée en l'homme que l'attachement à la vie. Si cette considération peut sembler pessimiste, rien n'indique qu'Unamuno puisse regretter cet état de fait, si ce n'est la connotation négative que l'on peut attribuer au verbe « étouffer ».

Si on observe la manière dont est qualifiée la « joie de vivre » – par l'adjectif qualificatif « pauvre » ainsi que par deux verbes coordonnés presque redondants introduits par la proposition relative « qui passe et ne demeure point » – on remarque qu'Unamuno insiste sur le caractère éphémère de cette joie de vivre, qui contraste avec l'« éternité ». L'auteur semble ici suggérer que la joie de vivre ne peut durer plus longtemps que la vie, ce qui empêche d'en profiter durablement. Alors que l'on pourrait considérer, dans la perspective du *carpe diem*, que l'éphémère devrait s'efforcer de prendre le pas sur l'éternité, Unamuno semble affirmer la vanité de cette tentative.

Au lieu de formuler un jugement de valeur, Unamuno semble adopter un point de vue descriptif : la joie de vivre s'altère alors que la quête d'absolu renaît toujours plus vive. Celle-ci répondrait à deux besoins primaires, fondamentaux, « la faim » et « la soif », laissant entendre que Dieu et l'éternité sont aussi des besoins, non plus du corps, mais de l'âme. La notion de « Dieu » est ici à comprendre, non comme une entité inconnue et extérieure à l'homme, mais comme le moyen d'une quête, pour chacun, de sa propre immortalité.

Ainsi, même si cette quête est vaine et qu'elle ne paraît pas raisonnable, elle ne peut qu'être poursuivie, car le sentiment premier de l'homme le pousserait à désirer l'éternité au lieu d'accepter sa condition de mortel.

2 Confrontation aux œuvres

« La faim de Dieu » semble se déployer particulièrement dans *Les Contemplations* de **Victor Hugo** : cherchant à trouver un sens aux malheurs de sa vie dans la volonté divine, le poète va jusqu'à s'affirmer comme prophète. Il vise à faire de la voix poétique une possibilité d'accès au divin et contribue, par sa « soif d'éternité et de survie », à étouffer la « pauvre joie de vivre ». La démarche poétique de Hugo elle-même semble être une aspiration à l'immortalité par l'écriture ; il qualifie d'ailleurs en préambule *Les Contemplations* de « mémoires d'une âme ».

Le rapport de **Nietzsche** à notre sujet est plus complexe : le philosophe annonce en effet dans *Le Gai Savoir* que « Dieu est mort ». Refusant donc de céder à « la faim de Dieu » qu'Unamuno présente pourtant comme nécessaire, Nietzsche fait l'éloge de la « joie de vivre » dont l'homme est à la fois l'artisan et le bénéficiaire. Ainsi, l'amour de la vie ne passe pas par une médiation divine, mais au contraire par un refus des conceptions religieuses. Affranchi de l'idée de Dieu, l'homme pourrait exprimer sa propre puissance et jouir de la vie présente.

Les témoignages recueillis par **Alexievitch** dans *La Supplication* paraissent résonner avec la formule d'Unamuno. La catastrophe de Tchernobyl empêche la « joie de vivre » et remet en cause « l'éternité », d'autant plus qu'elle coïncide avec l'effondrement du mythe communiste. Confrontés à la mort, les habitants de la région se tournent pour la plupart vers Dieu, vu comme seul espoir possible. Puisque la « joie de vivre » est passée, il ne leur reste que la « survie », dans un avenir qui ne leur appartient plus.

3 Problématique

La quête d'immortalité semble inscrite dans le désir de vivre lui-même, comme si la mort ne pouvait être pensée comme le terme définitif. Peut-on alors vivre sans vouloir ne pas mourir ?

II Plan détaillé

I La « soif d'éternité » permet la « survie » : on ne peut accepter de vivre qu'avec un sentiment divin d'immortalité

1. Si la vie a un terme nécessaire, elle ne peut qu'être désespérante
2. Pour survivre, il faut désirer l'immortalité
3. Ce rêve ne peut passer que par une médiation divine

Si concevoir Dieu semble nécessaire pour ressentir l'immortalité, cette tendance peut nuire à la vie car elle pousserait à n'aimer celle-ci que pour ce qu'elle aurait encore à offrir.

II Cependant, cette « faim de Dieu » empêche et « étouffe » la « joie de vivre » : le bonheur se trouve dans l'éphémère

1. La soif de survie étouffe la vie elle-même
2. Le besoin de Dieu empêche l'accomplissement personnel
3. Il faut tenter, même en vain, de saisir l'instant pour jouir de la vie

La posture raisonnable n'est peut-être pas la plus adaptée face à une vie qu'on sait finie ; la soif d'absolu dépasse l'entendement et peut amener à désirer une permanence de la joie de vivre.

III La soif d'absolu est irrationnelle, pourtant elle perdure, et s'affirme comme expression radicale et paradoxale de la force de vie

1. La conscience d'être mortel donne l'illusion d'une attitude rationnelle
2. La force de vivre n'appartient pas à la raison
3. Il faut oser imaginer une joie de vivre permanente

III Dissertation rédigée

Dans le *Livre de Ben Sira le Sage*, qui fait partie de l'Ancien Testament, il est écrit : « La joie du cœur fait vivre l'homme, et la gaieté prolonge la durée de ses jours »[1]. La joie serait alors ce qui fait à la fois débuter et se poursuivre l'existence.

Pourtant, dans *Le Sentiment tragique de la vie*, Miguel de Unamuno affirme : « La faim de Dieu, la soif d'éternité et de survie, étouffera toujours cette pauvre joie de vivre qui passe et ne demeure point. » L'auteur postule ici que l'aspiration à l'éternité est plus ancrée en l'homme que l'attachement à la vie. Alors que l'on pourrait considérer, dans la perspective du *carpe diem*, que l'éphémère devrait s'efforcer de prendre le pas sur l'éternité, Unamuno semble affirmer la vanité de cette tentative. Au lieu de formuler un jugement de valeur, il semble adopter un point

[1] 30 ; 22

de vue descriptif : la joie de vivre s'altère alors que la quête d'absolu renaît toujours plus vive. Ainsi, même si cette quête est vaine et qu'elle ne paraît pas raisonnable, elle ne peut qu'être poursuivie, car le sentiment premier de l'homme le pousserait à désirer l'éternité au lieu d'accepter sa condition de mortel. La quête d'immortalité semble inscrite dans le désir de vivre lui-même, comme si la mort ne pouvait être pensée comme le terme définitif. Peut-on alors vivre sans vouloir ne pas mourir ?

Si « la soif d'éternité » permet la survie, la « faim de Dieu » empêche et « étouffe » cependant la joie de vivre. Cette soif d'absolu irrationnelle permet paradoxalement à la force de vivre de s'exprimer.

Comme le constate Unamuno, la « soif d'éternité » est nécessaire pour ne pas désespérer de la vie, et seul Dieu semble pouvoir répondre à ce besoin premier.

Si l'on admet que la vie a un terme, elle ne peut qu'être désespérante car elle n'offrirait d'autre perspective que la mort. Le sens d'une vie qui finira fatalement devient impossible à trouver. C'est d'ailleurs suivant cette logique que Hugo remet en cause la naissance elle-même dans *Mors* : « Pour le faire mourir, pourquoi l'avoir fait naître ? »[2] Cette mort certaine amène à un « pourquoi » insoluble et angoissant. Pour se soustraite à cette angoisse, Nietzsche suggère de ne pas penser à la mort : « Cela me rend heureux de voir que les hommes ne veulent absolument pas penser la pensée de la mort ! » ((§ 278, p. 228) Le bénéfice est double : en ne pensant plus à la mort, l'homme peut se consacrer à « la pensée de la vie », ce qui creuse son désir de vivre toujours.

En effet, pour Nietzsche, aimer la vie, c'est vouloir qu'elle dure toujours, par-delà la mort : « Ou combien te faudrait-il aimer et toi-même et la vie pour ne *plus aspirer* à rien d'autre qu'à donner cette approbation et apposer ce sceau ultime et éternel ? »[3] La force de vivre, inscrite en chaque être, conduit à désirer que la vie se prolonge indéfiniment. D'ailleurs, dans *La Supplication*, Alexievitch rapporte le témoignage d'une petite fille qui ne veut pas mourir : « Ma fille avait six ans. Je la borde et elle me murmure à l'oreille : "Papa, je veux vivre, je suis encore petite." »[4] Hugo va plus loin encore dans *Les Malheureux* en faisant de l'immortalité de l'âme un espoir qui permet de supporter la vie : « lorsque vient la mort, / L'âme, vers la lumière éclatante et dorée, / S'envole, de ce monstre horrible délivrée. »[5] D'ailleurs, le lexique employé par Hugo ne laisse pas de doute sur la relation fondamentale entre l'immortalité et Dieu.

[2] p. 216 [3] § 341, p. 280 [4] Monologue sur une vie entière écrite sur une porte, p. 46
[5] p. 269

Dieu semble être le seul médiateur possible entre l'homme et l'éternité. Les habitants rencontrés par Alexievitch dans le « Monologue d'un village » expriment leur désillusion face au communisme : « Et quand j'ai ôté l'uniforme de soldat, j'ai participé à la construction du communisme. Où est-il, ce communisme ? »[6] L'effondrement de ce mythe incite les villageois à se tourner vers Dieu : « Que Dieu dise du bien de leurs âmes ! Et qu'ils entrent tous au royaume céleste ! »[7] Puisque l'idéologie politique ne peut plus changer la vie, l'espoir est investi dans la croyance religieuse, en particulier dans l'immortalité de l'âme. Dieu apparaît alors comme la dernière richesse de celui qui n'a plus rien, ainsi que le formule Hugo dans *Les Malheureux* : « Et le mendiant dit : Je suis riche, ayant Dieu. »[8] Même Nietzsche doit reconnaître, devant la majesté de la civilisation grecque, que le détour par l'absolu divin permet de donner à la vie un éclat remarquable : « Ah, ils avaient là une bonne raison d'invoquer les dieux, car la réalité non divine ne nous donne pas du tout le beau, ou bien une seule fois ! »[9] Désirant ce qui ne meurt pas, la vie est transfigurée, portée à un plus grand éclat.

Si concevoir Dieu semble nécessaire pour ressentir l'immortalité, cette tendance peut nuire à la vie, car elle pousserait à n'aimer celle-ci que pour ce qu'elle aurait encore à offrir.

Si l'on considère que le bonheur est dans l'éphémère, tendre vers l'immortalité empêche d'être heureux : le sentiment d'immortalité paraît tragique.

Le désir d'immortalité peut toutefois étouffer la vie, qui ne peut être vraiment vécue quand elle ne se pense qu'en relation avec l'avenir plutôt qu'avec le présent. La croyance en l'immortalité peut mener à une désillusion qui rendrait le désespoir de la vie plus grand encore. Alexievitch rapporte ces propos sur la survie de l'âme : « Mon homme a mis deux ans à mourir. [J']attendais de voir son âme s'envoler. [...] Mais peut-être qu'il n'y avait rien ? Alors, comment vais-je le revoir ? »[10] Cette croyance en une éternité bénéfique laisse supposer que la vie terrestre est malheureuse. Comme le dénonce Nietzsche, espérer en une vie meilleure fait désespérer de cette vie : « tous les théologiens, ont en commun une indélicatesse : ils cherchent tous à persuader les hommes qu'ils se trouveraient dans un état désespéré et qu'une thérapie sévère, ultime et radicale serait nécessaire. »[11] Hugo lui-même, dans *À quoi songeaient les deux cavaliers dans la forêt*, assimile l'au-delà à une libération : « Le malheur, c'est la vie. / Les morts ne souffrent plus. Ils sont heureux ! »[12] Bien loin de renforcer l'amour de la vie, la promesse d'immortalité fait alors haïr le présent, au profit de l'avenir désiré.

[6] p. 56 [7] p. 55 [8] p. 274 [9] § 339, p. 278 [10] p. 58 [11] § 326, p. 261 [12] p. 208

Se tourner vers Dieu peut empêcher l'homme d'exprimer sa propre puissance de vie. Nietzsche souligne ainsi que la faim de Dieu empêche l'audace : « Il y eut jadis, certes, des époques « plus belles » où l'on pouvait [...] lancer à tout homme : "Vois, le royaume des cieux est proche !" [...] Nous ne pensons pas de cette manière lorsque nous sommes audacieux »[13] Cette idée de l'immortalité est comparée par le philosophe à une cage, que la force de vivre permet de briser[14]. Selon un propos rapporté par Alexievitch dans le « Monologue d'un village », croire au salut est une illusion : « L'homme ne trouve son salut nulle part. Ni sur la terre, ni dans l'eau, ni dans le ciel. »[15] L'immortalité apparaît alors comme un déni de la mort qui empoisonne la vie. Hugo remet quant à lui en cause l'immortalité dans *Claire P.*[16] après avoir fait l'expérience du deuil : « Le ciel n'est pas le ciel et là-haut rien ne brille, / Puisque lorsque je crie à ma fille : "Ma fille, / Je suis là. Lève-toi !" quelqu'un le lui défend ; – / Et que je ne puis pas réveiller mon enfant ! » Ce doute sur l'éternité amène à se consacrer à l'instant vécu.

En effet, même si la joie de vivre est éphémère, il faut tenter de saisir l'instant pour tirer bénéfice de l'existence. Parce que le temps fuit et que la mort est imminente, il faut profiter de la vie tant qu'elle est là. Ce motif du *tempus fugit* est formulé ainsi par Hugo dans *À Mademoiselle Louise B.* : « Ils vont se marier ; faites venir un prêtre ; / Qu'il revienne ! ils sont morts. Et, le temps d'apparaître, / Les voilà disparus ! »[17] Cette idée que la vie est éphémère et unique rassure, paradoxalement. En effet, la mort ne fait plus peur si elle est certaine, comme le remarque un villageois dans *La Supplication* : « Moi, je n'ai pas peur de mourir. Personne ne vit deux fois. »[18] Nietzsche formule lui aussi une conception proche de l'idée de *carpe diem* : « J'aime l'incertitude sur l'avenir et ne veux pas périr pour avoir été impatient et avoir voulu goûter d'avance aux choses promises. »[19] Cette soif d'éternité ne doit donc pas devenir impatience, au risque de provoquer le dégoût de la vie.

La posture raisonnable n'est peut-être pas la plus adaptée face à une vie qu'on sait finie ; la soif d'absolu dépasse l'entendement et peut amener à désirer une permanence de la joie de vivre.

LA FORCE de vie se trouve paradoxalement dans un refus de la rationalité face à l'existence : la soif d'absolu perdure alors qu'elle semble insensée.

L'attitude qui semble la plus raisonnable consisterait à accepter la mort et à prendre conscience de la finitude de la vie. C'est le cas de ce raisonnement relaté par Alexievitch dans le « Monologue sur ce dont on

---

[13] § 311, p. 254–255 [14] § 335 [15] p. 54 [16] p. 252 [17] p. 239 [18] p. 49 [19] § 287, p. 233

peut parler avec les vivants et les morts », qui justifie la mort : « La chose la plus juste au monde, c'est la mort. Personne ne peut se cacher d'elle. La terre reçoit tout le monde, les bons et les mauvais, les pécheurs. »[20] Sans chercher à la justifier, Hugo, dans *Les Malheureux*, sublime la mort pour ensuite l'accepter : « Lorsque les échafauds ont des aspects d'autels, / Qu'on se sent admiré du bourreau qui vous tue, / Que le cadavre va se relever statue, / Mourant plein de clarté, d'aube, de firmament, / D'éclat, d'honneur, de gloire, on meurt facilement ! »[21] Pour comprendre rigoureusement la vie, Nietzsche propose, quant à lui, de substituer la soif de raison à la « soif de Dieu » : « Mais nous, [...] assoiffés de raison, voulons regarder nos expériences vécues dans les yeux, avec autant de rigueur qu'une expérimentation scientifique »[22]. Pour se comprendre, l'homme devrait donc appliquer les moyens de la science à son existence.

Ceux-ci peuvent cependant être inadaptés pour penser la joie de vivre, qui exigerait une pensée elle aussi joyeuse, comme le suggère l'auteur du *Gai Savoir* : « L'aimable bête homme perd à chaque fois, semble-t-il, sa bonne humeur, lorsqu'elle pense pour de bon : elle devient "sérieuse" ! Et "là où l'on trouve rire et gaieté, la pensée ne vaut rien" : tel est le préjugé de cette bête sérieuse envers tout "gai savoir" »[23] La pensée de la joie oblige à s'émanciper de la raison, à l'image de la pensée de la vie en général. En effet, l'absurdité de l'existence empêche d'adopter une posture rationnelle vis-à-vis de celle-ci. Cela fait dire à un des habitants rencontrés par Alexievitch : « Je percevais alors la mort de la même manière que la naissance. [...] J'en ignore la raison, mais cela me semblait la même chose... La naissance et la mort. »[24] Si la naissance ne mène qu'à la mort, elle peut se confondre avec elle.

En renonçant à la raison, on peut oser concevoir une joie de vivre permanente. Hugo trouve ainsi dans l'espérance une possibilité d'accepter la souffrance, qui serait ainsi mise à distance : « Oh ! le nuage vain des pleurs et des affronts / S'envole, et la douleur passe en criant : Espère ! »[25] L'espoir que formule Nietzsche vise à émanciper l'homme de Dieu, en le portant lui-même à la divinité : « [...] prendre tout cela sur son âme, le plus ancien, le plus nouveau, les pertes, les espoirs, les conquêtes, les victoires de l'humanité : détenir enfin tout cela au sein d'une seule âme et le condenser en un seul sentiment. [...] Ce sentiment divin s'appellerait alors – humanité ! »[26] L'homme trouverait un bonheur inédit dans une connaissance que la raison ne peut circonscrire mais que le désir, la force de vivre, irrigue envers et contre tout.

---

[20] p. 37 [21] p. 271 [22] § 319, p. 258–259 [23] § 327, p. 263 [24] p. 36 [25] *Les Malheureux*, p. 274 [26] § 337, p. 274

Si la soif d'absolu est un sentiment naturel pour l'homme, comme l'affirme Unamuno, celui-ci n'est peut-être pas si inconciliable qu'il n'y paraît avec la joie de vivre. La quête poursuivie au cours de la vie ne viserait alors pas seulement l'immortalité, mais aussi – paradoxalement – l'aspiration au divin et à une vie joyeuse. La vie consisterait à chercher un absolu qui attiserait la joie au lieu de l'étouffer.

Une telle conception oblige à repenser la définition de l'homme comme animal raisonnable, formulée par Aristote. On rejoint alors le paradoxe de Pascal, selon lequel il est parfaitement déraisonnable de faire de l'homme un animal raisonnable et pour qui la foi ne peut passer que par le sentiment : « Il faut donc mettre notre foi dans le sentiment ; autrement, elle sera toujours vacillante. » Le titre de l'ouvrage d'Unamuno dont est extrait notre sujet, *Le Sentiment tragique de la vie*, résonne avec cette pensée.

IV Éviter le hors-sujet

« Eh bien, me dis-je, luttons contre l'esprit fatal, luttons contre le dieu lui-même, avec les armes de la tradition et de la science. Quoi qu'il fasse dans l'ombre et la nuit, j'existe – et j'ai pour le vaincre tout le temps qu'il m'ait donné encore de vivre sur la terre. » (Nerval, *Aurélia*, 1854,).

Cette formule semble se rapprocher de notre sujet par sa thématique : le rapport de l'existence à Dieu. Cependant, alors que la soif d'absolu domine nécessairement la joie de vivre pour Unamuno, Nerval propose quant à lui une résistance à l'idée de Dieu : le vocabulaire guerrier (« luttons », « armes », « vaincre ») est omniprésent et indique une volonté de faire face à l'absolu. Nerval rapproche Dieu de la fatalité, et ainsi l'existence apparaît comme une lutte vaine contre la fatalité. À l'inverse de cette dimension conflictuelle, Unamuno associe Dieu à la notion d'éternité, ce qui semble conférer à la vie, dans sa soif d'immortalité, un pouvoir de résilience supplémentaire.

Cela nous amène à une autre distinction à opérer entre les sujets, cette fois sur la forme : alors qu'Unamuno formule un constat, Nerval exprime à l'impératif une décision, ou en tout cas une intention. Il cherche ainsi à affirmer son existence face à Dieu, alors que pour le philosophe espagnol la vie se définit essentiellement par le rapport à Dieu.

Notions abordées : esthétique, force de vivre, regard, distanciation

Sujet 17
« L'artiste doit aimer la vie et nous montrer qu'elle est belle. Sans lui, nous en douterions. » (Anatole France, *Les Jardins d'Épicure*, 1895) Vous commenterez cette citation à la lumière des œuvres au programme.

Corrigé proposé par Lydie Niger

I Analyse du sujet

1 Analyse des termes du sujet

La citation d'Anatole France comporte deux phrases. La première s'organise autour du verbe « devoir ». L'auteur définit, au présent de vérité générale, non seulement ce qu'est la qualité principale de l'artiste – « aimer la vie » – mais aussi sa mission vis-à-vis de la société – « montrer qu'elle est belle ». L'amour de la vie et l'aptitude à en montrer la beauté sont donc mis en parallèle. L'artiste serait celui qui, malgré les vicissitudes de la vie, est toujours capable d'en apprécier tous les instants, d'avoir un regard positif sur elle et de transmettre ce regard. Cette posture s'oppose à celle des autres hommes, comme va le démontrer la seconde phrase de la citation.

À « lui », l'artiste, est opposé un « nous » (« nous montrer », « nous en douterions »), c'est-à-dire le locuteur et les autres hommes, qui eux ne sont pas des artistes. Autant la posture de l'artiste lui permet de voir et de montrer que la vie est belle, autant le commun des mortels pourrait hésiter (sens premier de « douter ») sur la possibilité qu'a la vie d'être belle. C'est cette possibilité qu'interroge le conditionnel du verbe « douter ». La plupart des hommes, dont le regard n'a rien de particulier, sont inaptes à voir la beauté de la vie ; ils ont besoin que l'artiste la leur révèle et les en persuade.

Il convient enfin d'interroger le devoir normatif imposé par Anatole France : en quoi la vie *doit-elle* être belle aux yeux de tous les hommes, artistes ou non, pour être supportable ? En quoi une vie laide entraînerait-elle obligatoirement que l'on refuse de la vivre ? En quoi cette capacité à l'esthétiser procure-t-elle la force de vivre nécessaire ?

2 Confrontation aux œuvres

Le Gai Savoir soutient une philosophie qui fait la part belle aux artistes, dont il convient de reproduire la posture face à la vie pour en accepter toutes les facettes. L'attitude adéquate se définira alors par l'angle, la perspective utilisée, termes justement empruntés à l'art. Cependant, tous les êtres ne sont pas égaux dans l'appropriation de ce regard, et la vie est un lent travail de métamorphose afin d'atteindre cette appropriation. Et Nietzsche va plus loin : la vie consiste en l'acceptation de tous ses éléments, beaux ou laids.

Bien que la posture de l'artiste ne semble pas au centre des préoccupations de ***La Supplication***, c'est par le témoignage, donc la mise en mots, que ces vies bouleversées sont décrites, voire magnifiées. De plus, Alexievitch a de nombreuses fois décrit le travail de recomposition et d'élimination qu'elle fait sur les témoignages, ainsi que le travail de composition de l'ensemble. Finalement, certains des témoins citent des écrivains ou se sont faits eux-mêmes écrivains, photographes et réalisateurs pour transmettre leur amour de la vie et la beauté qu'ils y voient. N'est-ce pas suggérer que cette démarche leur était indispensable pour continuer à vivre ?

Les Contemplations offrent plusieurs perspectives. La poésie hugolienne est tout à la fois capable de révéler les aspects les plus accablants de la vie et d'en magnifier les moindres éléments, prêtant ainsi la voix à ceux qui n'auraient pas les mots. Hugo le premier, dans son accablement, renonce à ce rôle de « guide » avant de le reprendre.

3 Problématique

En quoi un regard d'artiste porté sur la vie serait-il nécessaire pour la rendre supportable, voire enviable ?

II Plan détaillé

I Embellir la vie

1. Une capacité propre à l'artiste
2. Il faut assurer sa transmission aux autres hommes
3. La beauté est bien une condition possible de la force de vivre

La beauté, par la dynamique et la distance au monde qu'elle introduit, parvient à faire aimer la vie. Cependant, la vie ne saurait être fantasmée et recèle bien des laideurs qui, elles aussi, peuvent mobiliser la force de vivre.

II La laideur au service de la vie
1. L'aspect prétendument sclérosant de la laideur
2. Qu'on peut dépasser par l'action
3. Et qu'on peut dépasser par l'esthétisation

La laideur, loin d'être une entrave à la vie, permet donc de mobiliser l'énergie nécessaire pour s'en satisfaire et réaffirmer son goût pour cette vie. L'opposition laideur/beauté sous-entend néanmoins que l'homme en est conscient et/ou qu'il aurait le choix. Or la vie est composite, c'est ce qui en fait la « beauté ».

III La force de vivre comme faculté d'adaptation nous fait voir que « la vie est belle »
1. La résilience redonne envie de vivre malgré les horreurs
2. La beauté et les arts sont une composante du divertissement qui nous le rappelle aussi
3. Et l'affirmation prend tout, le beau comme le laid, sous son égide

III Dissertation rédigée

Roberto Benigni a réalisé en 1997 un film intitulé *La Vie est belle* : un père, prisonnier dans un camp de concentration, tente de faire croire à son fils qu'ils participent en réalité à un grand jeu. Il s'agit de la tentative désespérée d'un père pour rendre les derniers jours de leur vie supportable à son fils. C'est bien entendu un cas extrême, mais dans certaines situations la vie peut effectivement sembler tout, sauf belle. Le vieillissement, la mort, l'impression de ne rien pouvoir faire en dehors d'un destin tout tracé sont autant de perspectives qui donnent à l'existence une dimension qui est loin d'être attirante.

Anatole France, comme Benigni, prend donc le contrepied de l'impression générale lorsqu'il avance : « L'artiste doit aimer la vie et nous montrer qu'elle est belle. Sans lui, nous en douterions. » Il faudrait alors que l'artiste, parce qu'il est d'une nature sensible, soit capable d'aimer la vie afin de la rendre aimable et belle dans ses productions et de permettre au reste du genre humain de la voir ainsi. Est-ce à dire que, sans esthétisation, la vie ne vaudrait pas la peine d'être vécue ? On peut se demander en quoi un regard d'artiste porté sur la vie serait nécessaire pour la rendre supportable, voire enviable.

Nous répondrons à cette question en constatant que l'artiste a en effet la capacité d'aimer, d'embellir la vie, et de guider les autres hommes en ce sens. Cependant, la vie recèle malheureusement de nombreuses situations dans lesquelles c'est sa laideur qui saute aux yeux, sans pour autant signifier le refus de celle-ci ou la haine à son égard. Enfin, il suffit d'adapter son regard et de développer des stratégies pour attribuer des qualités à l'existence et trouver que « la vie est belle ».

La mission de l'artiste est d'aimer et de magnifier la vie, grâce à sa capacité à la voir belle, mais aussi à la possibilité qu'il a de transmettre son regard et ainsi d'insuffler la force de vivre nécessaire à quiconque en retrouve le goût à travers la beauté.

Il faut en effet considérer comment la façon dont l'artiste regarde le monde lui permet d'en déceler les beautés. C'est en ce sens qu'il faut comprendre la fin de l'avant-propos de la seconde édition du *Gai Savoir*, lorsque Nietzsche exprime son admiration pour les auteurs grecs anciens, qui « s'entendaient à *vivre* : pour cela il importe [...] d'adorer l'apparence, de croire à la forme, aux sons, aux paroles, à tout l'Olympe de l'apparence ! »[1] ; capacité qui se serait perdue au fil du temps, ce qu'il déplore. Victor Hugo déclare également son amour à la vie et l'embellit par son œuvre, lorsqu'il évoque, sous forme de petits tableaux, ces moments anodins mais familiers de l'enfance de Léopoldine[2]. L'artiste est donc celui qui aime la vie et sait en capter la beauté.

Non content d'apporter un nécessaire regard d'amour et d'admiration sur l'existence, l'artiste est capable de transmettre ce regard aux autres hommes et de leur rendre ainsi la vie supportable. Cette transmission se retrouve dans le poème *À mademoiselle Louise B.*[3], dans lequel Hugo rappelle à son amie Louise Bertin combien ils étaient heureux du temps où ils séjournaient aux Roches, propriété dans la vallée de Chevreuse, entourés de ceux qu'ils aimaient et qui depuis sont décédés. L'écriture, et l'art en général, est donc un moyen d'esthétiser la vie, d'en révéler la beauté, comme le fait le journaliste Anatoli Chimanski dans *La Supplication*. En effet, celui-ci tient un carnet spécial pour noter « des conversations, des rumeurs, des blagues. C'est ce qu'il y a d'intéressant, et c'est intemporel. Qu'est-ce qui est resté de la Grèce ancienne ? Les mythes de l'Antiquité grecque... »[4] Tout homme serait donc en réalité capable de révéler ces petits riens qui rendent la vie belle et aimable.

L'artiste est donc ce « passeur » capable de modifier le regard des autres hommes et de leur faire aimer la vie, car c'est cet amour qui insuffle la force de vivre nécessaire à la poursuite de l'existence. C'est l'explication du désarroi qu'éprouve la mère de Katia P., enseignante de langue et littérature russes, qui ne parvient pas à vivre car les livres ne contiennent rien en rapport avec la catastrophe qu'elle traverse : « [elle] m'a toujours appris à vivre d'après les livres. Et soudain, il n'y a plus de livres utilisables [...]. [Elle] ne sai[t] pas vivre sans le conseil des livres »[5]. Nietzsche, de son

---

[1] p. 33 [2] IV, III, p. 195 VI, p. 200 et VII, p. 202 [3] V, V, p. 237 [4] p. 130 [5] p. 108

côté, dans le paragraphe 299, appelle tout un chacun à se faire artiste. En effet, chez l'artiste, la « force subtile », l'amour de la vie que lui procure l'activité artistique ne le soutient pas en dehors de son activité ; celui qui veut vivre, comme Nietzsche, en apprenant des artistes mais sans être limité comme eux, doit étendre son attitude à toutes choses : « *nous*, nous voulons être les poètes de notre vie, et cela d'abord dans les plus petites choses quotidiennes »[6]. La vie devient donc supportable à partir du moment où nous la rendons belle.

La beauté, par la dynamique et la distance au monde qu'elle introduit, parvient à faire aimer la vie. Cependant, la vie ne saurait être fantasmée et recèle bien des laideurs qui, elles aussi, peuvent mobiliser la force de vivre.

LA LAIDEUR, aussi paradoxal que cela puisse paraître, peut elle aussi se mettre au service de la vie. Certes son aspect est prétendument sclérosant, cependant c'est elle qui pousse à l'action pour la dépasser, voire la sublimer.

La laideur de la vie rend parfois l'homme incapable de réaction, comme Hugo face au deuil de sa fille, qui veut renoncer à toute vie, à toute expression : « Vous voyez des pleurs sur ma joue / Et vous m'abordez mécontents / Comme par le bras on secoue / Un homme qui dort trop longtemps. »[7] La vie n'inspire rien d'autre qu'un profond dégoût et une expression restreinte au simple « cri » primal poussé, dans le « Monologue sans titre – un cri... » de *La Supplication*, par un médecin assistant qui égrène les noms des enfants atteints, dès la naissance, par de forts taux de radiation et dont la vie, dès son origine, est en sursis : « Bonnes gens, laissez-moi ! C'est à nous de vivre ici. »[8] La vie présente suffisamment de laideur pour qu'elle pousse au renoncement.

Le spectacle d'une vie atroce mène cependant à une réaction, parfois courageuse, apte à donner un nouveau sens à cette vie. C'est ce que salue Victor Hugo en la personne d'Auguste Vacquerie, à l'ouverture du livre intitulé *En marche*. Comme lui, Auguste a perdu un être cher, son frère, époux de Léopoldine, décédé dans l'accident de bateau qui les tua tous les deux. Il surmonte cependant son chagrin en choisissant de suivre Hugo dans l'exil. L'action est elle aussi encouragée par Nietzsche. Les philosophes de son genre, ceux qui « sentent en pensant », dépassent à ses yeux le statut des simples poètes en ce qu'ils ne se contentent pas de contempler ce qui les entoure, mais déploient aussi la *vis creativa*, « ne cess[ent] de *construire* réellement quelque chose qui n'existe pas encore »[9]. L'action permet donc de dépasser la laideur en donnant une nouvelle impulsion à la vie.

[6] p. 244 [7] IV, III, v. 104–108, p. 198 [8] p. 122 [9] § 301, p. 246

On peut enfin dépasser l'atrocité de la vie en lui donnant un sens esthétique – non pas en la rendant belle, mais en portant sur elle un nouveau regard. Nietzsche, dans le § 299, invite en effet son lecteur à « *apprendre des artistes* »[10]. Comme eux, il faut « s'éloigner des choses », les « contempler [...] d'un angle pour n'en voir qu'une coupe – ou bien les placer de telle sorte qu'elles se dissimulent en partie »[11]. L'éloignement ou l'angle selon lequel on se place pour saisir la vie autrement est aussi évoqué par l'opérateur de cinéma témoignant dans *La Supplication* qui, alors qu'il devait faire un reportage sur la population affectée par les radiations, se surprend à cadrer un pommier en fleurs[12]. La laideur pousse donc tout autant à agir qu'à adopter un regard particulier sur la vie.

La laideur, loin d'être une entrave à la vie, permet donc de mobiliser l'énergie nécessaire pour s'en satisfaire et réaffirmer son goût pour cette vie. L'opposition laideur/beauté sous-entend néanmoins que l'homme en est conscient et/ou qu'il aurait le choix. Or la vie est composite, c'est ce qui en fait la « beauté ».

La force de vivre est cette faculté d'adaptation propre à l'homme pour continuer à croire, coûte que coûte, que « la vie est belle » et vaut la peine d'être vécue. L'esprit sait valoriser les aspects positifs de la vie davantage que ses aspects négatifs, et accepter la vie, quoi qu'elle offre.

La psychologie humaine est capable de surmonter les traumatismes les pires : c'est ce qu'on appelle la résilience. On observe ce phénomène à travers les témoignages recueillis par Svetlana Alexievitch. Malgré les épreuves traversées, les personnes affectées par l'explosion de la centrale font preuve d'humanité, de tristesse, de révolte, et affichent une forte rage de vivre, comme la mère du « bébé [...] sac fermé de tous les côtés, sans aucune fente [...] née avec une pathologie multiple complexe »[13], qui aspire à lui offrir la vie à laquelle elle a droit. Même s'il s'appesantit sur son chagrin face à la laideur d'une vie capable de tuer les enfants avant leurs parents, Victor Hugo manifeste aussi son attachement à cette vie en faisant basculer le recueil des *Contemplations* de la complainte (*Pauca meæ*) à l'action (*En marche*) : malgré le traumatisme, il survit et continue de s'enthousiasmer, pour la vie littéraire par exemple[14]. On survit donc à un traumatisme, la vie continue et rend ses forces à l'homme, ainsi que sa capacité à créer le beau.

L'homme peut survivre, ou simplement vivre, car il est distrait par de beaux éléments qui l'empêchent de penser à chaque instant à son destin de mortel. Par exemple lorsque Victor Hugo déplore le paysage aride offert par les étendues d'eau depuis Marine-Terrace[15] : ce regard

---

10 p. 244 11 p. 244 12 p. 114 13 p. 89 14 V, XV, *À Alexandre D.*, p. 252 15 V, VI, *À vous qui êtes là*, p. 240

douloureux posé sur les flots déserts qui l'entourent est aussi un moyen de penser à autre chose qu'aux chagrins qui l'assaillent, et d'en dévoiler la beauté, comme de nombreux peintres tels que Turner ont pu le faire. Nietzsche regrette cette propension à s'étourdir d'actions et de travail, opposant les loisirs à l'oisiveté[16], condamnant « la honte » que l'on ressentirait à la vie contemplative. Le divertissement rend donc la vie d'autant plus vivable qu'il comporte des composantes esthétiques.

Enfin, le divertissement n'est pas nécessaire lorsque vivre consiste en une acceptation pleine et entière de tout ce que la vie peut offrir, comme y invite Nietzsche avec le *Gai Savoir*, notamment dans le § 341. Selon le philosophe, il « faudrait aimer et [s]oi-même et la vie »[17] pour en accepter les moindres aléas, sans rien regretter, au point de désirer la revivre éternellement. La vie est en effet ce qu'il qualifie de « poids le plus lourd »[18], à considérer à la fois comme effrayante et réjouissante étant composée d'éléments positifs et négatifs, ce qui lui donne toute sa saveur. L'existence devient donc belle à travers toutes les occasions qu'elle offre, belles ou laides. Nadejda Petrovna Vygovskaïa est du même avis lorsqu'elle contemple le nuage laissé par l'explosion : « nous ignorions que la mort pouvait être si belle »[19]. La surprise d'une telle affirmation illustre bien la nuance qui compose l'existence, un mélange de beauté et de laideur, et suggère que la force de vivre consiste à l'accepter avec joie, comme y invite Nietzsche. La vie est alors vivable quand on en accepte toutes les nuances.

POUR pouvoir vivre, il faut donc être capable d'apprécier la beauté de l'existence, quand bien même on serait révolté par ses aspects les plus laids. Cependant, la révolte, le sursaut, l'action ou la distance sont autant de réactions qui réinsufflent la force de vivre au moment où l'on désespérerait de la (re)trouver. La vie offre donc toutes les ressources nécessaires, qu'on l'aime ou non, qu'on la trouve belle ou non.

La posture proposée est une alternative aux philosophies épicurienne et stoïcienne, l'une proposant la réclusion face au monde, l'autre une indifférence polie. Chaque homme devient ainsi l'acteur de sa vie.

IV Éviter le hors-sujet

L'interaction entre la vie et l'art tourne régulièrement à l'opposition. L'art apparaît souvent comme une échappatoire, un refus de vivre, une alternative à l'existence, comme l'exprime cette citation : « L'appétit d'écrire enveloppe un refus de vivre » (Jean-Paul Sartre, *Les Mots*, 1964). Cette

[16] § 329 [17] p. 280 [18] p. 280 [19] p. 154

citation est en réalité très éloignée de celle d'Anatole France, qui nous dit que « [l]'artiste doit aimer la vie et nous montrer qu'elle est belle. Sans lui, nous en douterions ». En effet, si on peut croire dans un premier temps que, pour France comme pour Sartre, l'artiste se distingue du commun des mortels et se fait passeur du sens de la vie, se retrouvant alors exclu des autres hommes par ces mêmes facultés, contraint de n'être qu'un « guide », on se rend finalement compte que ce n'est en réalité pas le cas. Il s'agit moins d'isoler les artistes de la communauté que de leur emprunter leur regard afin d'être capable, en s'appropriant leurs aptitudes à embrasser leur vie et à la créer, de faire de l'existence sa propre création, et à ce titre de l'enchanter. Dans la citation de Sartre, la vie s'oppose à l'art, toutes deux apparaissant comme des activités ne pouvant être menées de front. L'art sert de refuge et s'oppose à la vie.

Notions abordées : absurde, désespoir, espoir, transcendance

Sujet 18

Gilbert Sigaux, adaptant *Hedda Gabler* d'Henrik Ibsen en 1972, faisait dire à son personnage principal : « Si seulement on avait cette... force... qui permet de continuer à vivre. La vie n'est pas désespérante, elle est ridicule. Et il faut la supporter. »

Vous analyserez et vous commenterez cette citation à la lumière des œuvres au programme.

Corrigé proposé par Nicolas Patout

I Analyse du sujet

1 Analyse des termes du sujet

Cette citation traite d'un manque important : une « force » nous fait défaut, et le mot est placé entre des points de suspension comme pour souligner l'impuissance du langage à nous fortifier. Pour quelle raison aurions-nous besoin d'une telle force pour vivre ?

La suite du sujet rejette l'idée que la vie soit simplement « désespérante » et soutient qu'elle est au contraire « ridicule ». La mise en relation de ces termes peut surprendre. En effet, ce ne sont pas des termes que l'on oppose naturellement l'un à l'autre. La cause du désespoir réside dans quelque chose de grand, que l'on ne peut pas surmonter et qui nous fait baisser les bras. Le ridicule en revanche renvoie à la petitesse, à l'idée de quelque chose de risible, d'insignifiant ou d'insensé. En mettant en relation deux termes qui désignent des grandeurs différentes, l'auteur nous invite à nous détourner des interprétations qui font de la vie une épreuve au cours de laquelle nous serions confrontés à de grandes puissances que nous essaierions d'égaler. Au contraire, la vie nous est présentée comme sans cesse en butte à de petits tracas ou à des tragédies inévitables. La force qui nous manque n'est donc pas une force qui doit s'exercer contre des éléments extérieurs, mais une force qui doit s'exercer sur la vie elle-même pour lui permettre de dépasser sa petitesse. La citation se termine par une injonction : « Et il faut la supporter. » Or le verbe « supporter » exprime une ambiguïté. Il est souvent employé comme synonyme de « tolérer », mais peut également signifier « servir d'appui ».

On peut donc interpréter cette affirmation de deux manières. La première, la plus immédiate, nous suggère que la vie n'a peut-être absolument aucun sens. La vie ne serait pas désespérante, car il n'y aurait rien à en espérer, il faudrait simplement l'endurer. La seconde interprétation est plus optimiste : on peut lire en effet cette citation comme une injonction à soutenir la vie afin qu'elle ne soit plus dérisoire.

2 Confrontation aux œuvres

Victor Hugo a souffert de devoir enterrer sa propre fille. Dans *Les Contemplations*, il essaie de surmonter un deuil qui l'affecte d'autant plus qu'il n'est pas dans l'ordre des choses. Le désespoir du poète est évident, surtout dans le livre IV, qui évoque la disparition de Léopoldine et le déchirement alors provoqué en lui. Par la suite, Hugo cherche à donner un sens à l'épreuve qu'il traverse et convoque ses souvenirs. Le lecteur est le témoin de l'effort d'un homme pour supporter la vie.

Dans le chapitre IV du *Gai Savoir*, **Nietzsche** nous propose un véritable éloge de la vie : il ne nie pas les difficultés et les épreuves que nous pouvons avoir à traverser, mais il nous invite à les accepter et même à nous en emparer. Il faut aimer la vie pour ce qu'elle est et exercer ses forces afin d'augmenter sa puissance d'être. Nietzsche semble donc se rapprocher de la lecture optimiste que nous pouvons faire du sujet.

La Supplication d'**Alexievitch** donne la parole aux survivants et aux témoins de l'accident nucléaire de Tchernobyl. La contamination par les radiations est si inédite qu'elle suscite l'incrédulité. À cela s'ajoute l'absurdité inhérente au système soviétique, absurdité renforcée par la catastrophe, dont la gestion donne lieu à des récits d'anecdotes mêlant le ridicule à l'horreur. Ces témoignages nous présentent une population qui s'efforce de supporter la vie tant bien que mal, et ils semblent être en accord avec la lecture pessimiste que nous pouvons faire du sujet.

3 Problématique

La vie est une lutte, et le découragement nous guette. Nous n'avons souvent aucune prise sur les maux que nous endurons. Dès lors, le combat peut sembler vain. Le problème vient peut-être de notre incapacité à bien cerner ce contre quoi nous luttons. N'est-ce pas d'abord contre certains de nos espoirs placés dans la vie que nous devons lutter, afin de la rendre estimable ?

II Plan détaillé

I Il est vain de lutter contre le ridicule de notre vie, car elle l'est intrinsèquement

1. La vie se dirige inexorablement vers la mort, qui peut frapper à tout instant
2. Le biologique est trivial et risible
3. La vie s'exerce dans un monde que nous avons créé et qui est bien souvent absurde

Dès lors que la vie se manifeste souvent de façon absurde, nous devons lutter contre ce sur quoi nous avons une prise et maîtriser davantage notre comportement.

II Ne pouvant vaincre le ridicule de notre vie, nous devons apprendre à l'endurer en modifiant notre comportement

1. En tournant en dérision les maux qui nous affligent
2. En occultant les souffrances que nous ne pouvons endurer
3. En acceptant de modifier notre regard sur le monde

Nous pouvons donc réussir à endurer la vie, mais ne pouvons-nous pas espérer aller plus loin afin de parvenir à l'aimer malgré son ridicule intrinsèque ?

III En luttant contre nous-mêmes, afin de nous surpasser, nous pouvons parvenir à surmonter le ridicule

1. La parole et l'écriture nous aident à nous dépasser
2. Le ridicule de notre vie n'empêche pas sa grandeur : il nous faut accepter que l'un et l'autre se côtoient
3. La réflexion nous permet de nous hisser au-dessus de notre condition

III Dissertation rédigée

Nous associons les douleurs aux larmes et au désespoir. Pourtant, une des réactions possibles face à l'horreur est le rire. Ainsi Maurice Rollinat écrit-il en 1883 dans *Les Névroses* : « J'ai ri – quel suprême scandale ! – / Le matin où j'ai reconnu, / à la Morgue, sur une dalle, / Mon meilleur ami, vert et nu ! » De terribles épreuves peuvent nous pousser à penser que la vie est ridicule, car elles réduisent à néant notre croyance dans un monde ordonné et juste.

Il faut pourtant continuer à vivre. « Si seulement on avait cette… force… qui permet de continuer à vivre. La vie n'est pas désespérante, elle est ridicule. Et il faut la supporter », s'écrie Hedda Gabler dans la pièce éponyme d'Henrik Ibsen adaptée par Gibert Sigaux. La vie est une lutte, et le découragement nous guette. Nous n'avons souvent pas de prise sur les maux que nous endurons. Dès lors, le combat peut sembler vain. Le problème vient peut-être de notre incapacité à bien cerner ce contre quoi nous luttons. N'est-ce pas d'abord contre certains de nos espoirs placés dans la vie que nous devons lutter, afin de la rendre estimable ?

Nous commencerons par montrer qu'il est vain de lutter contre le ridicule de notre vie, car ridicule, elle l'est intrinsèquement. Ne pouvant vaincre ce ridicule, nous devons nous efforcer de l'endurer. Enfin, nous surpassant en luttant contre nous-mêmes, nous pouvons parvenir à donner sens à ce ridicule.

On désire que sa vie ait un sens, un but. Pourtant, de nombreux éléments viennent nous rappeler que nous sommes peu de chose.

Nous vivons, certes, mais la mort viendra nécessairement mettre fin à l'agitation de la vie. Et même Nietzsche rappelle (§ 278) qu'un gai savoir ne saurait occulter cette évidence : « Et pourtant tous ces êtres bruyants, vivants, assoiffés de vie plongeront bientôt dans un tel silence ! [...] c'est la mort et le silence de la mort qui est l'unique certitude et le lot commun à tous dans cet avenir. »[1] Ainsi notre vie est-elle une parenthèse qui peut se terminer abruptement. Victor Hugo en a fait l'amère expérience en perdant trop tôt sa fille, jeune mariée rayonnante. C'est ce contraste entre la brièveté d'une vie pleine d'action et l'immensité du néant qui conduit le poète à écrire, « en revenant du cimetière » : « On vit, on parle, [...] / On aime, on est aimé, [...] / On arrive, on recule, on lutte avec effort... – / Puis, le vaste et profond silence de la mort ! »[2] Ébranlée par le deuil ou la maladie, la vie paraît encore plus vulnérable face à la certitude de son propre achèvement.

Par ailleurs, notre vie est sans cesse ramenée vers la trivialité : appétits biologiques, intérêts matériels. Ainsi, dans *La Supplication*, le témoignage de Jarkov, un professeur, nous montre ce qu'ont retenu les enfants partis se faire soigner à l'étranger : « Il m'arrive de demander aux enfants de quoi on leur parle, là-bas. Ce qui intéresse les gens. Mais, pour la plupart, ils ne se rappellent même pas la ville ou les familles qui les ont accueillis. Ils énumèrent seulement les cadeaux qu'ils ont reçus, la bonne nourriture qu'ils ont mangée. »[3] Les situations extrêmes n'empêchent pas la vie d'être orientée vers de grossiers appétits. C'est pourquoi Hugo dans son poème *Les Malheureux*, procède à une véritable condamnation de la vie corporelle, qu'il soupçonne aussi de corrompre l'âme, alors que celle-ci devrait s'alléger pour espérer les joies de la vie éternelle : « Le corps, époux impur de l'âme, / Plein des vils appétits d'où naît le vice infâme,

---

[1] p. 227–228 [2] p. 207, IV, XI [3] p. 129

/ Pesant, fétide, abject, malade à tous moments, / [...] Traîne un ventre hideux, s'assouvit, mange et dort. »[4] La vie est ridicule en raison de son ancrage dans le monde matériel, qui l'abaisse à des fonctions infâmes : nous devons manger, digérer, évacuer.

Enfin, notre vie s'exerce dans un cadre social et politique. Dans ce cadre, la fonction de la morale est de chercher à imposer des valeurs qui permettent de dépasser l'individualisme. Ainsi Nietzsche déplore-t-il l'influence néfaste de ceux qui donnent mauvaise conscience aux hommes : « "Ton égoïsme est le malheur de ta vie" – voilà ce que l'on entendit prêcher durant des millénaires : cela a fait du tort, comme on l'a dit, à l'égoïsme et lui a ôté beaucoup d'esprit, beaucoup de gaieté d'esprit, beaucoup d'inventivité, beaucoup de beauté, cela a abêti, enlaidi et empoisonné l'égoïsme ! »[5] Notre vie est rendue ridicule en comparaison de la majesté inaccessible des valeurs morales. La force de vivre est détournée : se sentir coupable, avoir honte de son égoïsme, retire à la vie une énergie créatrice.

Dès lors que la vie se manifeste souvent de façon absurde, nous devons lutter contre ce sur quoi nous avons une prise et maîtriser davantage notre comportement.

Nous ne pouvons agir sur les causes nécessaires qui rendent notre vie ridicule, mais nous sommes maîtres de ce qui dépend de nous. Aussi, c'est à maîtriser notre comportement que nous devons exercer notre force pour supporter la vie.

Plutôt que de nous lamenter sur les maux qui nous affligent, nous pouvons les tourner en dérision. Ainsi Nietzsche[6] se rend-il maître de sa douleur : « J'ai donné un nom à ma douleur et l'appelle "chien", [...] je peux l'apostropher et passer sur elle mes accès de mauvaise humeur »[7]. Plutôt que de laisser la peine grandir, Nietzsche la rapetisse et la rend dérisoire afin de la dompter. C'est ce même effort pour rendre dérisoires des maux extrêmement graves, et ainsi les dominer un peu, qui anime nombre de témoins interrogés par Alexievitch dans *La Supplication* : « Je vais vous raconter une histoire drôle. Un prisonnier évadé se cache dans la zone de trente kilomètres autour de Tchernobyl. On finit par l'attraper. [...] Il "brille" à un point tel qu'il est impossible de le mettre en prison ou à l'hôpital. Mais on ne peut pas le laisser en liberté, non plus. Vous ne riez pas ? *(Il rit.)* »[8] Face à l'horreur, le rire reste une arme qui nous permet de nous réapproprier ce qui nous fait souffrir.

Il y a cependant des douleurs qu'on ne peut tourner en dérision, il nous faut alors les passer sous silence, tout faire pour les ignorer. Hugo

[4] p. 269 [5] § 328, p. 263–264 [6] § 312 [7] p. 255 [8] p. 99

endure ainsi la mort de son enfant, mais il ne parvient pas encore à nommer ce bouleversement insondable. En effet, dans *Les Contemplations*, il n'y a pas de poème pour le 4 septembre 1843, mais une série de points de suspension. L'horreur ne peut être livrée dans sa crudité, dans son immédiateté. Or Nietzsche nous invite dans *Ce que l'on doit apprendre des artistes* à essayer d'abord de ne pas nous détourner, pour adopter une perspective qui renouvelle le sens des choses : « De quels moyens disposons-nous pour nous rendre les choses belles, attirantes, désirables, lorsqu'elles ne le sont pas ? [...] S'éloigner des choses jusqu'à ce que beaucoup de leurs éléments échappent à la vue, [...] *nous*, nous voulons être les poètes de notre vie, et d'abord dans les choses les plus modestes et les plus quotidiennes. »[9] Pour trouver la force de vivre, il faut donc changer de perspective sur les choses qui nous affectent ou bien savoir les passer sous silence.

Or c'est justement ce changement de perspective qui peut le mieux nous permettre de supporter la vie. Nous devons apprendre à faire évoluer notre regard sur le monde. Hugo s'est ainsi arraché à ses premières convictions royalistes, comme il l'explique longuement au marquis de C. d'E. dans *Écrit en 1846*. Plutôt que de rester attaché à ses croyances, Hugo accepte d'évoluer : « J'ai grandi. »[10] Cette capacité à modifier son regard permet aux individus de donner sens à un monde qui frappait au contraire par son absurdité. Ainsi, Sergueï Gourine, opérateur de cinéma qui témoigne dans *La Supplication*, raconte la métamorphose qu'a connue son rapport à l'art. S'il filme d'abord « dans la meilleure tradition du cinéma documentaire soviétique »[11], la rencontre avec une grand-mère refusant d'abandonner son chat le bouleverse : « C'est avec cette grand-mère que cela a commencé... Avec ce pommier en fleur... Maintenant, je ne filme que des animaux. Je vous l'ai dit : j'ai découvert le sens de ma vie... »[12] On voit comment la banalité peut se trouver transfigurée par un regard nouveau sur le monde qui nous aide à supporter la vie, et même à lui donner un sens.

Nous pouvons donc réussir à endurer la vie, mais ne pouvons-nous pas espérer aller plus loin afin de parvenir à l'aimer malgré sa finitude ?

NOUS avons vu comment nous devions discipliner nos désirs afin de parvenir à endurer la vie, mais nous pouvons peut-être l'aimer pour ce qu'elle est.

Notre vie se déroule en collectivité et nous pouvons décider de ne pas affronter seuls les épreuves que nous inflige l'existence. Victor Hugo soutient dans son poème *Trois ans après* que la mort de sa fille l'empêchera

[9] p. 244 [10] p. 228 [11] p. 113 [12] p. 120

d'écrire davantage : « Si ce Dieu n'a pas voulu clore / L'œuvre qu'il me fit commencer, / S'il veut que je travaille encore, / Il n'avait qu'à me la laisser ! »[13] Pourtant, c'est l'inverse qui se produit, Hugo ne cesse d'écrire et il partage avec l'ensemble des lecteurs son trouble. En écrivant, il dépasse sa condition et fait de son drame individuel une expérience collective. L'écriture et la parole permettent en effet la mise en commun du vécu, et donc de donner un sens à ce qui relevait de l'intime. C'est précisément l'objectif que se donne Svetlana Alexievitch avec *La Supplication*, comme elle l'écrit dans son « Interview de l'auteur par elle-même sur l'histoire manquée » : « Un événement raconté par une seule personne est son destin. Raconté par plusieurs, il devient l'Histoire. Voilà le plus difficile : concilier les deux vérités, la personnelle et la générale. »[14] La « choralité » de son œuvre contribue ainsi à transformer une somme de destins individuels en une expérience commune où sont partagées des impressions profondément humaines. L'écriture et la parole nous aident ainsi à maîtriser nos souffrances et les peurs qu'elles suscitent en nous.

La finitude de notre vie nous impose des contraintes qui ne facilitent pas l'estime que nous pouvons avoir pour nous-mêmes. Pourtant, il nous faut admettre que ces contraintes n'empêchent pas la grandeur. Nous ne pouvons en effet pas diviser la vie mais devons la prendre comme un tout indivisible. Nietzsche nous propose une expérience de pensée dans *Le Poids le plus lourd* : « Cette vie, telle que tu la vis et l'as vécue, il te faudra la vivre encore une fois et encore d'innombrables fois ; et elle ne comportera rien de nouveau, au contraire [...] tout ce qu'il y a dans ta vie d'indiciblement petit et grand doit pour toi revenir »[15] ; si nous ne voulons pas envisager cette possibilité comme une malédiction, nous devons accepter qu'il n'y ait de grandeur qu'en comparaison de nos faiblesses : la vie est un bloc. Or c'est une telle expérience que nous relate Hugo dans son poème *Le Mendiant* (V, IX). Il accueille un mendiant dont le manteau est « tout mangé de vers », mais cela ne l'empêche pas d'être grand : « Je songeais que cet homme était plein de prières, / Et je regardais, sourd à ce que nous disions, / Sa bure où je voyais des constellations. »[16] Si nous reconnaissons nos fragilités, nous pouvons aimer la vie dans laquelle se côtoient l'infiniment petit et l'infiniment grand.

Dans *La Supplication*, Alexievitch donne ainsi la parole à Sobolev, ancien ingénieur, qui cherche à rendre témoignage aux victimes, et qui affirme ce besoin de maîtriser le mal en le nommant : « J'ai envie de philosopher. Tous ceux avec qui je parle de Tchernobyl ont envie de philosopher. »[17] Il y a en effet un besoin qui naît, un besoin d'apprivoiser le monde. Or, pour Nietzsche[18], cette quête de sens relève d'un apprentissage plus essentiel : il faut « apprendre à aimer »[19]. Le philo-

13 IV, III, p. 196 14 p. 32 15 p. 279 16 p. 245 17 p. 135 18 § 334 19 p. 268

sophe dresse alors une comparaison entre l'amour de soi et celui de la musique : « on doit commencer par apprendre à entendre une séquence et une mélodie [...] ; il faut alors effort et bonne volonté pour la supporter, malgré son étrangeté, [...] vient enfin un moment où nous sommes habitués à elle [...]. Nous finissons toujours par être récompensés de notre bonne volonté, [...] l'étrangeté retire lentement son voile et se présente sous la forme d'une nouvelle et indicible beauté »[20]. Nietzsche nous révèle donc que la discipline nécessaire à l'appréciation des beaux-arts est avant tout une question d'amour de la vie. La force de vivre nous fait accepter les sacrifices qui nous permettent de nous hisser au-dessus de notre condition et de ne plus nous contenter de subir la vie.

Nous voyons donc que pour pouvoir aimer la vie, nous devons ne pas en rejeter ce qui la rend difficile, mais au contraire tout désirer en elle : la vie est plus aimable lorsqu'on ne l'ampute pas de ce qui fait sa singularité. Si la vie est dérisoire à cause de sa brièveté et de sa trivialité, elle est aussi l'occasion de nous positionner comme acteurs. Nous n'avons pas le pouvoir d'influer beaucoup sur le déroulé de la pièce ni sur le décor, mais nous pouvons jouer au mieux notre rôle afin de faire de notre vie une belle vie.

Cette éthique de l'acceptation pose cependant un certain nombre de problèmes. Si nous apprenons à accepter les épreuves et que nous devons les aimer comme telles, ne risquons-nous pas de sombrer dans une forme de fatalisme ? Consentir à tout ce qui est, n'est-ce pas aussi collaborer au malheur du monde ?

IV Éviter le hors-sujet

Le sujet repose essentiellement sur la signification de « supporter », qui rend possible une interprétation réellement ouverte : en lisant le verbe « supporter » uniquement comme synonyme d'endurer, on s'enferme dans une lecture qui se concentre sur la déréliction et peut faire tomber la dissertation dans une sorte de complainte ennuyeuse.

Or l'idée de supporter la vie doit aussi être envisagée dans cette dissertation comme ce qui lui donne un surcroît de force, un supplément d'âme. Il faut donc se questionner sur ce qui appelle chaque individu à soutenir la vie, à la défendre, quitte à vouloir la changer.

---

[20] p. 268–269

Notions abordées : résister, témoigner, survivre, individu, moi, épreuve

Sujet 19
« Il y aura des survivants, certes. Moi, par exemple. Me voici survivant de service [...] ». À la lumière des œuvres au programme, vous analyserez et commenterez cette citation de Jorge Semprún extraite de *L'Écriture ou la vie*, publié en 1994, qui rend compte de son expérience d'ancien déporté du camp de concentration nazi de Buchenwald.

Corrigé proposé par François Tenaud

I Analyse du sujet

1 Analyse des termes du sujet

« Survivant ». Avant de renvoyer peut-être à des titres de fictions, romans ou séries, le nom désigne une réalité : à l'issue d'une catastrophe de grande envergure, ceux qui ne sont pas morts sont des survivants. Survivre relève alors de l'improbable, du hasard, de la chance. Parfois nous survivons grâce à notre propre force et nous pouvons nous en attribuer le mérite. Les « survivalistes » aujourd'hui s'entraînent à résister à de grands périls qu'ils pensent imminents. Le survivant reste cependant toujours plus ou moins un miraculé, et c'est pourquoi la phrase de Jorge Semprún est paradoxale : alors qu'il est déporté au camp de concentration nazi de Buchenwald en 1943, l'emploi du futur de l'indicatif, qui exprime une certitude, évacue cette probabilité de mourir. Est-ce une forme d'ignorance de l'univers concentrationnaire ? Un aveuglement quant à ses propres capacités ? Non, car il sait à quel point la vie est fragile pour les déportés et ne s'estime pas plus résistant que d'autres. Le paradoxe se creuse donc : affirmer lucidement qu'on sera parmi les survivants, c'est se sentir habité, sans preuve, par une vocation, une résilience propre à traverser la plus grande épreuve de sa vie.

On pourrait se dire que cette certitude est illusoire car c'est après avoir survécu au camp qu'il la manifeste dans *L'Écriture ou la vie*, publié en 1994. Il s'agirait donc d'un biais rétrospectif trompeur : puisqu'il est revenu vivant du camp où beaucoup d'autres sont morts, c'est qu'il devait en réchapper. Cependant, il semble que Semprún ne cède pas à cette erreur. On peut le déduire de deux indices. Premièrement, il s'annonce comme un futur rescapé, « Moi » puis « Me voici », mais ajoute « survivant de service ». L'expression familière « de service » est dégradante. Elle signifie qu'on peut toujours supposer qu'une personne jouera un rôle parfaitement prévisible ; c'est d'ailleurs le fait d'endosser un habit commun, interchangeable, qui nous rend bon pour le service. Se désigner « survivant de service » est donc une provocation : survivre à la déportation nous préserve de tout angélisme et nous dispose au contraire à une grande lucidité sur la nature humaine. Survivre à un camp de concentration est une épreuve qui va évidemment bien au-delà de l'expression « de service », mais cet excès signifie justement que cette inconcevable expérience nécessite que certains en témoignent, peu importe qui, « par exemple » Jorge Semprún : leur témoignage dépasse leur personne.

Le deuxième indice qui prouve la clairvoyance de l'auteur, c'est l'adverbe « certes ». Habituellement utilisé pour exprimer une concession, il atténue ici le poids du futur de l'indicatif : « il y aura [...] certes ». On comprend donc que la nécessité de survivre n'est pas l'expression de la force du déporté mais de l'inexprimable situation dont il doit subsister quelque chose. Autrement dit, ce n'est pas parce qu'il s'illusionne sur sa propre force de vivre que Semprún affirme qu'il survivra, mais plutôt parce qu'il comprend le caractère inédit de son épreuve, parce que ce qu'il vit l'écrase et qu'il s'imagine devant remplir, comme un autre, la fonction de survivre pour témoigner.

2 Confrontation aux œuvres

La Supplication est une œuvre de témoignages. Elle permet de comprendre que la volonté de vivre et celle de dire se fondent en un même creuset. La force de ces récits tient dans le fait que les victimes qui acceptent de témoigner ne se prévalent pas d'une quelconque légitimité mais qu'elles s'appuient comme Jorge Semprún sur l'inédit d'un accident impensable pour se faire « résistantes », c'est-à-dire faire entendre, de la profondeur de leur drame, une parole humaine. Dire, de ce point de vue-là, c'est déjà résister, non pas au sens de vouloir à tout prix changer les choses, mais dans le sens où le verbe, la parole que l'on dépose dans un livre, est en soi l'annonce de la vie.

Victor Hugo n'est pas un témoin ordinaire, un simple exemple parmi d'autres de l'importance de la poésie (et de l'art en général) pour sublimer le mal. À cet égard on pourrait penser qu'il est à l'opposé de Semprún car, contrairement à celui-ci, il se sent investi d'une parole prophétique. C'est donc son génie qui fait la force de son verbe, la force de vivre d'un géant qui se déverse dans sa poésie. Cet aspect, on le retrouve dans *Les Contemplations*, surtout quand il se désigne comme l'opposant principal à Napoléon III. Dans les œuvres au programme, au contraire, le grand écrivain découvre la vitalité d'une écriture dans laquelle le Moi est terrassé par la douleur du deuil, ce qui éveille une autre sensibilité, plus humble dans son expression mais à peine moins déterminée.

« Gai Savoir » est une expression joviale qui traduit la joie de comprendre, le sentiment que la connaissance augmente notre puissance d'être. Cependant, dans ***Le Gai Savoir***, Nietzsche laisse entendre dès la préface que ce dont il nous entretient n'est pas cela : la gaieté n'est pas une joie et le savoir n'est pas une science théorique visant à remonter aux premiers principes absolus. Au contraire, le gai savoir éponyme est un savoir renversé, qui prend la vie comme une maladie, la science comme un symptôme et la philosophie comme une question. Tout comme Semprún, Nietzsche peut dire « Me voici », mais s'il peut concevoir une résurrection, elle ne consiste pas à faire échapper la vie à la mort, car ce serait là ne rien comprendre. Au contraire, dans *Le Gai Savoir*, renaître à la vie c'est se réjouir qu'elle soit déjà là, envers et contre tout : « Me voici survivant ».

3 Problématique

La force de vivre, paradoxalement, peut exprimer moins la volonté de puissance que l'humilité d'une existence, témoin de sa propre fragilité. C'est alors que la force de vivre, loin d'alléger les épreuves, les rend sensibles. Jusqu'à quel point la force de vivre nous aide-t-elle à vivre ? Est-elle toujours affirmation de soi ou bien nous conduit-elle au détachement de soi ?

II Plan détaillé

I La vie s'éprouve quand il faut lutter pour la retenir

1. La vie se cache derrière les vivants
2. La vie ne se saisit qu'a posteriori dans le souvenir...
3. ... ou dans l'expérience actuelle de l'effort

C'est dans l'effort que la conscience de soi saisit sa propre durée. Au moment même où elle se fait plus fragile, la vie devient créatrice d'une personne qui n'existait pas encore.

II L'épreuve est le creuset d'un Moi nouveau

1. L'épreuve peut signifier une nouvelle naissance...
2. ... et une plus grande communion avec la nature
3. Le Moi acquiert un style quand il intègre la souffrance

En devenant spectateur d'une vie qu'on ne comprend plus, on peut être appelé à témoigner d'une nécessité aveugle. La force de vivre devient une sorte de consentement à la vie qui n'a plus d'attachement personnel.

III La force de vie est un défi qui consiste à consentir à tout ce qui arrive

1. Devenir spectateur de son existence
2. Le silence de la conscience
3. La force de vivre pour aimer la vie et non seulement sa vie

III Dissertation rédigée

QU'EST-CE que la vie ? Si personne ne le demande, tout le monde le sait, mais il suffit de se le demander pour que personne ne le sache plus. Donnée immédiate de notre expérience, la vie semble insaisissable.

Pourtant, Jorge Semprún semble supposer qu'on peut la forcer, lui intimer de suivre notre destinée : « Il y aura des survivants, certes. Moi, par exemple. Me voici survivant de service [...] ». Construite comme un oracle, cette parole de déporté émane pourtant d'une conscience qui a perdu toute illusion. Mais cette résignation est ce qui rend possible la prophétie, comme un appel du futur en direction de celui qui pourrait croire qu'il n'a plus d'avenir. Résister, comme un « service » rendu à la vie elle-même, semble être une façon de se donner un avenir. Cet avenir est-il enviable ? Si la formule de Semprún est bien une façon de croire que la vie peut déployer une force insoupçonnée, elle comporte aussi un profond pessimisme, car si la vie perdure, le Moi semble éteint ; il n'est alors qu'un « exemple » de survivant, plus un être unique capable de s'inventer une vie nouvelle. Jusqu'à quel point la force de vivre nous aide-t-elle à vivre ? Est-elle toujours affirmation de soi ou bien nous conduit-elle au détachement de soi ?

S'il faut bien admettre qu'il n'y a de preuve de vie que dans ce qui l'éprouve, il faut alors reconnaître que l'épreuve peut être, dans sa négativité propre, féconde, créatrice d'un Moi insoupçonné. Mais la force de vivre n'est plus alors amour de soi mais consentement à ce qui arrive, sans plus d'attachement à sa propre existence.

PAR DÉFINITION, la mort est une expérience impossible, mais identifier en quoi la vie consiste est aussi une gageure.

Être en vie nous empêcherait-il de connaître la vie ? « J'appelais cette vie être content de peu ! »[1] se remémore, mélancolique, Hugo. La vie est si ténue qu'elle peut être partout, omniprésente dans la nature, mais rester invisible à l'intelligence. On peut alors s'imaginer que la vie supporte tout

[1] p. 255

et ne passe jamais. Dans le « Monologue sur la joie d'une poule qui trouve un ver » de *La Supplication*, une résidente constate la disparition de ce qui avait pourtant résisté à la guerre : « Les baies de la forêt, les champignons... Et maintenant... Nous pensions que ce qui bouillait dans les marmites était éternel. »[2] Quand la vie est là, nous n'en avons aucune idée ; il faut qu'elle s'échappe pour qu'on en prenne conscience en cherchant à la retenir dans le souvenir.

Le souvenir est comme le sillon de la vie passée. Nietzsche, à la fin du quatrième livre du *Gai Savoir*, compare la vie à une femme, « *Vita femina* », dont la beauté « [comme tout ce qui est bon] ne se dévoile à nous [qu'] une seule fois »[3], c'est-à-dire trop tard. Le souvenir ravive ce que nous regrettons ne pas avoir saisi, qui s'offrait ; cela était trop beau, trop simple. La vie apparaît brisée entre ce qui fut et ce qui est, comme si le passé absorbait le présent. C'est là une illusion, le souvenir étant lui-même l'expression de la vie dans sa lutte contre l'oubli. Hugo se surprend, dans *En marche*, à découvrir la puissance de la vie qui se ressaisit et « fait venir l'aurore »[4] par la force d'un « songe » dans lequel « tout apparaît comme dans un réveil ». Il est alors bien à nouveau « en marche » : on ne peut certes pas vivre dans ses souvenirs, mais on peut trouver la force de vivre en luttant contre l'oubli.

Non plus évidence insaisissable mais expression d'une lutte, la vie peut désormais être saisie dans l'effort, confrontée à ce qui l'empêche. Dans l'épreuve d'une contrainte irrésistible, la vie se déploie comme effort résigné, mais sensible. *La Supplication* décrit par exemple le sacrifice assumé des « liquidateurs », « les biens matériels n'étaient pas leur premier souci [...] Mais s'ils avaient refusé de le faire ? Le sens de l'abnégation... »[5] Abnégation, résignation, certes, mais aussi courage et sens du devoir. D'ailleurs Svetlana Alexievitch explique bien, dans l'interview qu'elle fait d'elle-même, de quelle façon des anonymes se sont commués en héros malgré la « vanité de ces tentatives [pour vaincre Tchernobyl] »[6].

C'est dans l'effort que la conscience de soi saisit sa propre durée. Au moment même où elle se fait plus fragile, la vie devient alors créatrice d'une personne qui n'existait pas encore.

Il est par exemple courant d'entendre des malades guéris, à l'image de Nietzsche, affirmer qu'ils sont plus forts : il y a bien la « naissance » d'un moi nouveau.

En effet, la vie éprouvée contient en germe une vie renouvelée. Le Moi peut ainsi, paradoxalement, se ressaisir à partir de traumatismes. Hugo, en exil, pleurant sa fille, affirme dans *Écrit en 1846* que « quel que soit

[2] p. 61 [3] p. 278 [4] p. 244 [5] p. 138 [6] p. 32

le sort, le deuil, l'affront, / La conscience en moi ne baissera le front »[7], comme si la vie se découvrait au fur et à mesure une énergie nouvelle. Cela à tel point, bien que ça puisse sembler inconcevable, que l'épreuve devient bientôt indispensable à la représentation de son existence. Une femme ose reconnaître, dans *La Supplication*, que la catastrophe nucléaire « a redonné un sens à [sa] vie. Le sens de la souffrance »[8]. Sous la plume de Nietzsche, on peut aussi lire que la douleur « fait partie des forces de conservation de l'espèce de premier ordre »[9], force inscrite dans la nature et qui modifie notre relation aux choses et aux êtres.

La force de vivre qui naît de l'épreuve se caractérise par une plus grande sensibilité ; « je suis plus attentive au monde qui m'entoure »[10] affirme la même femme dans *La Supplication*. Le sentiment que la vie nous traverse et nous ramène à la source jaillissant de la nature donne au Moi l'impression d'une nouvelle intimité avec le cosmos. Ainsi, les êtres qui composent le monde deviennent familiers ; chez Hugo, « les astres sont vivants et ne sont pas des choses »[11], il pourrait presque dialoguer avec eux. Ainsi, le Moi s'éprouve toujours au contact de ce qui est étranger, comme Nietzsche le pressent : « Nous finissons toujours par être récompensés pour notre bonne volonté, notre patience, équité, mansuétude envers l'étrangeté [...] Qui s'aime soi-même l'aura appris en suivant cette voie »[12]. Nietzsche semble dire que le Moi ne peut exister que s'il se fait l'hôte d'une vitalité qu'il reflète.

La vie attend ainsi du soi qu'il se laisse traverser par elle. C'est cela que Nietzsche, dans *Le Gai Savoir*, appelle le « style », c'est-à-dire la façon dont la nature nous fait vivre quand on se contraint à sa loi de développement, « c'est alors seulement que l'homme s'avère tolérable »[13]. Toutefois, on voit aussi de quelle façon la quête du style suppose encore une sorte d'équilibre des forces, entre celles que la nature déploie en nous et celles qu'elle déploie contre nous. Il est question de catastrophe lorsque ce qui est contre nous ne peut plus être intégré dans aucun style, aucun savoir, et Tchernobyl est une catastrophe qui rend l'équilibre impossible : le Moi doit céder. Dans le « Monologue sur la légèreté de devenir poussière » de *La Supplication*, un ingénieur chimiste s'exprime ainsi : « Dès les premiers jours, j'ai su à quel point il était facile de devenir poussière... »[14] Devenir poussière est la négation absolue du grand style.

En devenant spectateur d'une vie qu'on ne comprend plus, on peut être appelé à témoigner d'une nécessité aveugle. La force de vivre devient une sorte de consentement à la vie qui n'a plus d'attachement personnel.

---

[7] p. 235 [8] p. 223 [9] p. 257 [10] p. 223 [11] p. 259 [12] p. 269 [13] p. 236 [14] p. 163

Ce consentement à tout ce qui arrive est un défi, que la force de vie permet de relever.

On pourrait penser que la force de vivre consiste à saisir les instruments pour devenir acteur et plus simple spectateur de son existence. Pourtant, l'opérateur de cinéma, dans *La Supplication*, échoue à construire un récit de la catastrophe car la réalité se dérobe : « J'ai eu alors le sentiment que tout ce qui m'entourait était faux. Que je me trouvais au milieu d'un décor... »[15] La réalité est donc à la fois ce dont on doit parler mais aussi ce dont on ne peut rien dire. Hugo, à la toute fin d'*En marche*, décrit Adam et Ève perdus face à un monde pourtant créé pour eux : « Accablés comme ceux qui portent des fardeaux, / [...] Froids, livides, hagards, ils regardaient, courbés / [...] L'un décroître le jour, et l'autre, grandir l'ombre. »[16] Désemparé, l'homme ne sait plus que faire d'une vie qui ne parvient plus à s'affirmer. Il habite alors le monde en témoin.

Il existe des circonstances catastrophiques dans lesquelles la vie ne peut plus être justifiée par les valeurs qui jusqu'alors lui donnaient un sens. La conscience en est réduite au silence. C'est pourquoi dans *La Supplication*, aucune parole ne peut se prévaloir non plus de dire la vérité. « Mais où sont-ils, nos intellectuels, nos écrivains, nos philosophes ? Pourquoi se taisent-ils ? »[17] demande une institutrice. On comprend que chaque vie est donc capable, dans son dénuement, d'être appelée à témoigner d'une « expérience cosmique »[18], par définition inconcevable.

Pourtant, cette éclipse de la raison n'est peut-être qu'un prélude à une plus grande clairvoyance, comme le laisse entendre le voyageur de la préface dans la seconde édition du *Gai Savoir*. En effet, fermant « les yeux sur [soi-même il] sait que quelque chose en lui ne dort pas »[19]. La force de vivre s'éclipse pour rejaillir. Elle n'est donc pas ce qui permet de résister coûte que coûte. D'autre part, le Moi constate que sa propre force n'est pas suffisante pour éclairer ce que Hugo, dans le poème *Veni, vidi, vixi* des *Contemplations*, nomme « un bagne terrestre »[20]. Remplaçant le mot d'un César victorieux (*vici*, « j'ai vaincu ») par celui d'un père découragé (*vixi*, « j'ai vécu »), Hugo n'a plus qu'à se résigner. Mais ce n'est finalement pas une petite chose que cette force de vivre, qui transforme le découragement en poésie. S'il est un « gai savoir », c'est celui, affirme le philosophe dans *Le Poids le plus lourd*, d'approuver la vie au point de désirer qu'elle recommence sans cesse, « cette vie, telle que tu la vis et l'as vécue, il te faudra la vivre encore une fois et encore d'innombrables fois »[21]. Ainsi la force de vivre consiste-t-elle moins à aimer ce qui nous arrive dans la vie qu'à aimer la vie parce qu'elle nous arrive. C'est un des plus grands défis : recevoir la vie à nouveau et ne plus rien prétendre.

[15] p. 115 [16] p. 275 [17] p. 184 [18] p. 134 [19] p. 27 [20] p. 209 [21] p. 279

Se présupposant toujours elle-même, la vie ne peut être mise à distance. Elle n'est donc pas un concept, mais une énergie capable de revêtir plusieurs formes. Au service du style, elle peut signifier la création de soi au milieu des grandes épreuves de l'existence. Face à une catastrophe, elle se mue en une énergie impersonnelle pour laquelle le Moi lui-même n'est pas une fin, mais un moyen, un exemple de ce qui résiste par-delà la quête de sens.

Si Jorge Semprún semble indiquer une force de vie plus profonde que l'attachement à soi-même, on peut néanmoins imaginer que cela n'est jamais vraiment possible car la mort reste un événement individuel. Lutter contre la mort demeure donc toujours, malgré tout, une manière singulière d'exister.

IV Éviter le hors-sujet

Notre sujet évoque clairement la force de vivre comme ce qui permet de traverser une épreuve tragique. Elle surprend car elle semble conforter l'idée que certains seraient prédestinés à survivre, notamment pour témoigner. Nombre d'auteurs ont repris cette idée selon laquelle l'artiste tire son énergie créatrice de la puissance même qui l'a tiré de son épreuve. D'une façon encore plus radicale, certains auteurs vont jusqu'à considérer la vie comme cette épreuve que l'écriture peut sublimer : « Écrire ce n'est pas vivre. C'est peut-être se survivre » affirme ainsi Blaise Cendrars dans *L'Homme foudroyé*, en 1945. Remarquons la formule « se survivre », c'est-à-dire l'orientation de l'énergie vitale vers sa propre perpétuation. Or la position de Semprún est différente : « le résistant de service », comme il le dit, n'a pas vocation à « se survivre », mais à rendre compte d'une vie qui se survit alors que le sujet humain s'absente à lui-même. Résister n'est plus la vocation de l'artiste mais de l'homme mis à nu. C'est donc dans une forme de mort à soi-même que la vie se prolonge, non dans la volonté de se survivre à travers une œuvre.

Notions abordées : renouveau, cycle, stoïcisme, renoncement, dégoût

Sujet 20
« La nuit chasse le jour, et le jour la nuit ; l'été se perd dans l'automne, l'automne est pressé par l'hiver que le printemps vient désarmer : tout ne passe que pour revenir. Rien de nouveau à faire, rien de nouveau à voir. De cette routine aussi naît à la fin le dégoût. Pour plusieurs, ce n'est pas que la vie leur semble amère, c'est qu'ils ont trop de la vie. » Vous analyserez et commenterez cette citation de Sénèque (*Lettres à Lucilius*, III, 24) à la lumière des œuvres au programme.

Corrigé proposé par Tristan Isaac

I Analyse du sujet

1 Analyse des termes du sujet

Sénèque, le plus célèbre représentant romain du stoïcisme, avait beau prôner l'indépendance d'esprit, les mots qui achèvent la vingt-quatrième des *Lettres à Lucilius*, portant sur la crainte de l'avenir et de la mort, ne laissent pas de surprendre. Après avoir développé des considérations traditionnelles de la philosophique antique sur le mépris que doit afficher le sage pour le trépas, le philosophe du premier siècle avant notre ère, en vient à décrire, sur le registre lyrique, le cycle des saisons. Mais tandis qu'il achève sa description par l'évocation du retour du printemps, qu'on imagine être l'occasion d'une invitation à l'espérance, il arrive à la mélancolique conclusion qu'il n'y a désespérément « rien de nouveau » sous ce soleil qui réapparaît, et la répétition d'une formule qui constituait, déjà en latin, un lieu commun, ne fait que renforcer, chez le lecteur, ce profond sentiment de monotonie.

Le passage est certes au discours indirect libre, mais si l'auteur du fameux traité *De la brièveté de la vie* ne fait pas totalement siens ses propos, il n'en postule pas moins la possibilité, chez certains, de la manifestation d'un « dégoût » de la vie, c'est-à-dire, pour prolonger la métaphore gustative employée par Sénèque lui-même, d'un manque d'appétit pour l'existence, qui ne naîtrait pas tant de l'âpreté de celle-ci que de la monotonie qu'implique sa répétitivité et du sentiment de satiété qu'elle peut procurer.

De fait, comme en témoignent les nombreux textes philosophiques, antiques ou modernes, incitant le lecteur à ne pas craindre la mort, on considère d'ordinaire que l'instinct de vie est, chez l'être humain, tellement puissant que l'individu ne semble pouvoir renoncer à son existence que lorsqu'il est confronté à une situation qui le dépasse, que ce soit parce que cette dernière exige de lui un sacrifice héroïque, ou au contraire parce qu'elle l'écrase à tel point qu'elle lui rend la vie insupportable., C'est pourquoi il paraît a priori paradoxal de supposer qu'un être humain puisse souffrir d'éprouver un « trop-plein » de vie.

Le sujet consiste donc à se demander si, alors que l'on finit d'ordinaire par renoncer à l'existence lorsqu'on constate qu'il ne nous en reste plus assez, un excès de cette même vie ne peut pas, lui aussi, provoquer un dégoût pour celle-ci qui nous conduise à une même capitulation.

2 Confrontation aux œuvres

L'idée que l'être humain puisse se lasser de vivre parce qu'il trouve trop répétitif le cours de l'existence n'est centrale dans aucune des trois œuvres au programme. Il est cependant toujours possible d'employer les références à celles-ci comme des contre-exemples dans les parties du devoir qui illustreront le sujet, et comme des exemples dans celles qui s'emploieront à le discuter.

De fait, ce n'est pas la lassitude de vivre qui amena Victor Hugo à composer ***Les Contemplations***, mais au contraire les épreuves terribles auxquelles le poète fut confronté et qu'il résume, dans le premier poème du cinquième livre, par la formule « La fille au tombeau, [...] le père à l'exil »[1]. Le recueil en général, et en particulier les deux livres que réunit le programme, n'en est pas moins traversé par la figure de la spirale enserrant les êtres dans une circularité sans fin.

De même, si, dans la préface à la seconde édition du ***Gai Savoir***, Friedrich Nietzsche explique que son ouvrage est celui de la « guérison » et de la « *victoire* sur l'hiver »[2], le quatrième livre ne manque pas pour autant de réflexions plus générales sur l'attachement à la vie et sur ses paradoxes ; méditations favorisées par le caractère primesautier de la pensée aphoristique chère au philosophe allemand.

La Supplication a pour centre, ainsi que l'indique clairement son sous-titre, l'accident qui détruisit la centrale nucléaire de Tchernobyl. La multiplicité de témoignages que transmet la structure polyphonique de l'ouvrage permet cependant à Svetlana Alexievitch de faire entendre au lecteur des points de vue fondamentalement différents sur l'existence, notamment celui de Zinaïda Kovalenka qui a « eu assez de tout et ne

[1] p. 222 [2] p. 25

veu[t] plus rien »[3], ou encore de cet homme « qui n'est raffiné que dans le mal, mais simple et accessible dans les mots tout bêtes de l'amour » et qui confie : « je peux vivre comme je peux ne pas vivre »[4].

3 Problématique

Cette réflexion de Sénèque nous invite ainsi à nous demander si la vie, que la tradition philosophique présente pourtant comme un bien auquel nous serions, dans notre quasi-totalité, viscéralement attachés, peut finir par nous apparaître si monotone qu'elle puisse susciter chez nous un ennui susceptible de nous conduire à y renoncer. Est-il, par conséquent, légitime de trouver la vie fastidieuse ?

II Plan détaillé

I Le caractère répétitif de l'existence peut certes conduire à un dégoût pour celle-ci...

1. La vie peut sembler trop monotone pour valoir la peine d'être vécue
2. Le cycle de la vie ne ramène pas toujours à la joie, mais à la tristesse
3. Les habitudes réduisent la force vitale des êtres humains

La vie nous confronte donc inévitablement à une monotonie qui peut nous ôter l'envie de la poursuivre ; il faut cependant se méfier des sentiments qui pourraient nous donner une vision erronée de celle-ci.

II ... mais concevoir la vie comme un mouvement perpétuel n'est qu'une vue de l'esprit

1. Chaque cycle fait inévitablement apparaître des variations
2. La vie est une succession de cycles qui l'acheminent vers sa fin
3. L'élan vital lui-même peut être perturbé par une catastrophe

L'existence humaine n'est donc répétitive qu'en apparence. Elle est en effet également linéaire et, dans cette perspective, sa dimension cyclique permet même à l'homme de trouver une nouvelle force de vie.

III La forme cyclique de l'existence offre à l'être humain l'occasion de mieux vivre

1. Chaque cycle peut être l'occasion d'une nouvelle aube
2. Une vie dépourvue d'habitude serait proprement invivable
3. Le « poids formidable » de l'idée de l'éternel retour du même

---

[3] p. 39 [4] p. 72

III Dissertation rédigée

Dans l'un de ses célèbres *Sonnets à Hélène*, le poète de la Renaissance Pierre de Ronsard donnait à une jeune femme qui dédaignait son amour un conseil qui s'inscrit dans la tradition épicurienne du *carpe diem* : « Vivez, si m'en croyez, n'attendez à demain : / Cueillez dès aujourd'hui les roses de la vie. » De fait, on s'accorde traditionnellement pour dire que la vie est trop courte.

Pourtant, dans la vingt-quatrième des *Lettres* qu'il dédie à son ami Lucilius, lui aussi tenté par la pensée d'Épicure, l'auteur stoïcien Sénèque l'invite à se garder de l'écueil inverse : « La nuit chasse le jour », écrit-il « et le jour la nuit ; l'été se perd dans l'automne, l'automne est pressé par l'hiver que le printemps vient désarmer : tout ne passe que pour revenir. Rien de nouveau à faire, rien de nouveau à voir. De cette routine aussi naît à la fin le dégoût. Pour plusieurs, ce n'est pas que la vie leur semble amère, c'est qu'ils ont trop de la vie ». Ainsi, selon le philosophe latin, l'existence de certains pourrait, sans pour autant être trop difficile, leur sembler, si ce n'est trop longue, du moins trop répétitive, et tout surcroît de vie pourrait alors les écœurer au point de susciter chez eux l'envie de ne plus voir le jour se lever. C'est pourquoi nous nous demanderons s'il est légitime de trouver fastidieux le fait de vivre.

S'il est vrai que la répétitivité qu'implique le fait de vivre peut nous rendre l'existence écœurante, il n'en reste pas moins que considérer la vie comme un perpétuel recommencement ne constitue rien de moins qu'une illusion. Pour cette raison, la dimension cyclique de l'aventure humaine doit être perçue comme une chance de vivre au mieux une existence irrémédiablement finie.

La vie semble si répétitive à certains qu'elle ne les confronte qu'à une incessante succession de cycles qui risque, à terme, de les en dégoûter.

L'existence peut ainsi nous apparaître comme un perpétuel retour des mêmes événements, et de surcroît d'événements d'une absurde banalité. Au début de *La Supplication*, un psychologue rappelle que le comte Pierre Bezoukhov, l'un des personnages principaux du chef-d'œuvre de Tolstoï, *Guerre et Paix*, croit d'abord avoir été tellement bouleversé par la confrontation avec les troupes napoléoniennes « qu'il avait le sentiment d'avoir changé à tout jamais », mais qu'à mesure que la vie reprend ses droits, il finit par s'apercevoir qu'il va « comme avant » reprendre des habitudes futiles comme « tancer [s]on cocher » ou encore « ronchonner »[5]. Une routine qui peut, dès lors qu'on en prend conscience, amener

[5] p. 35

à perdre le goût de l'existence et, ainsi que l'écrit Friedrich Nietzsche dans l'aphorisme 315 du *Gai Savoir*, à s'éteindre « comme une chandelle que le vent n'a pas encore soufflée, mais qui s'est fatiguée et rassasiée d'elle-même »[6].

D'autant que, si la citation de Sénèque suggère que chacune des périodes jalonnant l'existence se conclut par le retour du jour et du printemps, cela peut aussi être perçu comme le retour de la nuit et de l'hiver. Ainsi, Victor Hugo, dans le quinzième poème du livre *Pauca meæ*, déplore que : « L'âme de deuils en deuils, l'homme de rive en rive, / Roule à l'éternité. »[7] Si on interprète sa métaphore, on comprend que la vie n'est pas, contrairement à ce que prétend l'expression consacrée, « un long fleuve tranquille », mais au contraire une éternelle succession de cercles menant l'homme d'un deuil à l'autre. De même, toute naissance, événement qui correspond pourtant dans l'imaginaire collectif au moment le plus heureux du cycle de la vie, ne constitue pas obligatoirement une bonne nouvelle. Ainsi, dans *La Supplication*, il est question d'une femme qui s'est fracassé la tête avec une brique, parce qu'au lendemain de la guerre elle était « enceinte d'un supplétif des Allemands que tout le village haïssait »[8].

Il semble en outre que, de manière plus générale, tout ce qui implique une routine soit susceptible de réduire l'appétit qu'ont les êtres humains pour la vie. Friedrich Nietzsche confie ainsi, dans l'aphorisme 295, « [haïr] les habitudes *durables* » parce qu'elles lui donnent la sensation que « l'air nécessaire à [s]a vie *s'épaissit* », tant et si bien qu'il en vient à en être reconnaissant à « [s]a misère et [s]on état de malade »[9] de lui rendre paradoxalement le goût de la vie. C'est d'ailleurs sans doute une idée comparable qu'exprime Victor Hugo en faisant décrire au fantôme de Savonarole, dans le poème *Les malheureux*, le misérable train-train que la nécessité de satisfaire des besoins primaires fait subir à l'être humain qui « Souffrant le froid, le chaud, la faim, la soif aride, / Traîne un ventre hideux, s'assouvit, mange et dort »[10].

La vie nous confronte donc inévitablement à une monotonie qui peut nous ôter l'envie de la poursuivre ; il faut cependant se méfier des sentiments qui pourraient nous donner une vision erronée de celle-ci.

En effet, concevoir l'existence comme un éternel recommencement peut sembler, à maints égards, constituer une simple vue de l'esprit.

Il apparaît ainsi que chaque cycle apporte, ne serait-ce qu'insensiblement, de la variété. Victor Hugo l'exprime dans le onzième poème de *Pauca meæ*, où il évoque, comme une expérience commune, un homme

[6] p. 256 [7] p. 212 [8] p. 36 [9] p. 241 [10] p. 269

qui « le matin, [...] s'éveille » et qu'« embrasse[nt], une mère, une sœur, une fille ! »[11] Cette énumération réunit en une seule phrase trois matins différents, correspondant chacun à un moment distinct de l'existence d'un homme : son enfance lorsqu'il est réveillé par sa mère ; le début de l'âge adulte lorsqu'il est réveillé par sa sœur, soit, dans le vocabulaire poétique du XIXe siècle, l'épouse avec laquelle on partage des liens inaltérables ; l'âge mûr lorsqu'il est réveillé par sa fille. On peut certes être insensible à ce renouvellement, mais il est pourtant réel, comme le comprend Valentin Borissevitch, qui attend d'être opéré pour un cancer, quand « il remarque soudain chaque feuille, la couleur vive des fleurs, le ciel brillant, l'asphalte d'un gris éclatant »[12].

Mais ce que nous suggère aussi et surtout ce passage, c'est que, contrairement à ce que semble penser celui qui finit par éprouver un dégoût pour l'existence, la vie est loin d'être éternelle ; elle s'achemine au contraire vers une fin inexorable qui lui confère toute sa valeur. C'est pourquoi Friedrich Nietzsche s'étonne, dans l'aphorisme 278 intitulé *La pensée de la mort*, que tous se projettent en permanence dans l'avenir, alors même que « c'est la mort et le silence de la mort qui est l'unique certitude et le lot commun à tous dans cet avenir ! »[13] C'est là une évidence que la disparition de sa fille Léopoldine a fait réapparaître aux yeux de Victor Hugo et qui l'amène à associer le retour de la nature à l'inéluctabilité de la mort, lorsque, dans le poème *À Villequier*, il écrit qu'« Il faut que l'herbe pousse et que les enfants meurent »[14].

D'autant que des catastrophes comme l'explosion d'un réacteur de la centrale nucléaire de Tchernobyl ont révélé que le cycle de la vie, en apparence immuable, pouvait être perturbé, comme l'indique ce journaliste qui révèle que « dans les lacs et les rivières, on pêche des brochets sans tête ni nageoires »[15], ou comme en témoignent toutes ces femmes qui préfèrent avorter plutôt que d'avoir un enfant difforme ou qui accouchent dans une profonde inquiétude. De manière plus générale, ainsi que le pense Friedrich Nietzsche dans l'aphorisme 339, bien que le monde produise en permanence de la beauté, il est tellement rare que celle-ci soit révélée que les Grecs priaient pour que ce qui est beau revienne « deux et trois fois »[16].

L'existence humaine n'est donc répétitive qu'en apparence. Elle est en effet également linéaire et, dans cette perspective, sa dimension cyclique permet même à l'homme de trouver une nouvelle force de vie.

[11] p. 207 [12] p. 181 [13] p. 227 [14] p. 213 [15] p. 134 [16] p. 278

De fait, la dimension cyclique de la vie, loin de nous donner une raison de mettre fin à nos existences, nous offre l'occasion de mieux vivre.

Chacune des répétitions, qui pourraient a priori susciter chez nous le dégoût, offre, bien au contraire, l'occasion d'une nouvelle aube, et il semble qu'il suffise d'en prendre conscience pour reprendre goût à la vie. Ainsi, dans la sixième section du long poème *Écrit en 1846*, Victor Hugo déclare, alors qu'il a éprouvé, lorsqu'il écrit *Les Contemplations*, les pires souffrances : « Quand le chemin est droit, jamais il n'est mauvais. / J'ai devant moi le jour et j'ai la nuit derrière ; / Et cela me suffit »[17]. L'idée simple que le jour succède à la nuit peut ainsi rendre bien plus supportable l'existence, et ce même lorsqu'elle n'est pas uniquement répétitive, mais bien plutôt éprouvante. De même, dans *La Supplication*, Zinaïda Kovalenka, une femme qui réside sans autorisation dans la zone irradiée, ne trouve la force de continuer à vivre que dans le constat et la satisfaction que la nature y reprenne tout de même ses droits à chaque printemps[18].

Une vie sans aucun cycle serait d'ailleurs, tout autant qu'une existence trop répétitive, si ce n'est plus, proprement invivable. Ainsi, dans l'aphorisme 295 du *Gai Savoir*, Friedrich Nietzsche reconnaît que « La chose sans conteste la plus insupportable, la chose vraiment terrifiante serait pour moi une vie entièrement vierge d'habitudes, une vie qui exige continuellement l'improvisation »[19]. Dans *La Supplication*, Svetlana Alexievitch nous fait également entendre « un monologue sur la difficulté de vivre sans Tchekhov ni Tolstoï »[20], dans lequel un femme nommée Katia P. décrit une vie dans laquelle toutes les certitudes se sont effondrées, et par conséquent toutes les routines sont devenues impossibles, ce qui l'amène à se demander comment elle peut être heureuse alors qu'il ne lui est plus possible d'aimer ou d'avoir un enfant.

Dans la longue pièce intitulée *Les malheureux*, Victor Hugo observe que des êtres soumis à des châtiments éternels, comme Prométhée, peuvent être fiers de leur sort, et que le commun des mortels peut même les envier. De même, Friedrich Nietzsche soumet à son lecteur, dans l'aphorisme 341 du *Gai Savoir*, l'hypothèse de l'éternel retour du même, autrement dit l'idée selon laquelle l'être humain devra vivre à jamais une existence toujours identique, au détail près. Or, s'il envisage que cette idée est susceptible, de même que l'indiquait la citation de Sénèque, de nous plonger dans l'affliction la plus profonde, il nous suggère de « ne *plus aspirer* à rien d'autre »[21] et présente cette possibilité d'une répétition perpétuelle comme une invitation à aimer plus que jamais notre vie.

[17] p. 234 [18] p. 39 [19] p. 242 [20] p. 107 [21] p. 280

FAUT-IL considérer, comme certains, que le caractère circulaire de l'existence humaine la rend insipide ? Il est vrai que le sentiment d'être enfermé dans une perpétuelle succession de cycles identiques peut susciter une forme de dégoût de vivre. Il faut cependant prendre conscience que cette répétitivité constitue davantage une impression qu'une réalité : toute existence est par nature soumise à la finitude, et la vie elle-même, jusque dans la nature, peut disparaître comme elle est apparue. Il est donc judicieux, afin de pouvoir mener une vie meilleure, de saisir la chance qu'offre, dans des existences désespérément linéaires, cette dimension cyclique.

La vie constitue cependant pour le commun des mortels une telle évidence que cette prise de conscience est difficile avant un certain âge. Par conséquent, sans doute faut-il avoir manqué mourir ou, comme Alexandre Dumas le fait écrire dans une lettre à Edmond Dantès, personnage éponyme du *Comte de Monte-Cristo*, « avoir voulu mourir [...] pour savoir combien il est bon de vivre ».

IV Éviter le hors-sujet

Dans la lettre dont la citation est extraite, Sénèque commence par inciter son destinataire, Lucilius, à se garder, non pas uniquement du « dégoût » de la vie, mais de manière plus générale, de la « passion du suicide ». Or, il envisage deux autres raisons qui pourraient nous conduire à souhaiter mettre fin à notre existence : d'une part qu'on puisse la mépriser, d'autre part qu'elle puisse nous écraser Deux cas de figure qu'il ne faudrait pas confondre avec cette satiété de vivre dont il est question dans le sujet.

Ce sujet peut être rapproché d'autres a priori équivalents, comme cette réflexion d'Albert Camus : « Vivre, naturellement, n'est jamais facile. On continue à faire les gestes que l'existence commande, pour beaucoup de raisons dont la première est l'habitude. » (*Le Mythe de Sisyphe*, 1942) Les deux énoncés présentent il est vrai des similitudes, puisqu'ils invitent tous deux à réfléchir à ce qu'on appelle d'ordinaire « la lassitude de vivre » ; ils se distinguent pourtant dans la mesure où c'est (dans la citation de Camus) la difficulté de l'existence qui en provoque le dégoût, et dans la mesure où l'individu, plutôt que de renoncer à l'existence, assure sa survie par la force de l'habitude.

Citations choisies

1 Aux sources de la force de vivre

Victor Hugo

« Mon œuvre n'est pas terminée, / Dites-vous. Comme Adam banni, / Je regarde ma destinée / Et je vois bien que j'ai fini. »

(*Trois ans après*, troisième poème de *Pauca meæ*[1])

« Je dis que le tombeau qui sur les morts se ferme / Ouvre le firmament ; / Et que ce qu'ici-bas nous prenons pour le terme / Est le commencement ; »

(*À Villequier*, quinzième poème de *Pauca meæ*[2])

« Vivez ! aimez ! ayez les bonheurs infinis »

(*Charles Vacquerie*, dernier poème de *Pauca meæ*[3])

« Alors, subitement, un jour, debout, debout ! »

(*Écrit en 1846*, troisième poème d'*En marche*[4])

Friedrich Nietzsche

« Je vis encore, je pense encore : je dois vivre encore, car je dois encore penser. »

(§ 276 *Pour la nouvelle année*[5])

« Peut-être est-ce précisément ce renoncement qui nous donnera à nous aussi la force grâce à laquelle on peut supporter le renoncement lui-même. »

(§ 285 *Excelsior*[6])

« Nous nions et devons nier parce que quelque chose en nous *veut* vivre et s'affirmer, quelque chose que nous ne connaissons peut-être pas encore, ne voyons pas encore ! »

(§ 307 *En faveur de la critique*[7])

« Une perte est une perte pendant une heure à peine : avec elle, d'une manière ou d'une autre, un cadeau nous est tombé du ciel – une nouvelle force par exemple : et ne serait-ce qu'une nouvelle occasion d'accéder à la force ! »

(§ 326 *Les médecins de l'âme et de la douleur*[8])

---

[1] p. 196 [2] p. 211 [3] p. 220 [4] p. 231 [5] p. 225 [6] p. 233 [7] p. 252 [8] p. 262

Svetlana Alexievitch

« Je donnai naissance à un garçon. Maintenant, j'ai quelqu'un pour qui vivre et respirer. » (*Une voix solitaire* dans le prologue[9])

« Mais c'était parce que je n'avais pas peur de mourir. Parce que je m'en foutais ! Cela me semblait même une solution : on m'aurait enterré avec les honneurs. » (Arkadi Filine, liquidateur[10])

« Il a franchi le seuil de l'instinct de conservation. Dans un état normal, ce n'est pas possible. Mais c'est ainsi que les gens accomplissent des exploits. » (Anatoli Chimanski, journaliste[11])

« La vie est une chose surprenante, mystérieuse ! Aujourd'hui, je crois... En quoi ? Que le monde tridimensionnel est déjà trop étroit pour l'homme moderne... » (Valentin Borissevitch, ancien chef de laboratoire[12])

2 La force de vivre à l'épreuve du temps

Victor Hugo

« C'est sous la terre infortunée / Que commence, obscure à nos yeux, / La ligne de la destinée ; / Elles l'achèvent dans les cieux. »

(Premier poème de *Pauca meæ*[13])

« La vie arrive avec ses passions troublées ; / On jette sa parole aux sombres assemblées ; / [...] Puis, le vaste et profond silence de la mort ! »

(Onzième poème de *Pauca meæ*[14])

« J'ai vécu ; j'ai songé. / La vie en larmes m'a doucement corrigé. »

(*Écrit en 1846*, troisième poème d'*En marche*[15])

« Qui meurt, grandit. » (*Les Malheureux*, dernier poème d'*En marche*[16])

Friedrich Nietzsche

« Il existe un certain sommet de la vie : lorsque nous l'avons atteint, nous sommes [...] exposés une fois encore au plus grand danger d'asservissement intellectuel, et devons subir notre épreuve la plus difficile. »

(§ 277 *Providence personnelle*[17])

« La chose sans conteste la plus insupportable, la chose vraiment terrifiante serait pour moi une vie entièrement vierge d'habitudes, une vie qui exige continuellement l'improvisation. » (§ 294 *Brèves habitudes*[18])

---

[9] p. 29 [10] p. 95 [11] p. 132 [12] p. 180 [13] p. 193–194 [14] p. 207 [15] p. 229 [16] p. 269
[17] p. 225 [18] p. 242

« Qu'il est difficile de vivre lorsque l'on sent que l'on a contre soi et partout autour de soi le jugement de nombreux millénaires ! »

(§ 296 *La réputation de fermeté*[19])

« On vit comme un homme qui constamment « pourrait rater » quelque chose. » (§ 329 *Loisir et Oisiveté*[20])

Svetlana Alexievitch

« Je l'ai vécu alors, il y a dix ans, et je le revis tous les jours actuellement. C'est toujours en moi. »

(*Monologue sur une vie entière écrite sur une porte*[21])

« Comment vivre ? Comment donner naissance après cela ? »

(*Trois monologues sur une peur très ancienne*[22])

« On ne peut pas vivre tout le temps dans la peur. C'est impossible. Un peu de temps passe et la vie ordinaire reprend le dessus. »

(Arkadi Filine, liquidateur[23])

« Il m'appelle souvent. Nous ne perdons pas le contact. Nous maintenons des liens les uns avec les autres. Notre mémoire vivra tant que nous vivrons. Vous pouvez l'écrire. » (Alexandre Koudriaguine, liquidateur[24])

3 Force de vivre, forces de la nature

Victor Hugo

« Il faut que l'herbe pousse et que les enfants meurent. »

(*À Villequier*, quinzième poème de *Pauca meæ*[25])

« Où donc alors roulait / Ma vie ? et ce destin sévère qui me plaît, / Qu'est-ce donc qu'il faisait de cette feuille morte / Que je suis, et qu'un vent pousse, et qu'un vent remporte ? »

(*À Jules J.*, huitième poème d'*En marche*[26])

« Ô triste humanité, je fuis dans la nature ! »

(*Ponto*, onzième poème d'*En marche*[27])

« Comme il disparaissait, le crabe me mordit ; / Je lui dis : « Vis ! et sois béni, pauvre maudit ! » » (Vingt-deuxième poème d'*En marche*[28])

[19] p. 243 [20] p. 264 [21] p. 44 [22] p. 65 [23] p. 97 [24] p. 187 [25] p. 213 [26] p. 243
[27] p. 247 [28] p. 261

Friedrich Nietzsche

« Dans toute activité philosophique, il ne s'agissait absolument pas jusqu'à présent de « vérité », mais de quelque chose d'autre, disons de santé, d'avenir, de croissance, de puissance, de vie... » (Préface[29])

« Ce seront les natures fortes, tyranniques qui savoureront leur joie la plus subtile dans une telle contrainte. » (§ 290 *Une chose est nécessaire*[30])

« Non ! Il nous est trop difficile d'y vivre : qu'y pouvons-nous, si nous sommes nés pour l'air, l'air pur. » (§ 293 *Notre air*[31])

« Je pensais pouvoir continuer éternellement à vivre de la sorte. »
(§ 317 *Coup d'œil rétrospectif*[32])

Svetlana Alexievitch

« Tout vit ici. Absolument tout ! »
(Zinaïda Kovalenka, résidente sans autorisation[33])

« À la dernière minute, il a un regard tout à fait conscient, presque humain. Il te hait. Ou il te supplie : Je veux vivre, moi aussi ! Vivre ! »
(*Trois monologues des chasseurs*[34])

« Que l'homme était impuissant devant les lois de la physique... »
(Nadejda Vygovskaïa, évacuée de la ville de Pripiat[35])

« Nous ne pouvons pas attendre que la nature nous accorde ses faveurs, notre tâche est de les lui arracher. »
(Formule de Mitchourine citée par l'historien Alexandre Revalski[36])

4 Forces de vivre et sens de la vie

Victor Hugo

« Moi, je cherche autre chose en ce ciel vaste et pur. »
(Dixième poème de *Pauca meæ*[37])

« J'erre, et de l'horizon je suis la voix sinistre. »
(*À Jules J.*, huitième poème d'*En marche*[38])

« Qu'est-ce donc que la vie, hélas ! pour mettre ainsi / Les êtres les plus purs et les meilleurs en fuite ? »
(*Claire P.*, quatorzième poème d'*En marche*[39])

---

[29] p. 29 [30] p. 236 [31] p. 240 [32] p. 257 [33] p. 42 [34] p. 105 [35] p. 154 [36] p. 175
[37] p. 206 [38] p. 243 [39] p. 250

« Il vous fait oublier que quelque chose existe. »
(*Pasteurs et Troupeaux*, vingt-troisième poème d'*En marche*[40])

Friedrich Nietzsche

« La confiance dans la vie s'est évanouie : la vie elle-même est devenue *problème.* » (Préface[41])

« Cela me rend heureux de voir que les hommes ne veulent absolument pas penser la pensée de la mort ! » (§ 278 *La Pensée de la mort*[42])

« Je connais mieux la vie pour avoir été si souvent sur le point de la perdre : et c'est justement pourquoi je *possède* plus, en fait de vie, que vous tous ! »
(§ 303 *Deux hommes heureux*[43])

« *La vie, moyen de la connaissance* – avec ce principe au cœur, on peut non seulement vaillamment, mais même *gaiement vivre et gaiement rire* ! »
(§ 324 *In media vita*[44])

Svetlana Alexievitch

« Certains parviennent à convaincre Dieu, mais il ne m'a pas donné la mort. Je survis... » (*Monologue d'un village*[45])

« L'homme vit au milieu de la mort, mais il ne comprend pas son essence. »
(*Monologue sur l'homme qui n'est raffiné que dans le mal*[46])

« Si les savants ne savent rien, si les écrivains ne savent pas, alors c'est à nous de les aider par notre vie et notre mort. » (Katia P.[47])

« Quel sens, dès lors, donner à la vie ? »
(Sergueï Gourine, opérateur de cinéma, à qui une voisine a raconté avoir étranglé un bébé d'un mois qui pleurait et risquait de faire découvrir des partisans[48])

« Notre propagande aurait proposé la mort comme moyen de donner un sens à la vie. » (Sergueï Sobolev, vice-président de l'Association biélorusse « Le Bouclier de Tchernobyl »[49])

« Il nous faut toujours ajouter quelque chose à la vie quotidienne pour la comprendre. Même quand on frôle la mort... »
(Victor Latoun, photographe[50])

---

40 p. 262 41 p. 31 42 p. 228 43 p. 249 44 p. 261 45 p. 49 46 p. 72 47 p. 108
48 p. 115 49 p. 138 50 p. 194

Lexique

Étiologie

Ce terme renvoie d'abord à une branche de la médecine qui recherche les causes réelles et profondes des maladies à partir des symptômes. On l'emploie en littérature et en philosophie pour désigner la recherche des causes d'un phénomène. Dans les dissertations, on peut employer ce terme à l'occasion des réflexions autour de l'origine de la force de vie.

Exister

Exister signifie-t-il seulement être dans la réalité, c'est-à-dire repérable dans le temps et l'espace ? Exister, en tant que notion philosophique, renvoie à des questions de valeurs : qu'est-ce qui donne de la valeur à l'existence ? quels sont les critères qui permettent d'attester de l'existence ? Ainsi, « exister » devient aussi synonyme d'affirmation de soi. Il serait, plus encore que « vivre », la preuve même d'une « force de vie ».

Instinct et pulsion

L'instinct est ce qui permet aux animaux, et à la part animale de l'être humain, d'agir sans passer par la réflexion. On réduit souvent les besoins les plus naturels de l'homme à des instincts dont il ne pourrait pas se défaire. La pulsion, elle, est ce qui nous pousse à agir, sans exclure la réflexion. Son origine n'est pas le corps mais l'esprit. Instinct et pulsion jouent un rôle majeur dans la vie humaine.

Matérialisme et spiritualisme

Ces deux courants philosophiques s'opposent : pour les uns c'est la matière qui est supérieure quand pour les autres c'est l'esprit. Pour les matérialistes (Épicure, Diderot, Marx), tous les phénomènes, y compris les phénomènes psychiques et spirituels, s'expliquent par des causes matérielles. Pour les spiritualistes, l'esprit ne peut se réduire à des phénomènes biochimiques. Les spiritualistes se divisent entre les dualistes, qui distinguent le corps et l'esprit en accordant la primauté à l'esprit (Platon, Descartes), et ceux pour qui il n'existe que l'esprit dont la matière ne serait qu'une forme particulière (Aristote, les pères de l'Église). Ce débat peut servir dans les copies où l'on se demande si la force de vivre est une façon de s'arracher à la matière ou au contraire une tendance propre à la matière.

Naturalisme

En littérature, le naturalisme est un courant qui s'attache à peindre précisément le réel en s'inspirant de la méthode scientifique. En philosophie, c'est une doctrine qui considère la démarche philosophique comme un prolongement des sciences naturelles (physique, chimie, biologie).

Stoïciens et épicuriens

On oppose traditionnellement ces deux postures philosophiques qui renvoient à différentes attitudes par rapport à la vie : les stoïciens (Sénèque, Épictète, Marc-Aurèle) développent une éthique du renoncement et de l'acceptation là où les épicuriens (Épicure, Lucrèce) prônent une philosophie de la volonté. Les deux approches sont présentes dans les œuvres au programme. Pour analyser un libellé, il faut identifier dans quelle philosophie se place l'auteur de la citation afin d'en découvrir les implicites et se servir de l'opposition entre renoncement et volonté pour construire des discussions, en particulier lorsque la citation semble catégorique.

Survie et survivalisme

On oppose la « vie » à la « survie », faisant de cette dernière la vie réduite à sa seule existence matérielle. On survit quand on se « maintient en vie » au sens biologique du terme, quand cette vie est dépouillée de ce qui peut faire son attrait comme la sociabilité ou le développement d'une vie intérieure. Le récent courant survivaliste est né d'une réaction aux catastrophes naturelles et humaines : ses tenants se préparent à l'effondrement des civilisations et à de nombreux cataclysmes, à des temps difficiles où il s'agira d'abord de « survivre » en tant qu'espèce humaine.

Vitalité

Dans son sens biologique, la vitalité est la manifestation de la vie ; on peut employer ce terme pour des fougères mais pas pour des pierres. Le terme est devenu synonyme de « force de vie » parce qu'il évoque un élan qui permet le développement de la vie.

Volonté et désir

Attention à ne pas confondre ces deux mots dans les dissertations, aussi bien dans l'analyse des termes de la citation que dans la rédaction de votre copie. On subit le désir tandis que l'on exerce la volonté à l'aide de l'entendement. La volonté est l'expression du libre arbitre, elle est liée à une rationalité. Le désir relève de la passion ; il n'a pas besoin de raisons ni de motifs particuliers, et se moque des moyens que l'on emploie pour parvenir à ses fins.

Index des œuvres et des noms propres

Index des notions

Achevé d'imprimer en mai 2020 par la Nouvelle Imprimerie Laballery – N° 005065 – Imprimé en France